Dorothee Schulte-Peschel, Ralf Tödter

Einladung zum Lernen

**Geistig behinderte Schüler
entwickeln Handlungsfähigkeit
in einem offenen Unterrichtskonzept**

 verlag modernes lernen - Dortmund

Für Stephan, Andrea und Gundula, die uns als Lehrer mächtig aus dem Gleichgewicht brachten und ohne die dieses Buch so nicht geschrieben worden wäre.

© 1996 verlag modernes lernen, Borgmann KG, D - 44139 Dortmund

2. Aufl. 1999

Herstellung: Löer Druck GmbH, 44139 Dortmund

Titelfoto: Bernd Nagel

  Bestell-Nr. 3627   ISBN 3-8080-0368-5

Inhalt

Vorwort

Dieses Buch wurde nicht geschrieben für

- Pessimisten;
- Leser, die von '*dem* Geistigbehinderten' sprechen;
- Leser, die immer schon wissen, was 'das Beste' für ihre Schüler ist.

Dieses Buch wurde geschrieben für die heterogene Gruppe von Kolleginnen und Kollegen[1], die am Anfang ihrer Unterrichtstätigkeit mit geistig behinderten Schülern stehen und sich mit der Frage auseinandersetzen, wie plane ich Unterricht, der 'irgendwie' schülerorientiert und handlungsorientiert sein soll. Dieses Buch wurde darüber hinaus geschrieben für diejenigen, die gerne etwas genauer wissen möchten, was es denn mit diesem handlungs- und schülerorientierten Unterricht und den 'offenen' Unterrichtsformen auf sich hat.

Wir, die Autorin und der Autor, arbeiten als Schulleiter und Konrektorin an einer privaten Schule für Geistigbehinderte. Ursprünglich sollten lediglich Ergebnisse eigener Unterrichtserfahrung dargestellt werden, die schon Inhalt von Beratung und Fortbildung an der eigenen Schule und auf Fortbildungsveranstaltungen waren. Die Aufgabe, alles in eine Reihenfolge und eine Ordnung zu bringen, machte es notwendig, das grundlegende didaktische Konzept darzustellen, das bis dahin nur in unseren Köpfen existierte. Ausgangspunkt, und nach wie vor eine der Zielgruppen aller Überlegungen, sind Schüler mit schweren Behinderungen und diejenigen, die nicht so 'funktionieren', wie es der Lehrer erwartet, weil ihr Verhalten stört oder 'stereotyp' ist. Sie stellen den Unterricht und die Lehrer auf die Probe.

Auch wenn dieses Buch als Ganzheit konzipiert ist, sind die einzelnen Abschnitte so gestaltet, daß sie jeweils für sich gelesen werden können, je nach Interessen und Bedürfnissen der Leser. Wir empfehlen jedoch, sich vorweg mit den im ersten Kapitel 'Handlung als Verbindung zwischen Mensch und Welt' dargestellten Grundlagen vertraut zu machen. Dort erläuterte Begriffe und einige Abbildungen tauchen in den weiteren Abschnitten immer wieder auf.

Kollegen aus den neuen Bundesländern wird eine Reihe der genannten Begriffe und Autoren aus der sowjetischen Tätigkeitspsychologie sehr bekannt vorkommen. Sie werden hier jedoch in einen neuen Zusammenhang gestellt, der die Autonomie und Eigenverantwortlichkeit des Individuums

---

[1] Wir haben im Text überwiegend die männliche Form benutzt. In diesem Fall haben sich bei der Autorin und dem Autor die männliche Faulheit und Sturheit durchgesetzt.

sowie die grundsätzliche Offenheit und Selbstbestimmtheit von Lernprozessen betont.

Dieses Buch geht zurück auf eine Anregung von Herrn Dr. Elbing, der uns auch während der Arbeit mit Ermunterung und Kritik zur Seite stand. Ein großer Teil unserer Vorstellungen konnte erst Realität werden, weil Kollegen sich mit uns auf den Weg machten. In einem gemeinsamen Prozeß mußte sich die Theorie an der Wirklichkeit messen lassen. In diesem gemeinsamen Prozeß entstand das, was jetzt in Schriftform 'gegossen' vorliegt. Die Entwürfe vieler Abschnitte wurden von Kolleginnen und Freunden begutachtet. Allen diesen Personen gebührt unser Dank. Wo es gelungen ist, sich klar und deutlich auszudrücken, haben sie daran großen Anteil. Für Fehler und Ungenauigkeiten müssen wir geradestehen.

10

Einführung

Drei Begriffe werden in diesem Buch immer wieder auftauchen:

Handlung

> Die Verbindung zwischen dem Menschen und seiner dinglichen und personalen Umwelt ist das Handeln des Menschen. Es dreht sich hierbei nicht nur um äußere, beobachtbare Handlungsvollzüge, sondern auch um Denk-Handlungen. Das Ziel schulischer Bildung ist die Vermittlung von 'Handlungsfähigkeit' als der Kompetenz, sich mit der Umwelt auseinanderzusetzen. Dies ist sicherlich mehr als ein reines Tätigsein.

Entwicklung

> Pädagogen versuchen, die Entwicklung des Individuums zu beeinflussen und die entsprechenden Veränderungsprozesse in Gang zu setzen. Das Wissen um den Verlauf und die Mechanismen der kindlichen Entwicklung ist dafür eine Voraussetzung. Dieses Wissen hat zu ganz neuen Möglichkeiten geführt, etwa in der Förderung sehr schwer behinderter Menschen.

Gleichgewicht

> Die Beziehungen der beteiligten Personen und die Auseinandersetzung mit den Dingen sind charakterisiert durch eine bestimmte Gewichtung der Beteiligten. Es kann sich hierbei um ein ständiges Übergewicht einer Seite handeln (der Lehrer trifft alle Entscheidungen oder die Schüler 'machen, was sie wollen') oder um ein 'dynamisches Gleichgewicht', bei dem alle Seiten wechselnd oder gemeinsam den Prozeß bestimmen und kein ständiges Übergewicht entsteht.

Was ist das menschliche Handeln? Wohin und nach welchen Gesetzmäßigkeiten verläuft die kindliche Entwicklung? Welcher Gleichgewichtszustand ist der 'richtige'? Die Untersuchung dieser Fragen ist notwendigerweise geprägt von anthropologischen Grundannahmen. Sie bestimmen, bewußt oder unbewußt, die theoretische und praktische Arbeit. Jede Institution und jede wissenschaftliche Richtung hat, ausgesprochen oder nicht, diese Grundüberzeugungen. Es ist deshalb notwendig, sich darüber Klarheit zu verschaffen. Jeder hat schon erlebt wie fruchtlos Diskussionen verlaufen, wenn die Beteiligten völlig unterschiedliche Auffassungen haben, was Schüler lernen sollen und wie sie lernen. Zwei Fragenkomplexe sollen klar beantwortet werden:

1. Was ist der Mensch? Von welchem Menschenbild wird ausgegangen?

2. Wie 'funktioniert' der Mensch? Wie handelt und entwickelt er sich?

Welche Antworten man auch immer für 'richtig' hält, sie bilden ein Paar, das sich gegenseitig bedingt. Beide zusammen bestimmen theoretische Überlegungen und das konkrete pädagogische Handeln. Die Auseinandersetzung mit den geistigen Wurzeln und theoretischen Prinzipien, das 'Woher' und 'Warum' einer Pädagogik, kommen in den staatlichen Bildungsplänen zu kurz.

Wir möchten Sie einladen, sich über *unser* Paar zu informieren und haben versucht, es nicht zu philosophisch werden zu lassen.

1. Was ist der Mensch? Von welchem Menschenbild wird ausgegangen?

Die Antwort auf den ersten Fragenkomplex besteht aus zwei Teilen.

1. Im Sinne eines humanistischen Menschenbildes sind wir zum einen davon überzeugt, daß die Menschen im Grunde in Ordnung sind. Das ist auch so, wenn wir unterschiedlicher Meinung sind, wenn ich nicht alle deine Handlungen billigen kann und wenn wir uns in unseren Leistungen unterscheiden. Als Mensch stehe ich nicht über dir und du stehst nicht über mir (vgl. STEWART / JOINES 1994, 28)[2] Diese Einstellung, daß sowohl wir als auch die anderen in Ordnung sind, vereinfacht das Leben enorm. Wenn wir uns nicht gegenseitig ständig unsere Überlegenheit beweisen müssen, können wir uns gemeinsam der Lösung unserer Probleme widmen.

2. Daneben ist uns ein zweiter Gedankengang wichtig: Jeder Mensch ist, ob er will oder nicht, ein freies Wesen. Diese Freiheit ist dem Menschsein innewohnend. Sein Platz in der Welt ist nicht, etwa durch seine Gene, automatisch bestimmt. Freiheit heißt, Entscheidungen treffen zu können und zu müssen. Unter einer Entscheidung verstehen wir dabei die bewußte Auswahl unter mehreren Möglichkeiten. Meist kommt uns das sehr entgegen. Damit ist aber auch zwangsläufig die Verantwortung für das Handeln verbunden.

---

[2] Das Grundgesetz formuliert aus dieser Haltung heraus: 'Die Würde des Menschen ist unantastbar'. Die Verzahnung mit dem christlichen Menschenbild wird deutlich, wenn die deutschen Bischöfe folgende Grundlagen von Erziehung und Bildung benennen: „Anerkennung der Person mit den je eigenen Begabungen und Neigungen, Respektierung der Freiheit und Unverfügbarkeit, Wahrnehmung der Dimension der Orientierung und Verantwortung, Bejahung von Mitmenschlichkeit und Solidarität." (DIE DEUTSCHEN BISCHÖFE: Bildung in Freiheit und Verantwortung, Bonn 1993)

Auch wenn sie mich beeinflussen, kann ich letztlich weder höhere Mächte noch meine Gene oder die Umwelt für mein Handeln verantwortlich machen (auch wenn sie kräftig mitwirken und sicher manches 'erklären' und 'entschuldigen' können). Ob jemand ein Held, ein Mitläufer oder ein Gangster wird, hängt von Entscheidungen ab, die der einzelne immer wieder trifft. Freiheit so zu nutzen, daß ich mit mir und meiner Umwelt zurechtkomme, ist keine einfache Sache.

Entscheidungen treffen zu können, Kriterien dafür entwickelt zu haben und die Verantwortung für das Handeln zu tragen, sind keine angeborenen Fähigkeiten, sie werden individuell erarbeitet. In diesem Entwicklungsprozeß bin ich auf andere Menschen und ihre Hilfe angewiesen. Freiheit und Verantwortung lassen sich nur realisieren in Beziehungen, die in einem dynamischen Gleichgewicht stehen. Es kann nicht nur eine Seite sein, die ständig Entscheidungen trifft und das Geschehen verantwortet.

Freiheit und Verantwortung sind also keine Voraussetzungen für das Menschsein sondern eher eine Möglichkeit und eine Aufgabe. Ob jemand momentan fähig ist, diese Möglichkeiten zu nutzen, ist *kein Kriterium* für sein Menschsein[3]. Er und seine Umgebung haben dann jedoch möglicherweise ein Problem, bei dem sie Solidarität und Hilfe benötigen.

Wir beobachten vielfach in der Arbeit mit sogenannten 'Hilfebedürftigen' die völlige Übernahme der Entscheidungen und der Verantwortlichkeit durch die Profis. Diese glauben zu wissen, was das Beste für den einzelnen ist. Das Tun des Behinderten, des Alten, des Kranken, des Schülers wird dadurch letztlich bedeutungslos und entfremdet. In diesen sehr ungleichen Beziehungen wird dem einzelnen viel weniger zugetraut als real schon oder noch in ihm steckt. In einem Teufelskreis, bei dem sich Ursache und Wirkung nicht mehr trennen lassen, manifestiert sich die Unfähigkeit zum Handeln und zur Selbstverantwortung.

Um auf den Beginn dieses Abschnitts zurückzukommen: Ich kann dem anderen Verantwortung zutrauen und ein Gleichgewicht der Beziehungen herstellen, wenn ich davon überzeugt bin, daß er in Ordnung ist. Auf Schule bezogen heißt das: Den Schülern wird in einem gemeinsamen Lernprozeß von Schülern *und* Lehrern die Verantwortung für ihr Handeln (wieder) gegeben. Der Lehrer bewegt sich dabei in einem Spannungsfeld zwischen Akzeptanz von Begrenzungen und der grundsätzlich zu vermutenden Möglichkeit der Veränderung. Die Entwicklung freien und verantwortlichen Handelns erfordert einen Vertrauensvorschuß und birgt ein ge-

---

[3] Diese Sicht unterscheidet sich damit fundamental von einer „praktischen Ethik", wie SINGER (1984) sie vertritt. Um so notwendiger ist es, die Grundüberzeugungen humanistischer Pädagogik immer wieder darzustellen und offensiv zu vertreten!

wisses Risiko. Das hat dann sicher auch einmal negative Auswirkungen für den Einzelnen oder seine Umgebung. Der Lern- und Lebensraum Schule ist jedoch insoweit auch Schutzraum, als die letztliche vitale Schutzfunktion beim Lehrer bleibt. Aber er ist bestrebt, sich immer weiter, und möglichst ganz, überflüssig zu machen.

2. Wie 'funktioniert' der Mensch? Wie handelt und entwickelt er sich?

Unsere Antwort auf die zweite Frage lautet stark komprimiert:

Der Mensch ist ein selbstregulierender, adaptiver Organismus; im Austausch mit der umgebenden Welt wird er von ihr geformt, gleichzeitig formt er seine Umwelt.

Die Verbindung zwischen Mensch und Umgebung ist das Handeln des Menschen. Ausgangspunkt der Interaktionen sind die jeweils vorhandenen Strukturen (das heißt die Möglichkeiten) des Individuums. Im Handeln zeigen diese Strukturen jedoch die erfreuliche Eigenschaft, sich zu verändern und besser anzupassen. Die Komplexität der Austauschprozesse nimmt mit der Entwicklung des Individuums stufenweise zu. Handlungen, die überwiegend dazu dienen, diese Strukturen weiter zu entwickeln, sind Lern-Handlungen. Auch hier ist wieder ein gewisses Gleichgewicht nötig. (Nicht zu große) Unterschiede zwischen der Struktur des Individuums und den Anforderungen der Umwelt bieten die Chance, sich anzupassen. Entwicklung erfordert ein dynamisches Gleichgewicht zwischen 'erfolgreichen' Strukturen und der Notwendigkeit zur Veränderung.

Jeder Mensch hat im Laufe seiner zurückliegenden Lebensjahre eine individuelle Handlungsfähigkeit erworben. Diese entwickelt sich im Kindes- und Jugendalter und bleibt prinzipiell veränderbar. Jeder Mensch verfolgt Strategien, die er nach Auswertung seiner Erfahrungen und mit seinen Möglichkeiten 'beschlossen' hat. Mit ihnen versucht er, das beschriebene Gleichgewicht herzustellen. Diese Beschlüsse können verändert werden, jedoch nur vom einzelnen selber.

Auf Schule bezogen heißt das: Lernen ist kein Prozeß, in dem der Schüler nur Objekt der pädagogischen Bemühungen ist. Der eigentliche Lernprozeß, die Adaption des Organismus auf einem neuen Niveau, wird vom Individuum selbst geleistet. Professionelles pädagogisches Handeln kann Veränderungen unterstützen, wenn es das System maßvoll aus dem Gleichgewicht bringt. Ausgehend vom derzeitigen Entwicklungsstand und unter Beachtung von Gesetzmäßigkeiten der Entwicklung werden dem Schüler Handlungsmöglichkeiten angeboten, die ihm eine Entwicklung seiner Strukturen ermöglichen. Der Lehrer ist in diesem Sinne 'Entwicklungs-helfer'. Lehrer können Tätigkeiten anbieten, die die Schüler *einladen*, z.B. ihre Interessen zu erweitern. Das mag sich bescheiden anhören. Profes-sionelle Handlungsfähigkeit zeichnet sich dadurch aus, daß die richtigen Einladungen an die richtigen Leute gehen. Für das Gelingen der Party sind dann Gastgeber und Gäste gemeinsam verantwortlich. Letztlich sind es die erfolgreichen Lern-Handlungen des Schülers, durch die dieser seine Handlungsfähigkeit entwickelt.

Kapitel 1 beschäftigt sich ausgehend von diesen Grundüberzeugungen mit der *Handlung als Verbindung zwischen Mensch und Welt*. Die Strukturele-mente der Handlung werden analysiert:

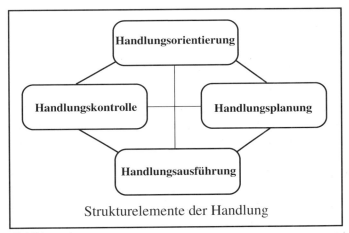

Strukturelemente der Handlung

Abbildung 1

Jeder Handlung geht eine Phase der aktiven Handlungs-Orientierung vor-aus. Nach dem Beschluß aktiv zu werden, kommt es zu Absichten und grundsätzlichen Entscheidungen, die die Antriebskräfte für den weiteren Verlauf der Handlung bilden. Bedürfnisse und Interessen spielen eine ent-scheidende Rolle. Eine Handlungsorientierung ist auch bei schwer behin-derten Schülern vorhanden. Wie diese elementare Handlungsorientierung beschrieben werden kann, zeigt der Abschnitt 'Handlungsorientierung un-ter der Lupe'.

Wir unterscheiden von der Handlungsorientierung das Strukturelement der Handlungsplanung. Aus Absichten werden Ziele. Hier geht es um die Pla-nung der einzelnen, konkreten Handlung. Diese Entscheidungen sind die Grundlage der handlungsbegleitenden und abschließenden Handlungs-kontrolle.

Handlungsfähigkeit in allen Teilelementen ist nicht angeboren, sondern wird in der Auseinandersetzung mit der Umwelt erworben. Wir zeigen, wie sich auf der Stufe der Sensomotorischen Intelligenz (PIAGET) die Strukturelemente der Handlung analog zur *kognitiven Entwicklung* herausbilden. Diese Entwicklung in der Interaktion mit der Um-Welt, Personen und Dingen ist nur in einem Prozeß des *dynamischen Gleichgewichts* der Austauschbeziehungen möglich.

Menschen lernen besser, wenn sie ihre Aufgaben / Probleme / Themen handelnd bearbeiten. Die schulische Bildung geistig behinderter Schüler legt den Schwerpunkt vielfach zu sehr auf den Aspekt der Handlungsausführung. Die einseitige Ausrichtung auf Fertigkeiten drückt sich auch aus in der Bezeichnung „Schule für Praktisch Bildbare". Die damit einhergehende Bevorzugung des Lernens durch Verstärkung in Verbindung mit dem Imitationslernen vernachlässigt wesentliche, kognitive Anteile einer Handlung. Kompetent Handeln heißt nicht nur 'etwas tun'. Dies ist ein sehr verkürzter Begriff von Handlung. Auch und gerade die Elemente Handlungsplanung und -kontrolle müssen den Schülern (wieder) zugänglich gemacht werden, um sie in die Lage zu versetzen, selbstbewußt und verantwortlich zu handeln.

Unsere oben dargestellten anthropologischen Überlegungen und der damit verbundene umfassende Handlungsbegriff führen im Kapitel 2 zum Versuch einer *didaktischen Konzeption*. Das Grundgerüst sind die dargestellten Elemente Handlung, Entwicklung und dynamisches Gleichgewicht. Hintergrund sind die Überlegungen, daß notwendigerweise alle am Prozeß Beteiligten an Entscheidungen teilhaben und Verantwortung nie nur bei einem Partner liegen kann. Ziel ist ein Konzept zur Planung und Reflexion von Unterricht, das bewußt immer mehr Handlungsteile in die Hand der Schüler legt.

Dieses Didaktische Konzept ist notwendigerweise offen. Es integriert verschiedene Unterrichtsformen und Förderansätze – aber erst nach einer Prüfung und meist nach einer Veränderung.

Im zweiten Teil des Buches stellen wir Unterrichtsformen (Kapitel 3) und Förderansätze (Kapitel 4) vor, die Handlungsfähigkeit fördern. Nur Unterrichtsformen und Förderansätze, die den Schülern ermöglichen, eine eigenständige Handlungsorientierung aufzubauen und die Planung und Kontrolle in ihre Hände legen wollen, sind in der Lage, Handlungsfähigkeit qualitativ zu verbessern. Damit machen sie die geistig behinderten Schüler zunehmend zu Agenten ihrer Handlungen und geben ihnen Verantwortung (wieder).

Handelnder oder handlungsorientierter Unterricht fördert durch den Einsatz von Modellen im Unterricht, die Beachtung der verschiedenen Stufen der Verinnerlichung einer Handlung und den Aufbau funktioneller Systeme Denken und Handeln. Handelnder Unterricht läßt Schüler lernen, weil der An'schauung' ihre Fixierung auf das rein Visuelle genommen wird zugunsten eines Begreifens und Handelns an und mit Modellen der Wirklichkeit. Der Unterricht bietet den Schülern die Möglichkeit zu entfalteten Handlungen auf der ihnen jeweils zur Verfügung stehenden Stufe. Die Schüler werden beim Aufbau funktioneller Systeme unterstützt.

Jedoch nur *zusammen* mit einem Konzept, das die Orientierung an den Interessen und Bedürfnissen der Schüler sicherstellt, kann dieser Ansatz dem Ziel der Selbststeuerung (=Handlungsfähigkeit) dienen. Deshalb: *Handlungs-* **und** *schülerorientierter Unterricht*!

Eine der Unterrichtsformen, die explizit die Selbststeuerung der Schüler zum Ziel haben, ist die *Freie Arbeit*. Diese Unterrichtsform sieht den Schüler als Subjekt seiner Lernprozesse, entspricht den heterogenen Klassen und ermöglicht den Schülern, an der Sache zu lernen, die sie wirklich interessiert.

Projekte legen den Schwerpunkt auf die Entwicklung interessengeleiteter Handlungsfähigkeit. Projektkriterien wie Interessenorientierung, Handelndes Lernen, Alltags- und Wirklichkeitsbezug sind ein strenger Maßstab. Jedoch: Nicht die Schüler, sondern die Angebote sollen die Kriterien erfüllen. Auch für schwer behinderte Schüler gibt es Möglichkeiten, an den Projekten ihrer Klasse teilzunehmen. Eine Projektwoche an der Schule für Geistigbehinderte muß kein Traum bleiben.

Die Einbeziehung von Förderansätzen in den Unterricht erfolgt unter dem Gesichtspunkt der Entwicklung von Handlungsfähigkeit. Obwohl sie in enger Beziehung zum therapeutischen Bereich stehen, geht es nicht um die Beseitigung von Symptomen. Schwer behinderten Schülern kann im Rahmen der pädagogischen Interaktion ein Stück Verantwortung für ihr Handeln gegeben werden. Sie können zum Subjekt ihrer Handlungen werden, auch wenn sie mit einzelnen Strukturelementen einer Handlung Probleme haben und auf Hilfe angewiesen bleiben. Wichtiges Ziel in diesem Zusammenhang und Kriterium für die Tauglichkeit der Ansätze ist der Aufbau einer Handlungsorientierung. Untersucht werden die Konzepte der *Basalen Stimulation*, der *Sensorischen Integrationsbehandlung*, der *Basalen Kommunikation*, der *Körperzentrierten Interaktion* sowie die *Aufmerksamkeits-Interaktions-Therapie*.

Der dritte Teil ist der Umsetzung in die Planungs-Praxis gewidmet. Es geht dabei um eine Planungskompetenz des Lehrers, die über das Planen einzelner (Vorführ)stunden hinausgeht. Im Kapitel 6 werden einige Raster vorgestellt, die helfen, Informationen zu sammeln und zu ordnen. Sie unterstützen den Lehrer bei einer handlungs- und schülerorientierten Schuljahresplanung im Kreislauf von Diagnostik, Planung und Kontrolle. Zentraler Punkt ist der *Rote Faden*, die differenzierte Lernausgangslage der Schüler im Hinblick auf das Ziel der Handlungsfähigkeit.

Kapitel 7 bietet eine Synopse verschiedener Aspekte der Entwicklung: *Die Entwicklung der Handlung in Zusammenhang mit der kognitiven Entwicklung, Spielentwicklung und Sprachentwicklung.* Der Leser erhält die Möglichkeit, für den einzelnen Schüler die derzeitige und die jeweils nächste Entwicklungsstufe zu identifizieren. Sie erinnern sich – die Sache mit den richtigen Einladungen!

Teil I

1. Handlung als Verbindung zwischen Mensch und Welt

Im Unterricht treffen Menschen aufeinander, die mit ihren unterschiedlichen Vorstellungen, Fähigkeiten und Fertigkeiten versuchen, die Situation zu gestalten. Der Lehrer ist bestrebt, in den Schülern bestimmte Einstellungen, Motive zu wecken und ihnen Fähigkeiten und Fertigkeiten zu vermitteln, sich mit der (Unterrichts-) Wirklichkeit 'adäquat' auseinanderzusetzen. Er hat gewisse, nicht nur in seiner Ausbildung erworbene, Zielvorstellungen und Handlungsmöglichkeiten. Auf der 'anderen Seite' stehen, sitzen, liegen, ... Schüler mit ihren eigenen Interessen, Bedürfnissen, Fähigkeiten und Fertigkeiten. Sie haben ihre im Lauf ihrer Entwicklung erworbene Handlungsfähigkeit, wie sie mit der (Unterrichts)Welt umgehen und ihr als Personen begegnen.

Unter 'Handlungsfähigkeit' verstehen wir die Kompetenz, sich mit der Umwelt auseinanderzusetzen. Eine Handlung ist dann kompetent, wenn Menschen in realen Lebenssituationen interessengeleitet, zielgerichtet (vorausschauend), planvoll, bewußt, selbständig und gemeinsam handeln. (vgl. BREHM 1981, 59f)

- Basis sind aus Erfahrungen, Kenntnissen, Interessen gebildete grundlegende Konzepte bzw. Strategien. Diese Konzepte / diese Strategien entwickelt der Mensch in der Interaktion mit der Umwelt. Sie bilden seine Handlungsorientierung.
- Dazu gehören die Fähigkeiten, Handlungen zu planen, zu kontrollieren und zu bewerten.
- Dazu gehören (motorische) Fertigkeiten der Handlungsausführung.

In allen drei Bereichen ergeben sich Lern- und Entwicklungsmöglichkeiten durch geeignete Lernhandlungen. „Bewußtsein und damit auch die Interessenstruktur von Menschen entwickelt sich im Prozeß des Handelns". (GUDJONS 1981, 7)

Theorien sind nicht richtig oder falsch, sondern brauchbar, um Wirklichkeit verstehen zu können. Handlungstheorie ist in diesem Sinne eine brauchbare Landkarte, sie ist jedoch nicht das Land selber. Theorien zum menschlichen Handeln wurden sowohl im seinerzeit sozialistischen Osten als auch im Westen entwickelt. Die handlungstheoretischen Richtungen innerhalb der materialistischen (von der sowjetischen Psychologie ausgehenden) Psychologie[4] und der westlichen Psychologie[5] unterscheiden sich

---

[4] verbunden mit Namen wie GALPERIN, LEONTJEW, WYGOTSKY; mit umfassender Rezeption in der pädagogischen Literatur der ehemaligen DDR; Rezeption und Anwendung in der westdeutschen Behindertenpädagogik: JANTZEN, FEUSER.

[5] MILLER / GALANTER / PRIBRAM, AEBLI, PIAGET

in ihren Grundzügen jedoch nicht (mehr) wesentlich. (vgl. GUDJONS 1992, 42)

- Handeln ist die spezifisch menschliche Form der Tätigkeit[6], die Verbindung zwischen Mensch und Umgebung, zwischen Subjekt und Objekt.

- In der interaktiven Auseinandersetzung mit der Umwelt entwickeln sich durch interne Strukturierungsprozesse ein differenziertes Handlungsrepertoire und Handlungstrategien.

- Denkstrukturen entwickeln sich aus verinnerlichten Handlungen.

- Menschliches Handeln ist notwendig in gesellschaftliche Bezüge eingebunden, wird von diesen bestimmt und gestaltet sie gleichzeitig.

- „Unabhängig von den verschiedenen Standpunkten besteht Übereinkunft darüber, daß die Kategorien Handeln und Lernen mit dem Vorgang der Persönlichkeitsentwicklung verbunden sind". (BREHM 1981, 52)

- Kernstück ist eine „Theorie der Prozeßstruktur und der Entwicklungslogik des Handelns" (VOLPERT 1983, 12), eine Analyse der Handlungs-Struktur.

Eine *Gleichsetzung* von Handlungsfähigkeit und Persönlichkeit ist problematisch. Handlungsfähigkeit ist ein wichtiges, aber nicht das einzige Merkmal einer Persönlichkeit und sagt über das Menschsein nichts aus.

1.1 Strukturelemente und Phasen einer Handlung

Im Gegensatz etwa zu behavioristisch orientierten Sichtweisen geht Handlungstheorie über eine einfache Input-Output-Beschreibung beobachtbarer Verhaltensweisen hinaus. Erfaßt werden soll, was 'dazwischen' liegt, welche internen Prozesse Handlungen initiieren, bewerten, planen und steuern. Damit soll auch dargestellt werden, wie gelernt wird, d.h. wie Handlungsergebnisse Ausgangspunkt weiterer Handlungen (auf 'höherem' Niveau) werden können.

---

[6] Der marxistische Begriff 'Tätigkeit' wird in der entsprechend orientierten Literatur nicht einheitlich benutzt (als übergeordnete Einheit aber teilweise auch synonym zum Begriff Handlung). Da 'Tätigkeit' eher vom Individuum abstrahiert und den gesellschaftlichen Zusammenhang von Handlungskomplexen in den Mittelpunkt rückt, verwenden wir ihn zur Kennzeichnung weitgefaßter Handlungskomplexe, wie etwa Sporttätigkeit oder Lerntätigkeit.

Dazu werden Handlungen in ihre Strukturelemente zerlegt. Diese Elemente ergeben in einem zeitlichen Nacheinander die einzelnen Phasen einer Handlung:

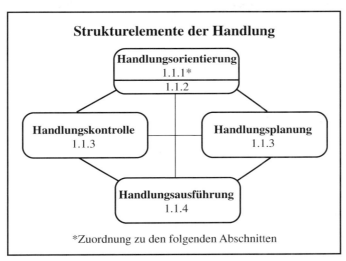

Abbildung 2

1.1.1 Handlungsorientierung: Grundlegendes Konzept und Ausgangspunkt

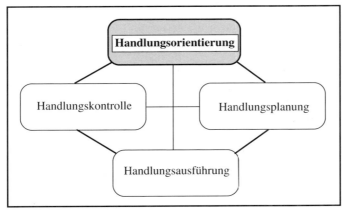

Abbildung 3

Jeder Handlung geht eine Phase der aktiven Orientierung voraus. Entscheidendes Element ist der Beschluß aktiv zu werden – oder es bleiben zu lassen. Es kommt zu **Absichten** und grundsätzlichen **Entscheidungen** (z.B. zwischen mehreren Handlungsangeboten), die die Antriebskräfte (Motive) für den weiteren Verlauf der Handlung bilden. (vgl. BREHM 1981, 56f)

Grundlage dieser Handlungsorientierung sind

* Bedürfnisse, Interessen, Gefühle,
* Einstellungen, Gewohnheiten,
* Erfahrungen, Kenntnisse,
* Kognitive Strategien, Fähigkeiten, Fertigkeiten.

Man könnte weitgehend sagen: Der derzeitige Stand der Persönlichkeitsentwicklung.

Der Prozeß der Handlungsorientierung läuft intern im handelnden Individuum ab. Er ist deshalb nur vermutungsweise nachvollziehbar und nicht leicht beeinflußbar. Es ist dem Lehrer möglich, Ziele und Pläne vorzugeben, das gesamte Material bereitzustellen, durch Handführung die Motorik zu unterstützen und anschließend das Ergebnis zu loben – der grundlegende Beschluß, aktiv zu werden oder es bleiben zu lassen (aus welchen Gründen auch immer), wird allein vom Schüler gefaßt.

Jeder Schüler hat *seine* Handlungsorientierung. Auch wenn sie uns nicht immer sinnvoll erscheint – sie ist geprägt von seinen Erfahrungen und den Schlüssen, die er daraus zieht. Sie ist die vom individuellen Sinn geprägte Grundlage individuellen Handelns. Auch einer 'Passivität' ohne beobachtbare, äußere Handlungen liegt eine entsprechende Handlungsorientierung zugrunde.

Die Inhalte der Handlungsorientierung verändern und entwickeln sich durch Lernhandlungen. BREHM (1981, 94f) unterscheidet hier Veränderungen der aktuellen Orientierung, die sich auf die derzeitige Handlungssituation auswirken, von Veränderungen der allgemeinen Orientierungsgrundlage, die durch langzeitig gespeicherte Information Auswirkung auf zukünftiges Handeln hat. Eine Veränderung der Orientierungsgrundlage ist verknüpft mit Gedächtnisleistungen.

Handlungsorientierung basiert weitgehend auf gespeicherten und bewerteten Informationen. Diese sind auch Grundlage der Handlungsplanung. Wir unterscheiden jedoch unter analytischen Gesichtspunkten bewußt die Handlungs*orientierung* als (Handlungsmotive bestimmendes, grundsätzliche Entscheidungen treffendes, vom individuellen Sinn geprägtes) immer vorhandenem Strukturelement von der nicht selbstverständlichen Fähigkeit zur *Planung* konkreter Handlungen und Handlungsfolgen.

1.1.2 Handlungsorientierung bei Menschen mit schweren Behinderungen – Handlungsorientierung unter der Lupe

Besonders bei sehr schwer behinderten Schülern läßt sich eine Handlungsorientierung wie im vorherigen Abschnitt beschrieben als Grundlage einer **Aktivität** scheinbar nicht feststellen. Die Analyse der Handlungsfähigkeit bei Schülern mit schweren und mehrfachen Behinderungen scheint nach den o.g. Kriterien vielfach unmöglich. Wenn überhaupt, 'handeln' sie nur in ganz engem Kontakt gemeinsam mit einer Bezugsperson. Kann bei diesen Schülern überhaupt von einer Handlungsorientierung gesprochen werden?

Eine vorläufig noch elementare Handlungsorientierung ist von Geburt an vorhanden. Die Entwicklung als Auseinandersetzung mit der Umwelt hat schon im Mutterleib begonnen. Insoweit ist auch diese Handlungsorientierung in weiten Teilen schon eine aktiv entwickelte. Sie ist die Basis der Beziehungen des Kleinkindes zu seiner Umwelt. Grundlage sind bestimmte, im menschlichen Genom vorgegebene neuronale Strukturen. In der Interaktion mit der Welt entwickelt sich die Handlungsorientierung als funktionelles System und wird immer komplexer. Diese Entwicklung zu immer 'höheren' Stufen ist bei dem angesprochenen Personenkreis stark eingeschränkt.

Schwer behinderte Menschen haben in ihrem Leben schon eine Reihe von Erfahrungen gemacht bzw. machen müssen. In vielen Fällen wurde ihnen jegliche Handlungsfähigkeit abgesprochen, nicht einmal ihre emotionale Bewertung (das ist der Anfang von Handlungskontrolle) von Erlebnissen zur Kenntnis genommen. Trotzdem stellt sich bei genauer Beobachtung immer wieder heraus, daß z.B. die Aufmerksamkeit ganz stark von der anwesenden Person abhängt. Bestimmte Vorlieben und Abneigungen sind erkennbar und manchmal auch der Versuch diese auszudrücken. Die Handlungsorientierung dieser Menschen ist zwar auch in einer Art *elementar*, jedoch mit der Handlungsorientierung von Kleinstkindern nur bedingt vergleichbar.

Um diese elementare Handlungsorientierung zu beschreiben, sind weitere Analyseelemente auf der Ebene allgemeiner Prinzipien[7] der neuropsychischen Organisation notwendig. Das Zusammenspiel (nicht nur die Addi-

---

[7] Vgl. die drei Haupteinheiten der Regulation von LURIA (nach JANTZEN 1990, 72 ff)
  1. Einheit für Tonus, Wachheit und Aktivation (v.a. auf subkortikaler Ebene)
  2. Einheit für Informationsaufnahme, -verarbeitung und -speicherung (afferenter Bereich der Großhirnhemisphären)
  3. Einheit für Verifikation, Planung und Programmierung (Frontallappen)

tion) folgender 'Bausteine' ist Voraussetzung und Folge einer aktiven Zuwendung zur Umwelt und damit zum Ausbau einer Handlungsorientierung:

- Wachheit, Aktivität
  Ist der Schüler überhaupt wach oder kann er 'wach gemacht werden'?
  In welchen Situationen ist er wach? Können diese Situationen verlän-
  gert werden und ein Ansatzpunkt der Förderung werden?
  Wann ist ein grundsätzliches Aktivitätspotential spürbar? (vergleichbar
  einem Motor im Leerlauf) Wie hoch oder niedrig ist der allgemeine
  Muskeltonus? Wie reduziert / erhöht sich der allgemeine Tonus, so daß
  eine Aktivität möglich wird?

- Aufmerksamkeit
  Spüren oder sehen wir, daß der Schüler in manchen Situationen aufmerksam wird, sich der Welt zuwendet? Wie können diese Situationen
  ausgebaut werden, damit man von einer Aufnahmebereitschaft sprechen kann? (vergleichbar einem Motor, bei dem ein Gang eingelegt
  wird)

- Wahrnehmungstätigkeit
  Konzentriert sich die Aufmerksamkeit? Findet der Schüler Situationen
  oder Dinge interessant? Kann er dann unwichtige Dinge ausblenden?
  In welchen Bereichen sind starke Reize notwendig, wo ist der Schüler
  schnell überreizt? Werden Wahrnehmungsbereiche verknüpft? Funktion und Verknüpfung der Wahrnehmungen aus den Bereichen Tastsinn,
  Gleichgewichtssinn, Körperwahrnehmung? (mehr dazu im Abschnitt
  über Sensorische Integration)

- Bedürfnisse
  Welche physiologischen Grundbedürfnisse (Nahrung, Unversehrtheit)
  müssen vor allem anderen befriedigt werden? Wie groß bzw. unerfüllt
  sind die Bedürfnisse nach Sicherheit, Zuwendung, Anerkennung,
  Selbstverwirklichung?[8] Erfolgt eine Bewertung von Umwelteinflüssen
  hinsichtlich des Grades an Bedürfnisbefriedigung? Können wir basale
  Äußerungen von Bedürfnissen / Vorlieben erkennen, z.B. Vorlieben /
  Abneigungen für Lagerungen, Nahrungsmittel, Personen?
  Bedürfnisse bewegen sich oft in einem Spannungsfeld, wie z.B. das
  Bedürfnis nach Neuem gegenüber dem Bedürfnis nach Vertrautem.

- Emotion, Affekte, Motive, psychische Strukturen
  Wie ist die Grundeinstellung zum Leben? Welche Emotionen und Affekte entstehen bei einer 'Bewertung' von Umwelteinflüssen hinsichtlich

---

[8] Eine gute Übersicht über die unterschiedlichen, z.T. widersprüchlichen Grundbedürfnisse:
vgl. FRÖHLICH 1991, 20ff

Bedürfnisbefriedigung und Neuigkeitsgrad? Daraus erwachsen erste Vorlieben und Interessen. Gibt es spontane Reaktionen auf Wahrgenommenes, z.B. 'Flucht', Erschrecken? Gibt es eine Speicherung (Gedächtnis) und damit verbunden ein Wiedererkennen? Muß eine Situation immer ganz durchlaufen werden, oder verkürzt sich die Zeit bis zum emotionalen Wiedererkennen?

- Basale Kommunikation und Interaktion
  Wem gelingt es auf welche Weise, mit dem Schüler in Kontakt zu treten? Wie können Schüler und Lehrer einander etwas 'rüberbringen'? Gibt es einen unterschiedlichen Stimmeinsatz bei Abwehr oder Wohlbefinden? Wie äußern sich solche Gefühle? Gibt es Äußerungen, die ja / nein bedeuten könnten? Welche Formen basaler Kommunikation gibt es? Sind nicht-sprachliche Dialoge möglich?

Zusammenfassung und Übersicht – Bausteine der Handlungsorientierung:

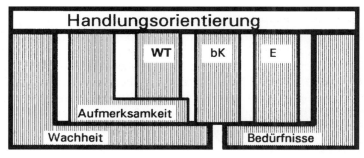

Abbildung 4

Das Zusammenspiel und die gegenseitige Beeinflussung und Verflechtung der Elemente

- Wachheit
- Aufmerksamkeit
- Wahrnehmungstätigkeit (WT)
- Bedürfnisse
- Emotion (E)
- basale Kommunikation (bK)

lassen sich in einer Übersicht leider nicht darstellen. Wir können jedoch strukturelle Prioritäten erkennen: Das Fundament muß stehen bzw. erstellt werden; nur eine begrenzte Anzahl der Bausteine darf fehlen, ohne daß das Gebäude (die Handlungsorientierung) zusammenbricht. Auf der anderen Seite ist es ermutigend zu sehen, daß ein begrenztes Fehlen auch nicht gleich alles einstürzen läßt. Es scheint so zu sein, daß das 'Vorhandensein' eines der Basiselemente (Wachheit oder Bedürfnisse) und eines der darauf aufgebauten Elemente ausreichen, um das System 'in Schwung zu bringen'.

Sollten Sie viele Ihrer Schüler mit diesen Aussagen beschreiben können, kann es sinnvoll sein, sich als nächstes dem Kapitel 'Förderansätze' zuzuwenden, das sich eng an diesen Abschnitt anlehnt.

Sollten *Ihre* Wachheit und Aufmerksamkeit auf der nächsten Konferenz einmal nachlassen, sind möglicherweise Ihre grundlegenden Bedürfnisse unbefriedigt: Verlangen Sie Gelegenheit, Ihre Handlungsorientierung wieder aufzubauen. Geht es Ihnen beim Lesen so, hören Sie vorläufig auf.

1.1.3 Handlungsplanung und Handlungskontrolle

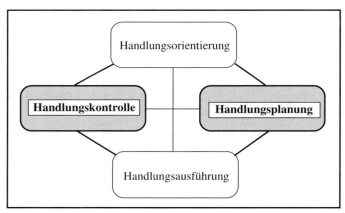

Abbildung 5

Handlungsplanung:

Fußend auf der Handlungsorientierung und abhängig von vorhandenen Orientierungsgrundlagen werden Pläne über Handlungsergebnisse, den Handlungsprozeß und Handlungsmittel erstellt: **Aus Absichten werden Ziele.** Es entsteht ein konkretes Handlungsziel. Diese Entscheidungen sind die Grundlage der handlungsbegleitenden und der abschließenden Handlungskontrolle.

Je nach Planungskompetenz und Neuigkeit der Handlungsaufgabe sind eine Reihe von Handlungsplänen vorhanden und abrufbar. Die Phase der Handlungsplanung verläuft dann sehr verkürzt im Inneren des handelnden Individuums und ist kaum beobachtbar. Andere, für den Handelnden neue oder komplexe Handlungen verlangen eine intensive, entfaltete Handlungsplanung. Die Ergebnisse müssen in materialisierter Form fixiert werden (ein Verlaufsdiagramm, eine Einkaufsliste, eine Unterrichtsplanung), um für die Steuerung der Handlung zur Verfügung zu stehen.

Die Fähigkeit zur Handlungsplanung wird im Lauf der kognitiven Entwicklung und der Entwicklung von Handlungskompetenz erworben und verbessert – bis hin zum Time-Management für gestreßte Lehrer.

Handlungskontrolle:

Auf der Grundlage der Handlungsplanung findet die Regulation der Handlungsausführung im handelnden Individuum auf verschiedenen Ebenen[9] statt. Diese reichen von automatisierten Kontrollmechanismen motorischer Vollzüge auf der Ebene von Fertigkeiten (z.B. Auto fahren) bis zu bewußtseinspflichtigen Rückmeldungen über die Qualität der Handlungsergebnisse.

Auf der Grundlage der Handlungsorientierung sorgt die Handlungskontrolle während der Aktivität dafür, daß die Aufmerksamkeit auf den Handlungsgegenstand gerichtet bleibt. Die elementarste Form ist die emotionale Bewertung, z.B. Verziehen des Gesichts, als Zeichen von Wohlbehagen oder Mißempfinden in der Situation.

Die Handlungskontrolle kann sich an den eigenen Plänen orientieren, aber auch Rückmeldungen von außen (Lehrer, Mitschüler) verarbeiten.

Die Kontrolle verläuft bei einfachen, 'gekonnten' Handlungen im Inneren des handelnden Individuums in verkürzter, kaum beobachtbarer Form. Komplexe und für den Handelnden schwierige Handlungen machen eine entfaltete, umfangreiche Kontrolle einzelner Handlungsschritte und des Gesamtergebnisses notwendig: Mit dem Finger das Verlaufsdiagramm

---

[9] 1. sensumotorische Regulationsebene
     Sie ist nicht bewußtseinspflichtig und steuert Fertigkeiten, die über Wahrnehmungen abgerufen werden.
  2. perzeptiv-begriffliche Regulationsebene
     Sie ist bewußtseinsfähig und steuert einfache Handlungen auf der Ebene des 'Könnens' und flexibler Varianten von Grundmustern.
  3. intellektuelle Regulationsebene
     Sie ist bewußtseinspflichtig und steuert komplexe Handlungen, beruht auf intellektuellen Prozessen von Analyse und Synthese.

verfolgen, Erledigtes abstreichen, Nachbereitung einer Unterrichtsstunde, Turnübung auf Video betrachten.

Die Fähigkeit zur Kontrolle eigener Handlungen wird im Lauf der kognitiven Entwicklung und der Entwicklung von Handlungskompetenz erworben. Man kann sogar von einem eigenen Handlungskomplex von Kontroll-Handlungen sprechen. Ein Beispiel hierfür ist der Mensch, der in Urlaub fährt. Schon im Auto sitzend spricht er sich vor: „Herd? – hab' ich abgestellt. Kaffeemaschine? – ist aus. Fenster? – ..." – manche Menschen kehren dann entnervt um.

Flexibles, realtätsbezogenes Handeln kommt in der Regel nur zustande, wenn Störgrößen wahrgenommen werden und Ziele und Pläne entsprechend überprüft / modifiziert werden. Erfahrungen und Handlungsbewertungen gehen immer auch in die Orientierungsgrundlage zukünftiger Handlungen ein. Wird diese dadurch verändert, findet Lernen statt. Ohne diesen Rückkoppelungsprozeß ist Lernen nicht möglich. Kurzfristiges Lernen heißt dann: Veränderung der Orientierungsgrundlage für direkt anschließende Handlungen. Veränderungen erfordern entsprechende Gedächtnisleistungen.

1.1.4 Handlungsausführung

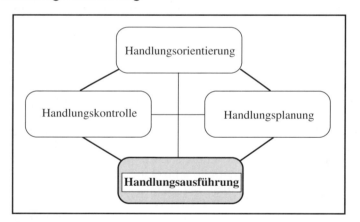

Abbildung 6

Hier können zwei Fälle unterschieden werden:
- Die Ausführung realisiert sich über die äußeren Einwirkungs- und Aufnahmemöglichkeiten, d.h. über Sprache, Bewegung, Hören, Sehen, ...
- Die Ausführung realisiert sich im Inneren, d.h. Denken, inneres Sprechen, ...
(vgl. BREHM 1981, 57f)

30

1.1.5 Zusammenfassung und Übersicht

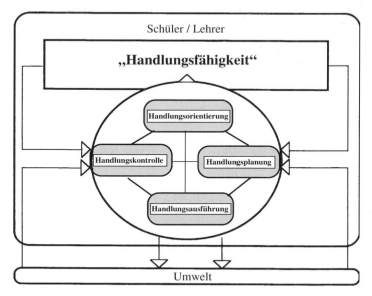

Abbildung 7

Die Beziehung zur Umwelt manifestiert sich in den Handlungen. Die einzelne Handlung stellt die Verbindung zwischen Mensch und Welt her. Was zwischen dem Input, den die Umwelt liefert, und dem Output, den beobachtbaren Handlungen, liegt, ist das Zusammenspiel der Strukturelemente der Handlung.

Handlungen sind geprägt vom
- derzeitigen Stand der Handlungsfähigkeit und
- (damit nicht notwendig in Übereinstimmung) den Anforderungen und Einwirkungen der Umwelt.

Gleichzeitig
- entwickelt sich im Handeln die Handlungsfähigkeit,
- wird die Umwelt verändert und den eigenen Möglichkeiten angepaßt.

Es entsteht eine interdependente Struktur mit zunehmender Komplexität (= Lernen).

1.2 Handlung und kognitive Entwicklung nach J. PIAGET

Wie schon mehrfach hervorgehoben, bildet sich Handlungsfähigkeit nicht automatisch aus, sondern wird in der interaktiven Auseinandersetzung mit der Umwelt erworben. Dies geschieht zusammen mit der allgemeinen Entwicklung des Psychischen. Interessant ist in diesem Zusammenhang die Verbindung der kognitiven Entwicklung, wie sie PIAGET[10] beschreibt, mit der Entwicklung der Strukturelemente der Handlung.[11] Die Entwicklung der Handlungsfähigkeit geht Hand in Hand mit kognitiver Entwicklung. Die Theorie der geistigen Entwicklung von PIAGET gibt Aufschluß, welche kognitiven Konzepte der Handlungsfähigkeit zugrunde liegen, und wie sie sich im Handeln entwickeln. Grundlage ist die Konzeption eines handelnden Subjekts, das aktiv in die Auseinandersetzung mit der Welt eintritt, diese Welt strukturiert und verändert und sich dabei selbst verändert und entwickelt. (vgl. PIAGET 1983, 19)

Zentraler Ansatzpunkt bei PIAGETs Untersuchung der Intelligenzentwicklung ist die Handlung. Kognitive Vorgänge gehen aus realen Handlungen hervor. Durch und in sensomotorischen Handlungen bilden sich die psychischen Grundlagen (= Sensomotorische Intelligenz) für die höheren kognitiven Prozesse. (vgl. auch J.A. ROHMANN 1982, 15 ff) Die Entwicklung wird durch das Zusammenspiel der Faktoren

* Vererbung, innere Reifung;
* Einfluß der Sachwelt, materiale Erfahrung;
* soziale Vermittlung, Erziehung im weitesten Sinne;
* als vermittelnder, organisierender Faktor die Äquilibration (Herstellung des Gleichgewichts).

vorangetrieben. (vgl. PIAGET 1976, 28ff)

Beeinträchtigungen der vererbten Anlagen oder der sozialen Bedingungen sind jeweils **allein** noch kein Grund für Beeinträchtigungen der Entwicklung, auch wenn die Prozesse der inneren Reifung bei geistig behinderten Menschen vermutlich Grenzen unterliegen.

---

[10] J. PIAGET (1896 – 1980): Schweizer Psychologe, der eigentlich von der Biologie herkam, was man seinem Vokabular anmerkt; beschäftigte sich sowohl mit der frühkindlichen Entwicklung (u.a. "Das Erwachen der Intelligenz beim Kinde, 1936) wie auch mit der Entwicklung im Schulalter (u.a. "Die Entwicklung des Zahlbegriffs beim Kinde, 1948); von überragender Bedeutung für die Erziehungswissenschaft, die Entwicklungsgesetzmäßigkeiten berücksichtigen will.

[11] vgl. in diesem Zusammenhang ROHMANN 1982, der diesen Prozeß unter dem Aspekt der Subjekt-Objekt-Differenzierung beschreibt.

Die Entwicklung kann andererseits nicht beliebig beschleunigt werden. Auch die 'beste' Erziehung und eine positive Umwelt machen nur Teile des Ganzen aus. Die Selbstregulierung des Individuums, die Herstellung des Gleichgewichts braucht Zeit.

Nach PIAGET vollzieht sich die kognitive Entwicklung in Stufen. D.h. Entwicklung verläuft nicht kontinuierlich, sondern in Sprüngen. Quantität schlägt um in Qualität (mehrmals Erfolg gehabt zu haben, ist Voraussetzung dafür, daß sich 'plötzlich' daraus ein Plan entwickelt). Die Stufen repräsentieren jeweils ein Gesamtkonzept des Zugangs zur Welt. Es ist nicht so wichtig, wann ein Kind eine Stufe erreicht oder wie lange es in ihr bleibt. Das ist individuell unterschiedlich. Die Reihenfolge der Entwicklungsstufen liegt jedoch fest. Die vorausgehenden Elemente müssen in einem Mindestmaß vorhanden sein. Die Reihenfolge der Stufen gilt selbstverständlich auch für geistig behinderte Kinder. Auch für sie ist die Entwicklung im Prinzip nach oben offen. Sicherlich brauchen sie mehr Zeit und Hilfen und stoßen auf (vorläufige) Grenzen der Weiterentwicklung.

In immer komplexeren Kreisreaktionen (sogenannte „Zirkulärreaktionen") von Motorik und Sensorik bildet sich die vollständige Handlung und das Konzept des Umgangs mit der Welt aus. Eine reine Reiz**aufnahme** bliebe für die Entwicklung bedeutungslos. Kurzgefaßt: Wachheit / Aktivität werden lohnend. Es gelingt, die Aufmerksamkeit zu richten. Es entstehen Gewohnheiten und Interessen. Interessante Erscheinungen und Erfolge werden bewertet und gehen in die Handlungsorientierung[12] ein. Über die Fähigkeit zur Handlungs**kontrolle** entwickelt sich die Fähigkeit zur Handlungs**planung**. Handlungen werden miteinander verknüpft. Es wird zwischen Mittel und Zweck unterschieden. Die Herausbildung und prinzipielle Funktionsfähigkeit der Strukturelemente einer Handlung ist bis zum Ende der Phase der Sensomotorischen Intelligenz, also im Alter von etwa zwei Jahren, 'abgeschlossen'.

Die Strukturelemente der Handlung bilden sich in den Stufen der Sensomotorischen Intelligenz heraus, Handlungsfähigkeit entwickelt sich analog der kognitiven Entwicklung in dieser Phase.

Diesen Entwicklungsverlauf stellen wir im folgenden dar. Eine detailliertere Darstellung mit Beispielen findet sich im Kapitel 7: Bausteine zur Beurteilung kognitiver Entwicklung

---

[12] vgl. Handlungsorientierung unter der Lupe

1. Betätigung und Übung der Reflexe[13] (Alter: – 2 Monate)

Angeborene Schemata (Reflexe), v.a. das Saugschema, werden konsolidiert, Gegenstände werden in das Reflexschema einverleibt, Variationen je nach Objekt, reflexbestimmtes Suchverhalten.

Im Sinne einer artspezifischen 'Erstausstattung' liegt eine individuelle, angeborene Grundlage der Handlungsorientierung vor (Wachheit, Aktivität, Wahrnehmungsmöglichkeiten, Bedürfnisse, Affekte). Reflexe im Sinne PIAGETs sind plastisch und übbar. Durch Aktivität und Bedürfnisbefriedigung entstehen Bedeutungen. Die Handlungsorientierung entwickelt sich weiter: Es lohnt sich, aktiv zu sein.

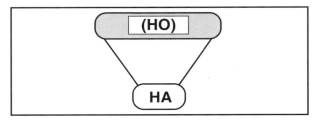

Abbildung 8

2. primäre Zirkulärreaktionen (Alter: 2–3 Monate)

Aus Zufällen werden erste Gewohnheiten. Das Wiederholen von Handlungen setzt eine gewisse Speicherung voraus. Erstes erworbenes Anpassungsverhalten, Koordination zwischen zwei Schemata (z.B. Sehen und Greifen), Hand-Auge-Koordination beginnen.

Neue Gegenstände (Daumen, ..) werden als mögliche Sauggegenstände in die **Handlungsorientierung** aufgenommen.

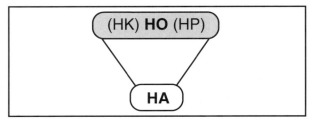

Abbildung 9

---

[13] zum besonderen Reflexbegriff bei PIAGET vgl. ROHMANN 1982, 66.

3. sekundäre Zirkulärreaktionen (Alter: 3 – 8 Monate)

Verfahrensweisen, die dazu dienen, interessante Erscheinungen andauern zu lassen. Die Handlungsergebnisse sind immer noch 'zufällig', werden jedoch registriert und bewertet. (Schlägt auf die Klapper, weil etwas zu hören war) Erwartung und Vorwegnahme können entstehen, be-handeln von Gegenständen.

Das Strukturelement der **Handlungskontrolle** bildet sich heraus. Handlungsorientierung und -planung sind noch nicht unterschieden. Eine erste Vorwegnahme von Handlungsergebnissen bahnt sich an, ein Handlungsziel im Sinne der Vorstellung eines Endprodukts oder -ergebnisses liegt noch nicht vor. Durch das Hantieren mit Gegenständen werden Materialeigenschaften be-griffen (Wahrnehmungstätigkeit). Diese Erfahrungen gehen in die Orientierungsgrundlage ein.

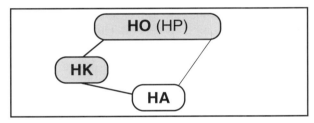

Abbildung 10

4. Koordination der sekundären Zirkulärreaktionen (Alter: 8 – 12 Monate)

Vom Zufall zum Plan: Verknüpfung von Mittel und Zweck ('Pläne'), Anwendung bekannter Schemata auf neue Situationen, wenn – dann – Beziehungen (Lätzchen – Essen). Das Kind verfolgt ein Ziel, das nicht mehr direkt zugänglich ist, durch dazwischen geschaltete Mittel (Hindernis auf dem Weg beseitigen): Objektpermanenz beginnt; Erkunden von Gegenständen, Erkennen von Merkmalen, Zerlegen und Zusammensetzen (Analyse und Synthese)

Es bildet sich das Strukturelement der **Handlungsplanung** heraus. Handlungsorientierung und -planung scheiden sich. Es entsteht ein Erfolgskriterium, ein Endpunkt der Handlung. Eine hierarchische Strukturierung der Handlung entsteht. Die Handlungsorientierung erweitert sich um Erfahrungen und Kenntnisse.

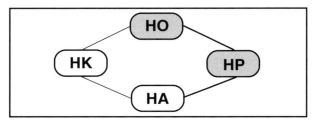

Abbildung 11

5. Tertiäre Zirkulärreaktionen (Alter: 12 – 18 Monate)

Entdecken neuer Mittel durch aktives Ausprobieren. Variationen der bekannten Schemata zum Erzielen eines gewünschten Effekts und zur Lösung eines Problems.

Die Strukturelemente der Handlung werden zusammengefügt: Endgültige Etablierung der Handlung. Der Kreis Handlungsorientierung, Handlungsplanung, Handlungsausführung, Handlungskontrolle schließt sich.

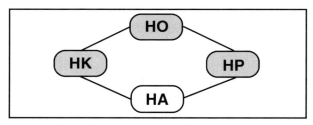

Abbildung 12

6. Erfindung neuer Mittel durch geistige Kombination (Alter: 18 – 24 Monate)

Suchen neuer Mittel nicht mehr nur durch äußeres Ausprobieren. Es kommt zu plötzlichen Einsichts- und Erfindungsakten.

Die Verinnerlichung und Verkürzung von Handlungen beginnt. Eine umfangreiche Handlungsorientierung liegt vor. Handlungen können auf sprachlicher Ebene ablaufen, eine entfaltete Ausführung ist in vielen Fällen nicht mehr notwendig. Die Fähigkeit zur Handlung auf symbolischer Ebene entsteht.

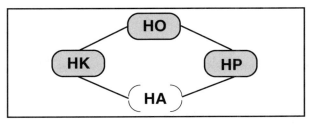

Abbildung 13

Die unterschiedlichen Stufen der Entwicklung sind in sich kein Kontinuum. Stufen haben verschiedene Phasen: Auflösung des Alten und Vorbereitung, Rekonstruktion, Vollendung (vgl. PIAGET 1976, 48). Einer aufregenden Phase der Rekonstruktion des Vorhergehenden und neuer Errungenschaften folgt eine ruhigere Phase der Konsolidierung.

Durch die verzögerte und schwierige Entwicklung behinderter Schüler werden 'Knackpunkte' der Entwicklung deutlich. Dies sind unter anderen:

• Es scheint Schüler zu geben, die durch nicht entwicklungsgemäße Förderung einzelne Stufen 'übersprungen' haben. Probleme auf höheren Stufen können darauf zurückgeführt werden, daß seinerzeit nicht genug Zeit gelassen wurde. Den Schülern wurden Anteile der Handlung abgenommen: Orientierung, Planung und Kontrolle verblieben in der Hand der Erwachsenen. Handlungserfolge sind eigentlich Erfolge der Erzieher.

• Es gibt immer wieder zu beobachtende 'Barrieren' nach den Stufen 3 und 4, die nur schwer zu meistern sind und oft das (scheinbare) Ende einer Entwicklung markieren.

Die Verknüpfung und Anwendung der Strukturelemente der sensomotorischen Handlung (Intelligenz ohne Sprache) ist Grundlage des Denkens, das letztendlich in den gleichen Strukturen verläuft. Beispielsweise ist eine asymmetrische Beziehung (größer, schwerer, mehr) nur der Ausdruck unterschiedlicher Intensitäten der motorischen Handlung. (vgl. PIAGET 1969, 409) Probleme zu lösen, lernt man in der Handlung, Ausprobieren wird zur Denkstrategie, wenn Lösungen im Geiste durchgespielt werden können.

1.3 Handlung und Gleichgewicht der Beziehungen

Unter Gleichgewicht verstehen wir nichts Statisches, sondern den Ausgleich verschiedener, Entwicklung ermöglichender Faktoren. Es ist übri-

37

gens eine Illusion zu glauben, immer alle Faktoren gleichzeitig verwirklichen zu können. Auch hier gilt: Verantwortung übernehmen und entscheiden.

In der pädagogischen Beziehung zwischen Schüler und Lehrer treffen zwei, sich selbst organisierende Systeme mit unterschiedlicher Handlungsfähigkeit aufeinander, die ko-operieren. „Dabei gehen von beiden Einheiten Wirkungen aus." (SPECK 1990, 273) Jedes System nimmt nur auf, was es mit seiner Struktur erfassen kann. (vgl. ebd.) Beziehungen zwischen Personen sind dann in einem Gleichgewicht, wenn sich über die Zeit die Führung der Kommunikation abwechselt und die Strukturen für die Botschaften des jeweils anderen 'passender' werden.

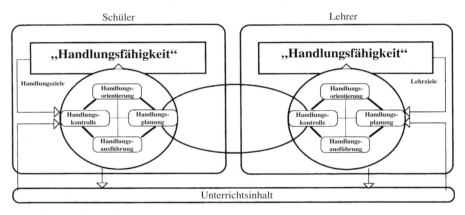

Abbildung 14

Handlungen werden einerseits von der Umwelt bestimmt, andererseits drücken sie dieser Umwelt ihren Stempel auf. Entwicklung von Handlungsfähigkeit ist erst möglich im dynamischen Gleichgewicht zwischen der Anwendung und Variation bekannter Handlungen und der Veränderung dieser Handlungen durch neue Herausforderungen.

1.3.1 Beziehungen zwischen Personen

Der DUDEN definiert Interaktion als „Wechselwirkung zwischen aufeinander ansprechenden Partnern".
Lernen findet (in der Regel) in der Beziehung mit anderen Personen statt. Auf frühen Entwicklungsstufen ist dies ausschließlich der Fall, so daß hier Lernzuwachs immer auch Interaktions-, bzw. Kommunikationszuwachs bedeutet. Wie lebens-wichtig die Beziehung zu einer Bezugsperson ist, wird

in einem barbarischen Experiment deutlich, das man Friedrich dem Großen zuschreibt. Um herauszufinden, welche Ursprache die Menschen haben, ließ er Säuglinge zwar pflegen, untersagte den Pflegerinnen aber
jegliche Kommunikation. Ergebnis: Die (gut gepflegten) Kinder starben.

Für das Verstehen von Interaktion ist die frühe Mutter-Kind-Beziehung ein
Modell, weil dort Abläufe zu beobachten sind, die auf die Schüler-Lehrer-
Interaktion (auch pädagogische Interaktion genannt) übertragbar sind. Die
Mutter-Kind-Interaktion ist nach POPP (1985, 348) besonders durch folgen-
de Merkmale[14] gekennzeichnet:

1. Die Mutter beobachtet sehr genau die Verhaltensrhythmen, die Wahr-
   nehmungsschwellen und das Aktivitätsniveau des Kindes.

2. Das Kind ist aktiv, und die Mutter fädelt sich mit ihren Reaktionen in
   Zeitschema und Fähigkeiten des Kindes ein.

3. Das Kind lernt dialogisches Verhalten (Wechselseitigkeit, die Möglichkeit des Rollenwechsels) und entwickelt eigene Absichten (Intentionali-
   tät), „sobald es den Kommunikationswert des eigenen Verhaltens erfahren hat" (ebd.).

Sieht man einmal von der besonderen Emotionalität und Intimität der Mutter-Kind-Interaktion ab, sind diese Merkmale auch wesentlich für die Beziehung zwischen Schülern und Lehrern:

• Voraussetzung ist das Wissen über die Lernausgangslage: Damit der
  Schüler überhaupt eine Chance hat, Interaktionspartner zu werden, er-
  kundet der Lehrer, welche Kommunikationsformen und Handlungsan-
  gebote in der Interaktionssituation beim jeweiligen Schüler Aussicht auf
  Erfolg haben. Dies ist um so wichtiger, je unterschiedlicher die Aus-
  gangslagen von Lehrer und Schüler sind.[15]

• Ausgangspunkt der Kommunikation ist eine Interaktionsebene, die beiden zur Verfügung steht, meist diejenige des Schülers. Die Einladung
  zum gemeinsamen Tun kann vom Schüler oder Lehrer kommen. Der
  Schüler meldet seine Interessen und Lernwünsche an. Der Lehrer bietet Tätigkeiten, Inhalte, Kommunikation an, die an vermutete Interessen

---

[14] POPP unterscheidet die Merkmale: 1. Kontextorientierung, 2. Interpersonale Synchronisati-
on, 3. Dialogisches Lernen. Das 4. aufgeführte Merkmal „Geschichtlichkeit" scheint in diesem Zusammenhang nicht so wichtig und wird deshalb ausgelassen.

[15] Konkrete Hilfen zum Erstellen einer auf die Handlungsstruktur bezogenen Lernausgangslage finden Sie in Kapitel 6: Unterricht – Planung und Reflexion

(Handlungsorientierung) der Schüler anknüpfen. Er spricht mit seinem Angebot eine Einladung zur Interaktion, zum gemeinsamen Handeln aus, die der Schüler annehmen oder ablehnen kann.

- Die Schüler-Lehrer-Beziehung ist in einem dynamischen Gleichgewicht.

Wie dieses Gleichgewicht in der Schüler-Lehrer-Beziehung zu verstehen ist, kann am Modell einer Wippe[16] verdeutlicht werden:

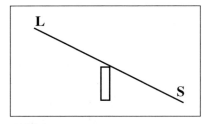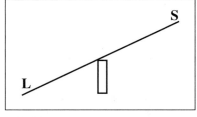

Abbildung 15   *Abbildung 16*

Abb.15 zeigt eine 'übliche' Unterrichtssituation – ein traditionelles Verständnis der Lehrerrolle, in der Regel gekennzeichnet durch ein mehr oder weniger deutliches Dominanzverhältnis: Der Lehrer ist 'oben' und belehrt den 'unten' sitzenden Schüler. Die umgekehrte Situation (Abb.16) bedeutet in diesem Fall für den Lehrer eine Bedrohung: Die Schüler haben 'Oberwasser', er ist nicht mehr 'Herr der Lage'. So betrachtet und erlebt, haben beide Situationen etwas Statisches an sich. Kommunikation wird zur Einbahnstraße. Der untere Platz ist der Platz des Unterlegenen.

Ganz anders sieht es aus, wenn die Wippe in Bewegung kommt: Der tragende Stützpfosten als statisches Element verdeutlicht eine zentrale Stabilität, die der Schüler-Lehrer-Beziehung die nötige Sicherheit gibt. Der Balken als dynamisches Element betont das Gleichgewicht aufeinander bezogener Kräfte in ihrer Wechselbeziehung. Jeder kann sowohl 'Lehrer' als auch 'Schüler' sein, ist also Lehrender und Lernender zugleich. Abb. 17 zeigt die Wippe als Modell für ein dynamisches Gleichgewicht menschlicher Beziehungen in einem lebendigen Lernprozeß. Der obere und der untere Platz werden als zwei Pole gesehen, die aufeinander angewiesen

---

[16] Die Idee, die Schüler-Lehrer-Beziehung mit dem Bild einer Wippe darzustellen, wurde auf einer schulinternen Lehrerfortbildung mit Herrn Dr. ELBING geboren.

40

sind und in wechselweisen Austauschprozessen zueinander stehen. Beide Plätze sind hier 'O.K.' (= in Ordnung) und dadurch gleichwertig.

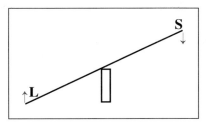

Abbildung 17

Das Gleichgewicht der Interaktion zwischen Lehrer und Schüler ist Ziel und Voraussetzung auf dem Weg zur Handlungsfähigkeit. Es ist erreicht, wenn, über einen längeren Zeitraum gesehen, die Führung der Kommunikation wechselt.

Zum Schluß noch ein Wort zum Dominanz-Problem: Ziel handlungsorientierter Didaktik ist ein dynamisches Gleichgewicht der Beziehungen zwischen den beteiligten Personen (vgl. das Kapitel: Handlungsorientierte Didaktik). Die Aufgabe des Lehrers ist es, die 'Wippe' zunächst einmal überhaupt in Bewegung zu bringen und danach für die Aufrechterhaltung der dynamischen Lern-Beziehung zu sorgen.[17] Es kann hier nicht darum gehen, die Dominanz der **beruflichen** Handlungskompetenz des Lehrers weg zu diskutieren, sondern einen sensiblen und pädagogisch vertretbaren Umgang mit ihr zu entwickeln. „Es geht um die Fähigkeit (des Lehrers), verfügbare Dominanz verantwortlich und jeweils angemessen dosiert zurückzunehmen und dabei abzuschätzen, welchen Zuwachs an Mit- und Selbstbestimmung und Eigenverantwortung ...der Schüler leisten und verkraften kann." (POPP 1985, 350)

Schließlich gibt es Dominanzprobleme, die in einer psychisch kranken Grundposition des Lehrers begründet liegen. Kommunikationsstörungen (vgl. WATZLAWICK 1974) oder Beziehungsstörungen (z.B. Übertragung, Symbiose...) verhindern den Aufbau einer Beziehung des Gleichgewichts und

---

[17] Wie ein erster Rollenwechsel auch mit schwerbehinderten Schülern realisierbar ist, wird besonders in den Abschnitten über „Basale Kommunikation" und „Aufmerksamkeits-Interaktions-Therapie" beschrieben.

bedeuten für den betroffenen Schüler immer eine Gefährdung der Entwicklung seiner Handlungsfähigkeit. Dies gilt um so mehr in der Beziehung zum Schüler mit einer geistigen Behinderung, der sich in einer wesentlich größeren Abhängigkeit vom Lehrer befinden kann.

1.3.2 Beziehungen zu den Dingen

Der lebende Organismus ist kein bloßes Spiegelbild seiner Umgebung. Er entwickelt vielmehr eine Struktur, die im Lauf der individuellen Entwicklung Schritt für Schritt aufgebaut wird und nicht vollständig vorherbestimmt ist. (vgl. PIAGET 1983, 29) Anpassung bedeutet das Gleichgewicht der Austauschprozesse zwischen Subjekt und Umwelt, keine passive Unterwerfung. Intelligenz "ist eine von den vielen Beziehungen, die zwischen dem Organismus und den Dingen bestehen" (PIAGET 1969, 29). Sie ist Anpassung an neuartige Umstände, ist die Fähigkeit, Probleme zu lösen, ist Lernen zu lernen. Zwischen Umwelt und Individuum kommt es zu einem 'Gleichgewicht', das dazu beiträgt, die Umwelt **und** das Individuum zu bewahren. In diesem Sinne ist intelligentes Verhalten ökologisches Verhalten.

Ein Beispiel für die Wirkung zweier, widersprüchlicher und doch gemeinsam notwendiger Faktoren sind die in PIAGETs Theorie der kognitiven Entwicklung wichtigen Aspekte der **Assimilation** und der **Akkomodation**, die zu einem immer neuen Gleichgewicht **(Äquilibration)** finden, wenn die Entwicklung voranschreitet.

Akkomodation:
* "Resultat der Einwirkungen der Umwelt" (PIAGET 1969, 16);
* Modifikation der Zugehensweise auf die Umwelt;
* der Gegenstand, die Gegebenheiten verändern die Tätigkeit;
* Nachahmung.
Akkomodation ist die Anpassung der Handlungen an die Umwelt.

Assimilation:
* Wiederholen, generalisieren;
* Einverleiben der Wirklichkeit in vorhandene Strukturen, Essen (eigentlich das Aufnehmen von Nährstoffen);
* Spiel;
* Informationen mit den aktuell zur Verfügung stehenden Möglichkeiten verarbeiten.
Assimilation ist die Benutzung der Umwelt für das Handeln. Ohne ein Mindestmaß von Assimilation ist kein Handeln möglich, jedes Lernen knüpft an Bekanntes an, kein Verhalten ist ein absoluter Neuanfang.

42

Erst die Einheit und das dynamische Gleichgewicht von Assimilation **und** Akkomodation machen Entwicklung möglich. Wie gesagt: Anpassung bedeutet ein dynamisches Gleichgewicht der Austauschprozesse zwischen Subjekt und Umwelt, keine passive Unterwerfung.

Ordnung und Regelhaftigkeit sollen Handeln vereinfachen. Es ist sinnvoll, erfolgreiches Handeln beizubehalten oder nur leicht zu variieren. Entwicklung oder Anpassung an veränderte Gegebenheiten sind jedoch nur möglich, wenn alte Ordnungen weichen. In einer Phase der Ungewißheit und des Umbruchs können sich neue Konzepte entwickeln.

Die Mechanismen, die dazu beitragen, daß über längere Zeit erfolgreiche Konzepte aufgegeben werden und durch komplexere ersetzt werden, sind nicht klar. Klärung könnten hier einmal Modelle der Komplexitätstheorie liefern, die davon ausgehen, daß die Lernfähigkeit eines Systems am "Rand des Chaos" (vgl. u.a. BRIGGS/PEAT 1993) am größten ist. Das heißt, eine überfordernde, 'chaotische' Umwelt ohne jeden Bezug zum vorhandenen Konzept behindert Lernen genauso wie eine ständig beschützende Umgebung mit starrer 'Ordnung'.

1.4 Handeln und Lernen

GOETHE legt Faust in den Mund: Im Anfang war die Tat. Äußere (motorische) Handlungen sind Anfangs- und / oder Endpunkt von Lern- und Entwicklungsprozessen.

Lernen ist natürlich auch Handeln, Handeln zur Entwicklung von Handlungsfähigkeit, z.B.

- neue Kenntnisse erweitern die Handlungsorientierung
- andere Einstellungen ändern die Handlungsorientierung
- Erfahrungen von Handlungsergebnissen ermöglichen Handlungsplanung
- Selbstkontrolle fördert das Strukturelement Handlungskontrolle
- motorisches Lernen verbessert die Handlungsausführung

Handlungsplanung lernt man durch Handlungskontrolle. Die Fähigkeit zur Handlungsplanung entfaltet sich erst als Folge von kontrollierten und bewerteten Handlungen:

- Die Erfahrung, daß Aktivität sich lohnt, ist Voraussetzung für weiteres Handeln.
- Emotionale Bewertung auf der Ebene der Bedürfnisbefriedigung schafft die Voraussetzung, Wiederholungen einzufordern, sich auf Wiederholungen einzustellen und/oder selbst aktiv zu werden.

- Erfahrungen von Erfolg und Mißerfolg ermöglichen erst eine subjektiv sinnvolle Handlungsplanung.
- Erfahrungen und Kenntnisse sind Voraussetzungen für Entscheidungen zwischen Handlungsalternativen.
- Erfolgreiche Handlungen gehen eher in das Handlungsrepertoire ein als erfolglose.
- Ein Handlungsrepertoire aus erfolgreichen Handlungen ermöglicht die Planung von Handlungskomplexen.

Ein Beispiel gibt PIAGET (1981, 27) im Zusammenhang mit der Entwicklung der Objektpermanenz: „...ein Kind von elf Monaten, das mit einem Ball spielte. Das eine Mal hatte es ihn unter einem Sessel wiedergefunden, wohin er gerollt war. Einen Augenblick später verirrte sich der Ball unter ein niedriges Sofa. Als das Kind ihn dort nicht finden konnte, ging es in den anderen Teil des Zimmers zurück und sah unter dem Sessel nach, wo das Suchen bereits einmal von Erfolg gekrönt war.“

Unterschiedliche Lernformen fördern und fordern unterschiedliche Strukturelemente der Handlung, vernachlässigen aber jeweils andere. Dessen sollte man sich bewußt sein.

- Lernen durch Verstärkung (Abb. 18)

Der Regelkreis Planung, Ausführung, Kontrolle wird von außen unterstützt. Die Fähigkeit, eigene Ziele und Pläne zum Maßstab der Handlungskontrolle zu machen, wird vernachlässigt. Eine eigene Kontrollhandlung kann sich möglicherweise nicht entwickeln. Durch die genaue und 'richtige' Kontrolle wird die Handlungsausführung ein hohes Niveau erreichen. Lernen durch Verstärkung ist auf sehr frühen Stufen der Handlungsentwicklung möglich.

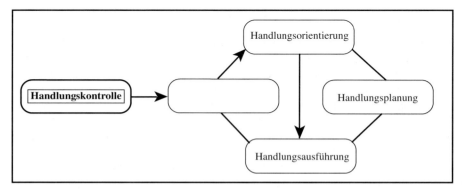

Abbildung 18

44

Eine integrierende Form ist das Lernen durch Erfolg. Da hier die Verstärkung von außen zurücktritt, schließt sich der Kreis wieder.

- Lernen durch Imitation (Abb. 19)

Lernen durch Verstärkung wird oft mit dieser Lernform gekoppelt. Handlungsplan und Handlungsziel sind vorgegeben. Gefordert ist die Fähigkeit der Handlungskontrolle im ständigen Vergleich der Handlungsergebnisse mit diesen, von außen gesetzten Vorgaben. Lernen durch Imitation ist schon auf frühen Stufen der Handlungsentwicklung möglich, ohne daß die Planungskompetenz schon sehr ausgeprägt ist. Handlungsorientierung muß 'nur' als Aktivitätsbereitschaft und der Fähigkeit zur entsprechenden Informationsverarbeitung vorhanden sein.

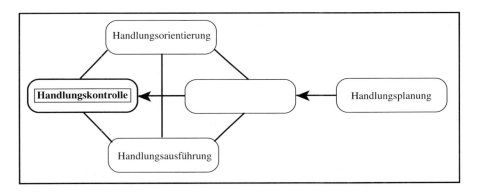

Abbildung 19

- Lernen nach Versuch und Irrtum (Abb. 20)

Diese Form des Lernens fordert / fördert das Funktionieren des Regelkreises Planung, Ausführung, Kontrolle, der im Rahmen einer entfalteten, äußeren Handlung mehrmals durchlaufen wird, bis das Ergebnis mit den Zielvorstellungen übereinstimmt (oder die Handlung abgebrochen wird). Handlungsergebnisse gehen (zumindest in die aktuelle) Handlungsorientierung ein. Diese Form des Lernens ist in der Form äußerer, entfalteter Handlungen auf der Stufe der Handlungsentwicklung möglich, die mit dem Auftreten der tertiären Zirkulärreaktionen nach Piaget zusammenfällt. (vgl. dazu den Abschnitt über Handlung und kognitive Entwicklung). Mit der weiteren Entwicklung kann immer mehr zum Probieren im Geist übergegangen werden.

45

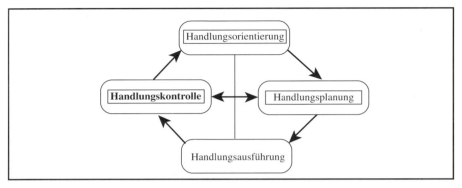

Abbildung 20

- 'Einsichtiges Lernen'

Diese Form des Lernens vollzieht sich überwiegend im Inneren des Lernenden. Sie erfordert eine reichhaltige, auf die Aufgabe bezogene Orientierungsgrundlage. Gegebenenfalls muß die Orientierungsgrundlage zu Beginn des Lernprozesses durch die notwendigen Informationen verbessert werden (selbständig oder durch den Lehrer). Im Handeln 'erlernte' Fähigkeiten der Analyse und Synthese, der Induktion und Deduktion werden als grundlegende logisch-kognitive Fähigkeiten der Handlungsorientierung verwendet.

Zwei Beispiele zum Lernen im gemeinsamen Lern-Handeln von Schüler und Lehrer:

1. *Bei einem Schüler, der Schwierigkeiten mit der Handlungsplanung hat, besetzt der Lehrer diesen Teil für den Schüler. Dies könnte beispiels-*

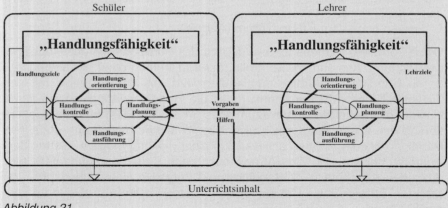

Abbildung 21

46

weise durch Vormachen geschehen. Die Lernform wäre dann das Lernen durch Imitation. Voraussetzung ist eine genaue Analyse, welchen Anteil der Schüler selbst übernehmen kann. Damit ist der Richtwert für die Handlungskontrolle vorgegeben. Der Schüler kontrolliert seine Handlungen. Diese Erfahrungen gehen in seine Handlungsorientierung ein und ermöglichen zunehmend eigenständige Handlungsplanung.

2. *Bei einem schwer behinderten Schüler übernimmt der Lehrer weite Bereiche der Handlungskontrolle (z.B. durch Verstärkung), Handlungsplanung und Handlungsausführung (z.B. Handführung), vielleicht sogar noch einen Teil der Handlungsorientierung (er gibt zumindest den Anstoß zur Tätigkeit). Der Schüler orientiert sich auf die Handlung. Der Schüler beginnt, durch seine, weitgehend emotionale, Bewertung, eine Handlungskontrolle aufzubauen und seine Handlungsorientierung auszubauen.*

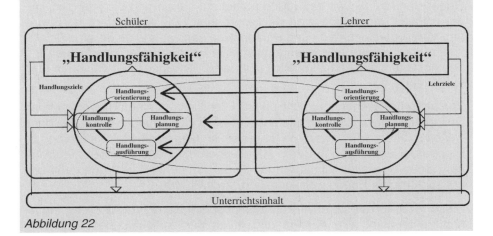

Abbildung 22

1.4.1 Interiorisation und Exteriorisation im Rahmen von Lernprozessen

Interiorisation (Verinnerlichung): „Den geistigen Handlungen im Kopf müssen immer äußere Handlungen mit den Händen vorausgehen. Es kommt nichts in den Kopf, was nicht in irgendeinem Zusammenhang vorher sinnlich erfahren worden ist." (MANN 1981, 126f) Umgekehrt wird bei Problemen und schwierigen geistigen Handlungen wieder auf äußere Handlungen 'zurück' gegangen (Exteriorisation). Unterrichtsinhalte müssen im Wortsinn 'behandelt' werden.

Exemplarisch soll dies an Leontjews Darstellung vom Prozeß der Verinnerlichung der Rechenoperation *drei plus vier = sieben* dargestellt werden
(Leontjew 1980, 459f)[18] : Man kann zwar Assoziationen wie 3 + 4 = 7
bilden; damit werden aber die entsprechenden Operationen und der Zah-
lenbegriff noch nicht beherrscht. Der Rechenunterricht beginnt daher,

- indem die Kinder die Operationen aktiv mit Gegenständen vollziehen,
  deren Lage sie verändern und die sie abzählen,

- diese äußeren Handlungen werden allmählich durch begleitendes
  Sprechen in sprachliche Operationen (lautes Rechnen) umgewandelt
  und verkürzt,

- sie nehmen schließlich den Charakter innerer Operationen an (gedank-
  liches Rechnen), die automatisch in Form assoziativer Akte ablaufen.

„Hinter ihnen verbergen sich jedoch die mannigfaltigen Handlungen mit
Gegenständen, die wir beim Kind aufgebaut haben und die jederzeit wieder entfaltet und exteriorisiert werden können." Die Aneignung von Begriffen, Verallgemeinerungen und Kenntnissen setzt adäquate geistige Operationen voraus. „Sie entstehen zunächst in Form äußerer Handlungen (...)
und gestalten sich erst allmählich in innere, intellektuelle Operationen um."
(a.a.O, 459)

Versagen im Rechenunterricht erklärt Leontjew mit einem ungenügenden
Durchlaufen der einzelnen Stufen. „Diese Kinder im mündlichen Rechnen
weiterzuführen, wäre zwecklos gewesen. Im Gegenteil: Man mußte auf die
Etappe der entfalteten äußeren Handlungen mit Gegenständen zurückge-
hen, diese Operation allmählich richtig ‘zusammendrängen’ und dann erst
auf sprachlicher Ebene weiterarbeiten." (a.a.O., 460)

Dieser Prozeß der stufenweisen Interiorisation wurde von Galperin einge-
hend untersucht. (Zu Abfolge und Inhalt der verschiedenen Stufen im
handlungsorientierten Unterricht steht Näheres im Kapitel 3.1 über Hand-
lungs- und Schülerorientierten Unterricht)

1.5 Einschränkung der Handlungsfähigkeit

Aus den in diesem Kapitel dargestellten Aspekten der Handlung als Verbindung zwischen Mensch und Welt ergeben sich ebensolche Aspekte der
Beeinträchtigungen:

- Einschränkungen können durch die mangelnde Funktion einzelner
  Strukturelemente der Handlung auftreten.

---

[18] Vgl. auch die Beispiele in Piaget 1970, 38ff

- Im Rahmen der gemeinsamen Entwicklung von Kognition und Handlungsfähigkeit können Stockungen eintreten. Zum Beispiel kann das Andauern lassen interessanter Erscheinungen, wenn es keine variable Weiterentwicklung gibt, zur 'Stereotypie' werden.

- Ein starres Ungleichgewicht der Beziehungen zu Personen und zur dinglichen Welt verhindert Weiterentwicklung oder entlädt sich in 'Verhaltensstörungen'.

Wir haben immer wieder betont, daß Entwicklung im interaktiven Prozeß der Auseinandersetzung mit Personen und Dingen verläuft. Neben der eigenen Aktivität und dem, was man aus einer Situation macht, spielt das Verhalten der Umwelt eine Rolle.
Die Hauptbeschränkung der Handlungsmöglichkeiten und damit der Entwicklung von Handlungsfähigkeit liegt jedoch im permanenten Abschneiden von einzelnen Strukturelementen der vollständigen Handlung (Abb. 23). Dabei macht es im Ergebnis keinen Unterschied, ob dies aus Gedankenlosigkeit und Unwissenheit heraus oder aus einer überbehütenden, dem Schüler jegliche Verantwortung abnehmenden Einstellung heraus geschieht.

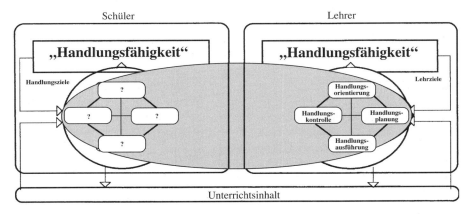

Abbildung 23

Das ausschließliche Handeln nach vom Lehrer vorgegebenen Handlungsorientierungen, ohne die Aufforderung und die Erlaubnis, eigene Interessen und Bedürfnisse in Lernhandlungen einzubringen, verhindert die Entwicklung einer eigenständigen Handlungsorientierung. Eine einseitige Bevorzugung von Lernen durch Verstärkung in Verbindung mit dem Imitations-Lernen, wie sie nicht nur an der Schule für Geistigbehinderte anzutreffen ist, verhindert geradezu die Entwicklung eigenständiger Handlungsplanung und Handlungskontrolle.

1.6 Leseempfehlungen

SPECK, O.: Menschen mit geistiger Behinderung und ihre Erziehung, München, Basel 1990 (6. neubearb. Aufl.).

Wird seinem Anspruch, ein heilpädagogisches Lehrbuch zu sein, voll gerecht.

JETTER, K.: Leben und Arbeiten mit behinderten und gefährdeten Säuglingen und Kleinkindern, Stadthagen 1984.

Ab Seite 99 eine gute, verständliche und mit vielen Beispielen versehene Darstellung der Entwicklung der Sensomotorischen Intelligenz.

MATURANA, H./VARELA, F.: Der Baum der Erkenntnis, Bern 1987 (2. Aufl.).

Wie wir die Welt durch unsere Wahrnehmung erschaffen – die biologischen Wurzeln des menschlichen Erkennens. Mittlerweile ein Kultbuch.

Der Lehrer lehrt, und die Schüler werden belehrt.
Der Lehrer weiß alles, und die Schüler wissen nichts.
Der Lehrer denkt, und über die Schüler wird gedacht.
Der Lehrer redet, und die Schüler hören zu.
Der Lehrer wählt aus, und die Schüler stimmen ihm zu.
Der Lehrer handelt, die Schüler haben die Illusion zu handeln.
(FREIRE 1973, 58)

2. Handlungsorientierte Didaktik –
das grundlegende Konzept

Der 'gute' Lehrer hat 'einen Draht' zu den Schülern. Da es jedoch weder *den* zu vermittelnden Stoff noch *den* (geistig behinderten) Schüler gibt, sind es die Lehrer, die immer wieder entscheiden und begründen müssen, was sie erreichen wollen, in welcher Form dies geschehen soll, und dabei die einzelne Schülerpersönlichkeit im Blick behalten wollen. Von Vorgesetzten und Eltern werden sie dabei beobachtet und kontrolliert.

Brauchen sie eine weitere didaktische Theorie?[19] Da befürchten die einen mangelnden Praxisbezug, andere werden eine ausreichende theoretische Fundierung vermissen, und wieder andere weisen auf die Konditionen des institutionalisierten Schulwesens[20] hin – niemandem kann man es recht machen. Wir bieten Ihnen den Versuch einer 'praktischen Theorie': Ein Konzept, das Spannungsfelder der Praxis deutlich macht, das Entscheidungshilfen bietet und Bewertungsmaßstäbe setzt.

> Handlungsorientierte Didaktik bietet ein aus der Handlungstheorie abgeleitetes, entwicklungsorientiertes Konzept zur Planung, Reflexion und Bewertung eines Unterrichts, dessen Ziel die Handlungsfähigkeit des Individuums ist.

Handlungskompetenz[21] wird verstanden als Fähigkeit, in realen Lebenssituationen interessengeleitet, zielgerichtet (vorausschauend), planvoll, bewußt, selbständig und gemeinsam handeln zu können. Handlungsorientierte Didaktik bezieht sich nicht auf einen speziellen Personenkreis, sie ist nach 'unten' und 'oben' offen. Sie besteht darauf, auch bei geistig behinderten Schülern Herz, Hand *und* Kopf arbeiten zu lassen.

---

[19] Zwei Leseempfehlungen für diejenigen, die sich über die gängigen didaktischen Theorien informieren möchten: GUDJONS/TESKE/WINKEL (1986) und MEYER (1981)

[20] vgl. BERNFELD 1981, 26

[21] vgl. Kap. 1

Die Elemente dieser didaktischen Konzeption sind

- **Handlung** als Verbindung zwischen Mensch und Umwelt, bestehend aus den Strukturelementen Handlungsorientierung, Handlungsplanung, Handlungsausführung, Handlungskontrolle. Denken und Handeln sind zwei Seiten einer Medaille und eng miteinander verzahnt. Handlungsfähigkeit wird in der aktiven Auseinandersetzung mit der Umwelt erworben.

- Durch und im Handeln kommt es zur stufenweisen **Entwicklung** subjektiver, individuell sinnvoller Strukturen und Konzepte.

- Handeln und Entwicklung funktionieren nur in einem dynamischen **Gleichgewicht der Beziehungen** zwischen den beteiligten Personen sowie der Personen zur Umwelt.

Handlungsfähigkeit wird durch Handeln erworben. Jeder Schüler entwickelt, ausgehend von seiner Entwicklungsstufe, seine individuelle Handlungsfähigkeit (weiter). Handlungsorientierte Didaktik beschreibt ein Unterrichtskonzept, das Handlungen mit allen Strukturelementen soweit möglich in die Hand der Schüler legt. Die Aufgabe der Lehrers ist es, 'nur' die (noch) nicht entwickelten Anteile so zu besetzen, daß eine weitere Entwicklung möglich wird. Die verschiedenen Formen des Lernens werden auf diesem Hintergrund bewertet. Dieser Prozeß von Besetzung und Freigabe steht deshalb im Zentrum Handlungsorientierter Didaktik.

> Unterricht im Sinne einer Handlungsorientierten Didaktik konstituiert sich durch die begründete und geplante Besetzung und Freigabe von Strukturelementen der Handlungen des Schülers durch den Lehrer.

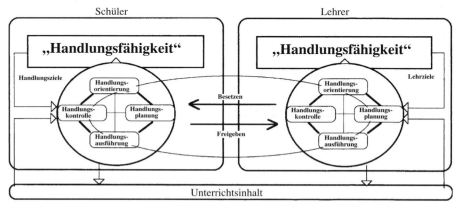

Abbildung 24

Abb. 24 verdeutlicht den oben beschriebenen Prozeß: Aufgrund der Lernausgangslage besetzt der Lehrer Strukturelemente oder Anteile von Strukturelementen der Handlungen des Schülers. Die Unterrichtsplanung beschreibt Schritte der Freigabe an den Schüler. Die, im Hinblick auf das Ziel Handlungsfähigkeit aufgestellten, Lehrziele sind dann erreicht, wenn die eingezeichnete Ellipse entsprechend nach rechts verschoben werden kann[22]. Die Überschneidungen im gemeinsamen Handeln von Schüler und Lehrer werden um so größer werden, je schwerer die Behinderung und / oder die Lebensumstände die Entwicklung der Handlungsfähigkeit beeinträchtigt haben. Die Verantwortung des Lehrers – menschlich und pädagogisch gesehen – steigt damit.

Handlungsorientierte Didaktik ist auf Personen angewiesen. Ihrem Verhältnis zueinander liegt ein Verständnis vom Menschen zugrunde, das wir in der Einleitung ausgeführt haben. Die Rollenzuweisung von Schüler und Lehrer ist die Konsequenz aus dem gemeinsamen Lern-Handeln, dem Prozeß der Besetzung und Freigabe:

- Der Lehrer trägt die Verantwortung für *sein* Handeln und hat darüber hinaus die Verantwortung für die Beachtung der vitalen Grundbedürfnisse der Schüler.

- Der Schüler ist das Subjekt seiner Lernprozesse. Auch er hat Verantwortung für das gemeinsame Handeln.

> Handlungsorientierte Didaktik entwirft ein Rollenverständnis, das Schülern und Lehrern Spielraum für Entscheidungen eröffnet und beide zu verantwortlich Handelnden macht.

Auch wenn beide Verantwortung für den Lernprozeß tragen, sind die Rollen unterschiedlich. Der Lehrer wird dafür bezahlt, daß er seine professionelle Handlungskompetenz einbringt:

- Persönliche und fachliche Handlungsorientierung, nämlich Klarheit über seine Grundpositionen, Selbst-Bewußtsein, Offenheit und Flexibilität sowie Fachkompetenz;

- Planungskompetenz (Handlungsplanung);

- Auswertungskompetenz (Handlungskontrolle);

- Lehr- und Interaktionskompetenz.

---

[22] Weitere Erläuterungen siehe Kapitel 1.4

Der Lehrer ist Lehrender und Lernender zugleich. Er ist Subjekt *seiner* Lernprozesse und entwickelt seine Kompetenzen weiter. Er beachtet gleichzeitig seine Grenzen und die seiner Schüler, ohne sie als Ende aller Möglichkeiten zu erdulden.

Aus diesem Kontext ergeben sich Konsequenzen für Planung, Reflexion und Bewertung des Unterrichts.

Handlungsorientierte Didaktik setzt bei der Handlungsorientierung (Interessen, Fähigkeiten, Bedürfnisse) der Schüler an. Grundlage der Unterrichtsplanung ist das Wissen über die Lernausgangslage des einzelnen Schülers und weniger vorgegebene Inhalte eines verbindlichen Curriculums. (Je unvollständiger das Wissen über die Lernausgangslage, desto wichtiger wird ein Bildungsplan als Richtschnur; je 'durchschnittlicher' der Schüler, desto anwendbarer werden Rahmenrichtlinien. Darüber hinaus sollte man das Fachwissen der Autoren von Bildungsplänen und Rahmenrichtlinien ruhig nutzen!)

Die Sicht des Schülers auf die Welt bestimmt *seine* Themen. Der Lehrer bringt die aus *seinem* Blickwinkel relevanten Themen ein. In den Unterrichtsthemen sind Grenzsituationen enthalten. Sie fordern zum Ergreifen unerprobter Möglichkeiten heraus (vgl.: FREIRE 1973, 84f.). Ein Inhalt wird jedoch erst dann lernrelevant (Entstehung eines *Lern*ziels), wenn der Schüler ihn zu seinem Inhalt macht. Sonst wird nur die Illusion von Lernen erzeugt.

> Die Lernausgangslage des Schülers bzw. der Lerngruppe, d.h. deren Handlungsfähigkeit und Entwicklung, und die Anforderungen der Gesellschaft an die Schule werden zu gleichberechtigten Ausgangspunkten der Planung konkreter Unterrichtsvorhaben.

Dies entspricht auch der Leitidee der Bildungspläne der Schule für Geistigbehinderte: „Selbstverwirklichung in sozialer Integration". Auf dieser Grundlage trifft der Lehrer vorläufige Entscheidungen über

1. Lehrziele und mögliche Inhalte
2. 'Methoden'
   a. Auswahl und Anpassung von Unterrichtsformen und Förderansätzen,
   b. Handlungssituationen, Handlungsmöglichkeiten und Formen des Lernens.

Diese Entscheidungsbereiche stehen in enger Beziehung und können nicht unabhängig voneinander behandelt werden. Allen gemeinsam ist, daß sie sich in der Realität bewähren müssen, erst die Reflexion des Unterrichtsprozesses gibt Bestätigung, liefert neue Erkenntnisse, wirft aber auch Fragen auf. Lehrziele sind sind vorläufig nur Ziele des **Lehrers**. Ob sie zu Lernzielen (= Handlungziele der **Schüler**) werden, muß sich erst erweisen.

Unterrichtsformen und Förderansätze werden vom Lehrer geprüft, ob sie mit den Elementen Handlung, Entwicklung und dynamisches Gleichgewicht vereinbar sind. Sie werden entsprechend bearbeitet und zu einem auf den Schüler oder die Lerngruppe zugeschnittenen, flexiblen Konzept zusammengeführt.

Nur Unterrichtsformen und Förderansätze, die den Schülern ermöglichen, eine eigenständige Handlungsorientierung aufzubauen und die Planung und Kontrolle des Geschehens in ihre Hände legen wollen, sind in der Lage, Handlungsfähigkeit *qualitativ* zu erweitern. Sie machen damit den (geistig behinderten) Schüler zunehmend zum Agenten seiner Handlungen und geben ihm seinen Teil der Verantwortung für sein Handeln (wieder).

Die Pädagogik bietet erprobte Unterrichtsformen, die Handlungsfähigkeit entwickeln wollen. In den Bereichen Therapie und Förderkonzepte gibt es unterschiedlichste Ansätze, die nebeneinander existieren. Die Zeiten der Glaubenskriege und der Abgrenzung sollten jedoch vorbei sein. Pädagogische Konzepte müssen sich individuell und flexibel aus verschiedenen Elementen zusammensetzen, alten wie neuen.

> Handlungsorientierte Didaktik ist ein offenes und erweiterungsfähiges Konzept: Sie fordert die Lehrer, die Schulen auf, ihre eigene Konzeption (weiter) zu entwickeln.

Das Lernergebnis (die Leistung des Schülers) und die Qualität pädagogischen Handelns (die Leistung des Lehrers) hängen zusammen, sind jedoch nicht unbedingt gleichzusetzen. Die Freigabe von Handlungselementen an die Schüler schafft Lernmöglichkeiten, aber auch die Möglichkeit von Mißerfolgen beziehungsweise die Unmöglichkeit, die Illusion des Lernens aufrecht zu halten. Der Lern*erfolg* mißt sich daran, ob erfolgreiche Handlungen der Schüler immer weniger vom Handeln des Lehrers abhängen und variabel einsetzbar werden. Dies ist eine Leistung des Schülers. Die Leistung des Lehrers besteht darin, die pädagogischen Bedingungen geschaffen zu haben oder weiter zu schaffen, sein Wissen über die Lernausgangslage regelmäßig zu verifizieren und seine Entscheidungen (mit der notwendigen Gelassenheit) immer wieder zu überprüfen.

Teil II

3. Unterrichtsformen zur Entwicklung der Handlungsfähigkeit

Probleme im Unterricht bieten dem Lehrer die Chance, wieder einmal festzustellen, daß er selbst immer auch Lernender ist. Der tägliche 'Schulfrust' eines ganzen Kollegiums kann Ausgangspunkt von schulinternen Fortbildungen werden.

So sah der Ausgangspunkt der ersten Fortbildung zu Handlungs- und Schülerorientiertem Unterricht des Kollegiums der Martinus Schule aus:

Unser täglicher Schulfrust

* *unmotivierte Schüler*

* *Die Schüler wollen 'was ganz anderes als ich.*

* *Manche Schüler haben an gar nichts Interesse!*

* *Manchen Schülern kann ich es 10 (!) mal erklären, und sie verstehen es immer noch nicht.*

* *Es kommt kein „Unterrichtsgespräch" zustande.*

* *Wenn der Unterricht überhaupt nicht klappt, fällt mir außer Abbruch keine Variante ein.*

* *Die Schüler machen mit den Medien 'was anderes als ich will.*

* *Die Schüler gehen mit sorgfältig vorbereiteten Medien destruktiv um (das macht mich rasend!).*

* *Die Stunden, die ich meine am besten vorbereitet zu haben, gehen fast immer in die Hose.*

* *Manchen Schülern ist der Unterricht lästig.*

Wie sieht es mit Ihrem 'Schulfrust' und dem Ihrer KollegInnen aus?

In diesem Kapitel geht es um Unterrichtsformen, die z.Zt. auch in den allgemeinen Schulen (wieder) diskutiert und erprobt werden. Im Bereich der Schule für Geistigbehinderte standen in der Vergangenheit die praktische Bildung und das Prinzip der Funktionsförderung im Vordergrund, mit dem Schwerpunkt auf (reiner) Handlungsausführung. Die noch junge Disziplin Geistigbehindertenpädagogik war damit beschäftigt, eigene Arbeitsmethoden im Bereich der Sonderpädagogik zu entwickeln und sich von der allgemeinen Pädagogik abzusetzen. Das ändert sich in letzter Zeit. So formuliert BACH neuerdings: „Es ist unbestreitbar, Erziehung geistig behinderter Menschen heute heißt: Ohne Abstriche die Intentionen, die Zielrichtung dieser Erziehung identisch zu sehen mit denen, die für jeden anderen Menschen gelten." (Bach 1995, 178). Diese Neuorientierung, und nicht zuletzt auch die Bemühungen um Integration rücken Methoden und Unterrichtsformen der allgemeinen Schule in den Interessenhorizont der Lehrer an Schulen für Geistigbehinderte.

Die vorgestellten Unterrichtsformen sind Möglichkeiten im Prozeß der Öffnung von Unterricht. Sie alle werden unter dem Dach 'Offener Unterricht' zusammengefaßt, einem Sammelbegriff für „unterschiedliche Reformansätze in vielfältigen Formen inhaltlicher, methodischer und organisatorischer Öffnung mit dem Ziel eines veränderten Umgangs mit dem Kind auf der Grundlage eines veränderten Lernbegriffs." (Wallrabenstein 1991, 54).

Gemeinsames Anliegen und Ziel ist die Selbststeuerung der Schüler, nämlich „selbstgewählte Ziele mit selbstgewählten Mitteln zu erreichen und Lernresultate mit Selbstkontrollprozessen zu überprüfen" (Gudjons 1992, 54). Deshalb sind offene Unterrichtsformen mehr als unbewegliche Methoden und keine fertigen Rezepte, wie 'man' Unterricht macht, sondern hängen von der jeweiligen Lehrerpersönlichkeit und ihren Kompetenzen und von der jeweiligen Klasse, den Schülern ab. Werden offene Unterrichtsformen als Methoden mißverstanden, verlieren sie ihr wesentlichstes Merkmal, das Prozeßhafte. Offener Unterricht ist nie 'fertig', sondern entwickelt sich im ständigen Spannungsfeld zwischen rigider Planung von Handlungen und Ergebnissen einerseits und falsch verstandener Schülerorientierung andererseits.

Da die vorgestellten Unterrichtsformen keine starren Konzepte darstellen, sondern ein eher weites Feld öffnen, sind wir an der Schule für Geistigbehinderte geradezu herausgefordert, einen Teil dieses Feldes zu entwickeln. Damit entwickeln wir keine Sonder-Pädagogik, sondern tragen mit unseren Kenntnissen und Fähigkeiten zur Entwicklung einer Pädagogik für alle bei.

Für die Auswahl der Unterrichtsformen, die unter dem Ziel Handlungsfähigkeit zum Lernen einladen, sind uns folgende Punkte wichtig:

- Die Unterrichtsformen entwickeln Handlungsorientierung, -planung und -kontrolle bzw. sind auf eine baldige Übernahme dieser Strukturelemente der Handlungsfähigkeit durch den Schüler hin angelegt.

- Lernen geschieht in einem dynamischen Gleichgewicht der Interaktion zwischen Schüler und Lehrer.

60

- Die Unterrichtsformen sind offen und erweiterungsfähig. Sie lassen sich in das schulische Gesamtkonzept einfügen, d.h. sie entsprechen dem zugrundeliegenden Menschenbild.

Die Darstellung der einzelnen Unterrichtsformen folgt jeweils dem gleichen Schema:

- 'Theoretische Grundlagen': Das Originalkonzept wird in einer Kurzbeschreibung dargestellt, dabei wird auf theoretische Grundlagen hingewiesen, wenn uns dies notwendig erschien.

- 'Das ist uns wichtig – Anwendung, Einordnung und Bewertung': In einem 2. Abschnitt wird das Konzept im Hinblick auf die Prinzipien zur Auswahl von Unterrichtsformen (s.o.) und die pädagogische Anwendung diskutiert und Möglichkeiten zur Modifizierung aufgezeigt. Beispiele aus dem Unterricht dienen der Verdeutlichung. Ziel ist es, dem Leser Kenntnisse und Entscheidungshilfen zu geben, wie die Unterrichtsform auf die eigene Klasse / den einzelnen Schüler übertragen und in das eigene Unterrichtskonzept integriert werden kann.

- Leseempfehlungen sind für den Leser gedacht, der sich mit dem theoretischen Ansatz näher beschäftigen will.

Folgende Unterrichtsformen werden vorgestellt:

- Handlungs- und Schülerorientierter Unterricht

- Freie Arbeit

- Projektunterricht

> *Gewöhnlich faßt man Lernen als einen Prozeß auf, der Erfahrung einerseits zuvorkommen, andererseits auf ihr aufbauen soll.*
> (BORGEEST)

3.1 Handlungs- und Schülerorientierter Unterricht

Handlungs- und Schülerorientierter Unterricht steht in einem komplexen Begründungszusammenhang.

Begründungszusammenhang: **Psychologie**

Die Aneignungstheorie stützt sich auf die sowjetischen Psychologen GALPERIN, LEONTJEW, WYGOTSKY.
Zur Erinnerung: Handeln wird als die spezifisch menschliche Form der Tätigkeit gesehen. Jede Handlung besteht aus den Phasen Handlungsorientierung, -planung, -ausführung, -kontrolle. Handlungsfähigkeit wird im

Verlauf von Lernhandlungen erworben, in denen Neues aufgenommen, in die vorhandene Orientierungsgrundlage eingefügt und damit für weitere Handlungen verfügbar gemacht wird. Zur Ausbildung neuer Denkoperationen (geistige Handlungen) sind verschiedene Etappen der Interiorisation (Verinnerlichung) nötig.[23]

PIAGET entwickelte mit seinem entwicklungspsychologischen Ansatz ein anderes Denkmodell.

Zur Erinnerung: Es geht um Prozesse, die während der Entwicklung des Denkens ablaufen. Intelligentes Verhalten wird als Anpassungsprozeß (Adaptation) erklärt. Dabei werden neue (Intelligenz-) Strukturen (= „Schemata") in der Wechselwirkung zwischen Individuum und Umwelt aktiv erworben.[24]

Begründungszusammenhang: **Soziologie**

GUDJONS sieht eine Begründung für handlungsorientierten Unterricht u.a. in bestimmten Entwicklungstendenzen unserer Gesellschaft. Er beschreibt die Tendenz, daß „Kinder immer weniger ursprünglich selbst anfassen, ausprobieren, erkunden etc. können" (GUDJONS 1992, 15). Verschiedenste Faktoren wie z.B. Kleinfamilie, Fernsehen und andere elektronische Medien, der Verlust von „Straßensozialisation mit ihrer relativ großen Freiheit für Eigentätigkeit" (a.a.O., 14) seien Anzeichen für das allmähliche Verschwinden von dinglichen und sozialen Erfahrungsmöglichkeiten und führten zu einem „Verlust von anregender sinnlich-unmittelbarer Erfahrung im tätigen Umgang mit Dingen und Menschen" (a.a.O., 13). Oder anders gesagt: Kultur wird heute immer weniger in Form von – handelnden – Primärerfahrungen weitergegeben, sondern in Form von – bereits fertigen – Sekundärerfahrungen. Die Begründung für handlungsorientierten Unterricht liegt hier in der Notwendigkeit, Räume zu schaffen, damit die für die Aneignung von Erfahrungen notwendige Eigentätigkeit möglich wird.[25]

Begründungszusammenhang: **Pädagogik**

Beeindruckt hat uns, daß einige Wurzeln in 'uralten' pädagogische Konzepten liegen: Forderungen nach einem lebensnäheren Lernen gab es schon bei COMENIUS (1592-1670, Zeitgenosse von Galilei, Kepler, Descar-

---

[23] Wer mehr wissen möchte: Siehe Kapitel 1.4

[24] Wer mehr wissen möchte: Siehe Kapitel 1.2

[25] vgl. auch: ROLFF, H.G. & ZIMMERMANN, P.: Kindheit im Wandel, Weinheim 1985.
    GUDJONS, H.: Handlungsorientiert lehren und lernen, Bad Heilbrunn 1992 (3. Aufl.).

tes), der in seiner „Didactica magna" als Grundvoraussetzung fruchtbaren Lernens die Anschauung der Dinge selber forderte. Und 1797 (ein Jahr vor der französischen Revolution) schreibt HEUSINGER: „Es ist nämlich das Prinzip der Tätigkeit, welches ich überall in der Erziehung einzuführen versuche" (Zit. nach ODENBACH 1963, 14).

Entscheidend beeinflußt und geprägt wurde der Begriff der Selbsttätigkeit durch Reformpädagogen wie KERSCHENSTEINER mit seiner Arbeitsschule, die die Produktivität des Kindes fördern sollte, oder GAUDIG, der die Selbsttätigkeit der Schüler betonte. Bekannt ist die Forderung der Reformpädagogik nach einer „Pädagogik vom Kinde aus", die in der Spontaneität und Eigentätigkeit des Kindes den Ausgangspunkt für Lernen sah. Der Lehrer wurde zum Lernhelfer („Hilf mir, es selbst zu tun"), vorgeschriebene Lehrpläne wurden dem inneren Lehrplan des einzelnen Kindes untergeordnet (z. B. MONTESSORI).

Diese Gedanken wurden Ende der 60iger Jahre wieder aufgegriffen und weiterentwickelt. Im Mittelpunkt standen nun Bemühungen, die Schule zu einer für Schüler sinnvollen Institution zu machen, z.B. Motivationsprobleme anzugehen, psychologische Theorien vom Lernen / Handeln umzusetzen, weg vom Konsum zu einem mehr handelnden Umgang mit den Dingen zu kommen. Auf diesem Hintergrund entwickelte MEYER das Unterrichtskonzept einer „Schülerorientierten Didaktik", in dem die Interessen der Schüler in den Mittelpunkt gerückt werden.

Handlungsorientierter Unterricht ist eine Zusammenfassung miteinander verwandter pädagogischer Konzepte unter einer „leitenden Perspektive" (GUDJONS 1992, 58), dem gemeinsamen „Anliegen der *Selbst*steuerung, die Möglichkeit für die Schüler, *selbst*gewählte Ziele mit *selbst*gewählten Mitteln zu erreichen und Lernresultate mit *Selbstkontroll*prozessen zu überprüfen" (a.a.O., 54).

Merkmale – Woran erkennt man Handlungs- und Schülerorientierten Unterricht?

Handlungsorientierter Unterricht ist keine fest zu definierende Größe, sondern wird in der Praxis mit verschiedenen Merkmalen beschrieben. Die 'Merkmalslisten' verschiedener Autoren[26] unterscheiden sich nur graduell. Viel wichtiger für die Praxis ist die Verständigung innerhalb eines Kollegiums: Welche Merkmale sind uns als Kollegium jetzt wichtig? Und: Wie können wir diese Merkmale in unserer Sprache formulieren?

---

[26] z.B. in GUDJONS 1992, 59.

Für die Martinus Schule formulierten die Kolleginnen und Kollegen diese Merkmale:

Handlungsorientierter Unterricht...

- *spricht alle Sinne an (Hand, Kopf, Herz).*
- *sieht den Schüler als mitbestimmendes, aktives Subjekt.*
- *ist offen in der Planung, schließt Schüler ein.*
- *knüpft an Alltagserfahrungen der Schüler an.*
- *ist realitäts- und situationsbezogen, schafft Lernorte außerhalb der Schule.*
- *beherzigt die etappenweise Ausbildung geistiger Handlungen, beginnend mit äußeren, entfalteten Handlungen, die stufenweise verinnerlicht werden.*
- *braucht konkrete Modelle zum Handeln (in vielen Abstraktionsstufen).*
- *fördert Begriffsbildung durch Verknüpfung von Handlung und Sprache.*
- *ist aber nicht unbedingt auf gegenständliche Produkte orientiert. Wenn ja, muß das Produkt für den Schüler einen Gebrauchswert haben.*
- *muß möglichst viele Möglichkeiten zur Selbstkontrolle bieten.*
- *ist in jeder Klasse möglich.*

Welche Merkmale sind für Sie, für Ihr Kollegium wichtig? Vielleicht bekommen Sie am Ende dieses Kapitels Lust, Ihre eigene Liste aufzustellen?

Handlungsbezogener Unterricht entspricht „dem situationsverhafteten und praxisgeleiteten Lernen des geistig behinderten Schülers und geht von den Bedürfnissen, Interessen, Erfahrungen und Ansprüchen der Schüler" aus. (KMK-EMPFEHLUNGEN 1982, 8) Das hört sich gut an, ist aber sehr abstrakt. Wo steht handlungsorientierter Unterricht zwischen reinem Tätigsein ohne jeden kognitiven Anteil und dem sogenannten 'verkopften' Unterricht? Wie realisiert man 'Schülerorientierung' im Unterricht? Welche Kriterien helfen bei der Planung? Welche Möglichkeiten gibt es, kognitive Prozesse im handlungsorientierten Unterricht in Gang zu setzen, 'Lernhandlungen' mit und für die Schüler zu entwickeln?

Auf diese und andere Fragen soll dieses Kapitel eingehen. Dazu werden vier Konzepte und ihre Bedeutung – nicht nur – für die Schule für Geistigbehinderte vorgestellt:

- Der Einsatz von Modellen im Unterricht (LOMPSCHER)

- Lernen in Stufen (GALPERIN)

- Aufbau funktioneller Systeme (u.a. MANN)

- Schülerorientierter Unterricht (MEYER)

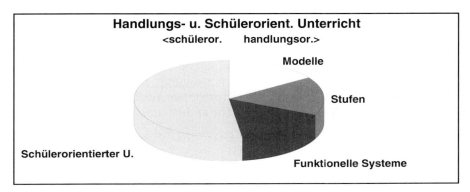

Abbildung 25

Jeder Ansatz sieht das handelnde Lernen des Schülers aus einem anderen Blickwinkel, hat einen anderen Schwerpunkt. Wir meinen, daß nur das Zusammenspiel dieser Konzepte (vgl. Abb. 25) zu einem sinnvollen und anwendbaren Entwurf für handlungs- *und* schülerorientierten Unterricht führt. Davon mehr am Ende dieses Kapitels.

3.1.1 Der Einsatz von Modellen im Unterricht (J. LOMPSCHER)

LOMPSCHER bildete in der ehemaligen DDR Unterstufenlehrer im Fach Pädagogische Psychologie aus. Er beschäftigte sich besonders mit der gezielten Entwicklung geistiger Fähigkeiten. Ein Schlüsselwort seiner Arbeiten ist die „Lerntätigkeit" des Schülers, definiert als „intensive und aktive Auseinandersetzung eines lernenden Subjekts mit dem Lerngegenstand und den Lernbedingungen" (LOMPSCHER 1985, 10). Ziel ist die Entwicklung von Denkoperationen, also inneren Handlungen.

Diese Lern-Tätigkeit wird vom Lehrer gesteuert: Er legt die Abstraktionsebene fest, auf der der Schüler ein Thema behandeln soll und wählt geeignete Medien (= „Lerngegenstände") und konkrete Aufgabenstellungen (= „Lernhandlungen") aus. Die Be-Handlung eines Thema auf verschiedenen Abstraktionsebenen führt zur Ausbildung einer geistigen Handlung. (LOMPSCHER 1975).

Eingebettet in die Ideologie der DDR, setzte LOMPSCHER seine Theorien (und alle schulpraktischen Ableitungen daraus) zur Entwicklung der 'sozialistischen Persönlichkeit'[27] ein: So sieht er z.B. Handeln immer lernzielbe-zogen, die individuelle emotionale Ausgangslage des Schülers läßt er un-berücksichtigt, und schöpferisch-selbständiges Handeln bezieht er nicht ein. Läßt man aber diese ideologische Überfrachtung außer acht, dann findet man entscheidende Hinweise, wie Schüler handelnd (besser) lernen können.

Theoretische Grundlagen

'Vom Konkreten zum Abstrakten' – das haben wir als Lehrer gelernt. Und so steht in der ersten Phase der Unterrichtsstunde meist die Handlung mit dem konkreten Unterrichtsgegenstand (falls wir überhaupt einen Gegen-stand finden – ein Bild muß oft reichen) im Mittelpunkt, danach wird über die Sache geredet, und zum Schluß kommt ein Arbeitsblatt. Alles klar, Schüler? LOMPSCHER meint: Nein!

Wichtig und interessant im Hinblick auf das Lernziel 'Handlungsfähigkeit' ist die genaue Beschreibung eines Zwischenschrittes bei der Begriffsbil-dung: die Handlung mit und an Modellen. Mit dem Betrachten des Realge-genstandes (oder sogar nur eines Bildes) kann eine wirkliche Begriffsbil-dung nicht erreicht werden. Bis zur Erfassung des Inhalts, der Zusammen-hänge einer Sache ist es noch ein weiter Weg, der in der Unterrichtspraxis meist zu schnell verkürzt wird, so daß das Lernergebnis der Schüler dann eher einer Hülle ohne Inhalt gleicht. LOMPSCHER sieht den Einsatz von Modellen als unverzichtbaren Schritt auf dem Wege zur Verinnerlichung eines Sachverhalts. Dies ist natürlich nicht automatisch bei jedem Modell gegeben, deshalb stellt LOMPSCHER folgende Forderungen auf:

Merkmale eines 'brauchbaren' Lernmodells:

- Ein Modell muß den individuellen Lernvoraussetzungen des Schülers entsprechen: So kann ein Modell eine gegenständliche, graphische oder symbolische Darstellung sein.

- Ein Modell hat Zeichencharakter: Es vertritt einen realen Gegenstand.

- Ein Modell ist anschaulich: Es stellt die wesentlichen Merkmale und Beziehungen des Realgegenstandes dar.

- Ein Modell ist operativ: Es ermöglicht Handlungen an und mit dem Modell.

---

[27] vgl. LOMPSCHER 1984, 9f.

- Ein Modell hat eine wichtige Funktion im Lernprozeß: Es bringt einen Zuwachs an Wissen, der (vielleicht) am Realgegenstand nicht zu gewinnen war.

(vgl. LOMPSCHER 1985, 113)

Das ist uns wichtig – Anwendung, Einordnung und Bewertung

- Modelle sind nicht zum Anschauen, sondern zum Handeln. Sie haben eine wichtige Funktion für die Entwicklung von Handlungsplanung und -kontrolle.

- Modelle dienen der Abstraktion.

- Beim Lernen mit einem Modell ist die Lern-'Tätigkeit' des Schülers vom Lehrer kontrollierbar und beeinflußbar, da es sich um sichtbares, äußeres Lernen handelt.
  Inneres Lernen dagegen muß interpretiert werden und steht immer in der Gefahr einer Fehlinterpretation.

Das folgende Beispiel soll zeigen, daß es in unserer Arbeit an der Schule für Geistigbehinderte meist mit *einem* Modell nicht getan ist, sondern eine Abfolge immer abstrakterer Modelle nötig ist, um zu lernen.

„Das Wetter im Sommer" – Ideen im Hinblick auf den Einsatz von Modellen im Sinne von LOMPSCHER

Ausgangspunkt für die Schüler:

- *Beschränkung: Sonne – Regen*

- *Erkennen der Situation für die Schüler: Wir gehen 'raus, es wird naß und kalt, bzw. heiß.*

Reale Gegenstände und reale Situationen:

- *Erfahrungen in der Realsituation: Wetter erfahren*

- *Lehrer zieht deutlich entsprechende Kleidung an*

- *Verschiedene Kleidungsstücke werden bei Regen ausprobiert.*

- *Es wird passive/aktive Sprache angebahnt: Reizwörter, Gestik, Mimik, Vitallaute*

Erste Abstraktionen:

- *Modell einer Kabine: Sonne und Regen sind durch Lampe und Dusche einzuschalten. Entsprechende Kleidung hängt bereit. Das Modell kann unabhängig vom Wetter ausprobiert werden. Es bietet vielfältige Erfah-*

rungen, die ständig wiederholbar sind. Die begleitende Verbalisation wird ausgebaut und geübt.

- *Modell einer Puppenkabine: Die Erfahrung gilt immer und auch für andere.*

- *Modell einer Puppenkabine mit Bildern von Regen und Sonne (Wasser und Lampe)*

- *Bilder und Symbole ohne Modellkabine*

Handlungen als Mittel des Denkens:

- *Wetterbeobachtung durch Anheften von 'Sonne', 'Wolken'... auf einer Flanelltafel*

- *Wetterbeobachtung und Darstellung durch Bilder / Symbole*

3.1.2 Lernen in Stufen (P. Galperin)

GALPERIN war (mit Leontjew, Wygotski u.a.) maßgeblich beteiligt an der Entwicklung der Tätigkeitspsychologie der sowjetischen kulturhistorischen Schule. Er entwickelte ein Handlungskonzept, das von einer „dialektischen" Beziehung von Tätigkeit und Bewußtsein ausgeht. Die Tätigkeit bildet und verändert das Bewußtsein, während das Bewußtsein seinerseits die Tätigkeit des Subjekts steuert.[28]

Theoretische Grundlagen

Wichtig und interessant im Hinblick auf das Lernziel 'Handlungsfähigkeit' ist das Kernstück der Tätigkeitstheorie Galperins: Er nimmt an, daß neue geistige Handlungen nur dann ausgebildet werden können, wenn sie 'richtig' verinnerlicht worden sind. Bewußtsein bildet sich durch die schrittweise Verinnerlichung von gegenständlich ausgeführten Handlungen. Galperin entwickelte dazu ein Modell der „Stufen der Interiorisation" (Verinnerlichung):

1. Stufe: Erarbeitung einer Orientierungsgrundlage
Orientierungsgrundlage meint: den Unterrichtsgegenstand in den Horizont des Schülers zu bringen. Das ist auch die Funktion eines Unterrichtseinstiegs. Es geht z.B. darum, Aufmerksamkeit herzustellen, Motivation herzustellen, zu wissen worum es geht oder um die Bereitschaft, sich auf dieses Lernangebot einzulassen.

---

[28] vgl. GALPERIN 1973, 81.

GALPERIN sieht die Orientierungsgrundlage ausschließlich unter dem Aspekt, vorgegebene Inhalte effektiver in Schülerköpfe transportieren zu können. Doch diese Stufe ist gerade bei geistig behinderten Schülern für uns Lehrer ein großes Problem. Das Herstellen einer Orientierungsgrundlage für jeden einzelnen Schüler ist *die* Voraussetzung für Lernen. Schüler, die ich an diesem Punkt nicht erreiche – aus welchen Gründen auch immer – werden in der folgenden Lehr-Lernsituation nichts lernen.

- Der Unterrichtseinstieg, die Aufmerksamkeit auf den verhüllten Unterrichtsgegenstand zu richten, ist eher Ausdruck von Hilflosigkeit. Ist das Tuch weg, ist meist auch die Spannung weg. Eine Hilfe können verschiedene Techniken zur Herstellung der Aufmerksamkeit sein.[29]

- Die beste Chance bietet ein Unterricht, der von vornherein von den Interessen der Schüler ausgeht.[30] Doch in vielen Klassen lassen sich (zunächst) nur wenige Themen finden, die alle Schüler interessieren. Übrig bleibt oft nur die 'beliebte' Obstsalat- oder Müsli-Stunde.

- Gerade bei schwer behinderten und 'verhaltensauffälligen' Schülern ist es wichtig, bei der Erhebung der Lernausgangslage den Punkt 'Handlungsorientierung' sehr genau unter die Lupe zu nehmen. Oft fehlen (noch) Bausteine einer elementaren Handlungsorientierung[31], die es gleichzeitig zu entwickeln gilt.

2. Stufe: Materielle und materialisierte Handlungen

Materielle Handlungen:
Materielle Handlungen finden mit realen Gegenständen und in realen Situationen statt. Durch die Handlung mit und am realen Lerngegenstand werden die „wesentlichen und typischen Merkmale...deutlicher hervortreten und subjektiv erfaßt werden können als bei reiner Veranschaulichung oder verbaler Darstellung." (LOMPSCHER 1985, 61)

Materialisierte Handlungen:
Zu einem späteren Zeitpunkt werden Modelle oder künstlich hergestellte Lernsituationen vom Modell bis zum Bild, Bildkarte, Rezeptkarte ..... eingesetzt, mit denen handelnd umgegangen wird. Diese bieten die Möglichkeit einer ersten Abstraktion. Entscheidend ist, daß mit diesen Modellen ihrer Funktion entsprechend umgegangen werden kann (vgl. 3.1.1: Der Einsatz von Modellen).

---

[29] vgl. Kapitel 4.1: Aufmerksamkeits-Interaktions-Therapie

[30] Siehe unter „Schülerorientierter Unterricht" (3.1.3)

[31] vgl. Kapitel 1.1.2

Aufgrund der Lernausgangslage vieler Schüler nimmt die 2. Stufe im Unterricht einen breiten Raum ein. Und so einfach, wie das GALPERIN beschreibt, stellt sich die Sache für Lehrer an der Schule für Geistigbehinderte nicht dar. Wir können nicht davon ausgehen, daß unsere Schüler automatisch von Stufe zu Stufe 'springen'. Hier, wie natürlich für alle anderen Stufen auch, gibt es viele Zwischenschritte, die (je nach Schüler) gegangen werden müssen.

Die Ausdifferenzierung dieser Stufe ist im vorhergehenden Abschnitt über Modelle (LOMPSCHER) ausführlich dargestellt worden.

3. Stufe: Begleitung der Handlung durch „äußeres Sprechen"

Materielle oder materialisierte Handlungen werden sprachlich begleitet. Der sprachliche Vollzug ausgeführter Handlungen ist ein Mittel des Denkens.

In der Arbeit mit geistig behinderten Schülern haben wir die Erfahrung gemacht, daß die handlungsbegleitende Sprache viele Schüler zunächst verwirrt: Gleichzeitig zu reden und zu handeln[32] scheint schwierig zu sein (auch wenn es theoretisch gut ist). Ein erster Schritt ist es, den Schüler *nach* der Handlung das Handlungsergebnis sprachlich festhalten zu lassen. Für Schüler, die nicht sprechen können, aber Sprache verstehen, ist handlungsbegleitendes Sprechen durch den Lehrer sinnvoll und wichtig.

4. Stufe: Begleitung der Handlung durch „äußere Sprache für sich"

War in der 3. Stufe Sprache noch an die konkrete Handlung gebunden, so ist jetzt eine abstraktere Sprach- / Denkhandlung gemeint:

„Sie (die Sprache) wird vom Kommunikationsmittel zum Mittel des Denkens, zu einem Verfahren, das vorliegende Material nach und nach gedanklich zu verändern. Der Inhalt der Gedanken erhält in der äußeren Sprache seine objektive Form, während er in der Sprache für sich Bestandteil des Denkprozesses wird." (GALPERIN 1974, 40)

5. Stufe: Handlung in Form inneren Sprechens

Denken als „innere Sprache" findet meist in verkürzter oder automatisierter Form statt. Treten Probleme auf, gehen erwachsene Menschen automatisch auf eine niedrigere Etappe zurück, um das Problem dort zu lösen. Wir lesen z.B. einen Text laut, wenn wir ihn auf Anhieb nicht verstehen. Oder wir beginnen, laut zu überlegen, was in einer schwierigen Situation zu tun ist.

---

[32] Dies ist nach PIAGET erst ab der Stufe II/1 (vorbegriffliches Denken) möglich.

Diese Stufe kann nicht immer und von allen Menschen erreicht werden. Grundsätzlich ist die Entwicklung der Stufen ein Prozeß, der über mehrere Jahre verläuft. Ein Kind in der sensomotorischen Phase ist von seiner Entwicklung her noch nicht in der Lage, Probleme auf der 4. und 5. Stufe zu lösen. Viele unserer Schüler werden diese Stufe wahrscheinlich nicht erreichen. Spätestens hier wird klar, daß das Modell GALPERINS nicht als Ablaufschema für Unterrichtsstunden (Artikulationsschema) mißdeutet werden darf (wie es in der Praxis vorkommt).

Ganz wichtig ist GALPERIN die selbständige Kontrolle des Schülers. Soge-nannte „Kontrollhandlungen" sollen (und können) auf jeder Stufe des Lern-prozesses stattfinden. Sie sind für das selbsttätige Lernen unerläßlich, aber nur dann sinnvoll, wenn sie auf der jeweils vorherigen Stufe stattfin-den. Grund: Auf der vorherigen Stufe kann der Schüler bereits sicher mit der Materie umgehen.

Ein Beispiel: Die Schüler suchen entsprechende Kleidung zum Regensym-bol aus. Die Kontrolle findet in der Realsituation statt: Bietet die Kleidung wirklich Schutz vor Regen? Oder muß ich andere Kleidung wählen?

Das ist uns wichtig – Anwendung, Einordnung und Bewertung

in Bezug auf die Handlungskontrolle:

- Handlungskontrolle muß den Schülern auf der nächst tieferen Stufe angeboten werden. Ein Schüler, der z.B. noch Mühe hat, seine Hand-lungen sprachlich zu beschreiben, muß auf der Modell- oder Realebene kontrollieren. Reden reicht als Handlungskontrolle nicht aus.

- Handlungskontrolle muß als Instrument eingeübt werden und zuneh-mend in die Hand des Schülers gelegt werden.

für die Unterrichtsplanung:

- Ein Problem muß auf der Stufe bearbeitet werden, auf der der Schüler sich gerade befindet.

- Bei Lernstörungen müssen die Stufen noch weiter ausdifferenziert wer-den, z.B. in der 1. und 2. Stufe vom Realgegenstand zu immer abstrak-teren Modellen.

- Dies gilt besonders, wenn der Schüler nicht über aktive Sprache verfügt und während der 2. und 3. Stufe Kompensationsmöglichkeiten gesucht werden müssen.

- Scheitert ein Schüler auf einer Stufe bei der Problemlösung, muß auf die vorherige zurückgegangen werden. Wir machen das automatisch (z.B. laut mitsprechen bei schwierigen Situationen), unsere Schüler müssen sich diese Strategien erst aneignen.

• Bei allen Handlungen nach Möglichkeiten der Verinnerlichung suchen, mit dem Ziel *Denk*handlungen zu entwickeln.

Beispiel: sinkt – schwimmt auf dem Wasser

1. Stufe (Orientierungsgrundlage): Erkennen der Situation für die Schüler, z.B. Steine in den Teich werfen...

2. Stufe (materielle und materialisierte Handlungen: gezieltes Experimentieren, Erfahrungen machen: Es gibt Dinge, die schwimmen, andere gehen unter.

3. Stufe (Begleitung durch „äußeres Sprechen"): Ergebnisse der Experimente mit Begriffen verbinden.

4. Stufe (Begleitung durch „äußere Sprache für sich"): Hypothesen sprachlich formulieren und sie in der Realsituation überprüfen. Es bilden sich 2 Merkmalsklassen heraus.

5. Stufe (inneres Sprechen): Wissen. Gegenstände werden den beiden Merkmalsklassen zugeordnet, eine Überprüfung in der Realsituation ist nicht mehr nötig. Die Schüler sind nicht mehr auf praktische Erfahrungen angewiesen. Sie verhalten sich aufgrund ihres Wissens und greifen erst bei Problemen (z.B. neue Gegenstände) auf frühere Stufen zurück.

3.1.3 Der Aufbau funktioneller Systeme (I. MANN)

Es kommt darauf an, „alle Begriffe durch die handelnde, sinnliche Erfahrung zu rekonstruieren." (MANN 1981, 128)

Theoretische Grundlagen

Iris MANN (Pseudonym für Christel Manske) hat in ihren Büchern wichtige Erkenntnisse von Vertretern der Kulturhistorischen Schule (u.a. GALPERIN, LEONTJEW, LURIA) auf die praktische Arbeit in der Grund- und Sonderschule übertragen, z.B. das Lernen in Stufen im Leseunterricht mit Geistigbehinderten und die Bedeutung des Aufbaus funktioneller Systeme für das Lesen-, Schreiben- und Rechnenlernen. Sie gilt als Vertreterin des 'handelnden Unterrichts'.[33]

---

[33] Die von GUDJONS u.a. getroffene Unterscheidung in handelnden und handlungsorientierten Unterricht halten wir in der Praxis für irrelevant. Mit zunehmender Überwindung des Ost-West-Denkens werden sich beide Ansätze immer mehr durchdringen, ergänzen und zu einem Konzept zusammenwachsen.

Wichtig und interessant im Hinblick auf das Lernziel 'Handlungsfähigkeit' ist uns bei MANN die Bedeutung des „funktionellen Systems".

Hinter diesem Begriff steht eine Theorie über neurophysiologische Systeme, die hier sehr vereinfacht wiedergegeben wird:[34]

Wenn wir lernen, dann ist niemals nur *ein* Teil des Gehirns aktiv, sondern es arbeiten immer mehrere Zentren[35] zusammen, die z.T. auch weit voneinander entfernt liegen können. Sie arbeiten im Zusammenspiel als sogenannte „funktionelle Systeme". Begriffe, Buchstaben, Sachverhalte, Rechenoperationen – alles lernen wir durch Ausbildung funktioneller Systeme. Diese Systeme sind individuell unterschiedlich, d.h. nicht jeder Mensch muß dieselben funktionellen Systeme für die gleichen Inhalte haben. Funktionelle Systeme sind in sich stabil; wenn sie einmal gebildet worden sind, werden sie nicht mehr vergessen. Neue Reize, die bei einem Menschen ankommen, können nur dann sinnvoll verarbeitet werden, wenn sie in ein bestehendes System eingeordnet werden können; d.h. dem neuen Reiz muß innerhalb eines funktionellen Systems eine Bedeutung zukommen. Darüber hinaus sind Menschen in der Lage, neue funktionelle Systeme zu bilden und alte umzubauen.

Nach MANN ist es eine der wichtigsten Aufgaben des Lehrers, den Lehr-/ Lernprozeß so zu planen, daß dem Schüler der Aufbau funktioneller Systeme ermöglicht wird.

Das ist uns wichtig – Anwendung, Einordnung und Bewertung

Den folgenden Ausführungen liegt die stark vereinfachte Auffassung von funktionellen Systemen als Zusammenarbeit von Funktionen der Gehirnhälften[36] zugrunde. Wir gehen davon aus, daß es Lehrern z.Zt. kaum möglich ist, alle jeweils am Lernprozeß beteiligten Gehirnzentren zu berücksichtigen. Die Beachtung der Kooperation der Gehirnhälften ist eine erste Möglichkeit, Zusammenarbeit von Gehirnteilen beim Aufbau funktioneller Systeme zu berücksichtigen.

- Der Gedanke an das Zusammenspiel von rechter und linker Gehirnhälfte bei der Unterrichtsvorbereitung zwingt uns als Lehrer, sich zumindest einige wichtige Gehirnabschnitte sozusagen 'exemplarisch' bewußtzumachen und einzubeziehen.

---

[34] z.B. beschrieben bei: ANOCHIN 1978 und LEONTJEW 1971, 123ff.

[35] Wichtig ist uns hier die Berücksichtigung und Integration verschiedener Funktionen, nicht die Diskussion von Lokalisations- vs. Holismus-Theorie des Gehirns.

[36] vgl. Kapitel 4.3.1.3: Integration verschiedener Strukturen des Zentralnervensystems.

- Merke: Wir müssen erst selbst wieder lernen, die Dinge zu entfalten, in 'sinn'volle Handlungen/Erfahrungen zurückzuführen.

Beispiel 1 – Aufbau eines funktionellen Systems 'Buchstabe D':

"Die rechte Hemisphäre speichert u.a. die Körpererfahrungen, die der Lernende z.B. mit dem Wassertropfen macht, wie er ihn sieht, hört, schmeckt und fühlt. In der linken Hemisphäre wird die sprachliche Bezeichnung DDD gespeichert. Durch das Zusammenarbeiten beider Gehirnhälften im Augenblick des versprachlichten Erlebens: 'Hörst du den Wassertropfen D-D-D? Fühlst du ihn D-D-D, siehst du ihn D-D-D?' wird dem Erleben die lautsprachliche Bezeichnung zugeordnet und der Bezeichnung das Erleben. Auf diese Weise wird ein Begriff gebildet und ein stabiles funktionelles System entsteht." (MANN 1992, 35)

Aufbau eines funktionellen Systems:

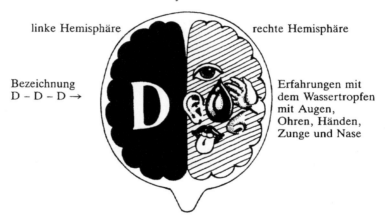

linke Hemisphäre   rechte Hemisphäre

Bezeichnung
D – D – D →

Erfahrungen mit
dem Wassertropfen
mit Augen,
Ohren, Händen,
Zunge und Nase

Abb. 26: vgl. MANN *1992, 35*

Beispiel 2 – Berücksichtigung von beteiligten Gehirnzentren und des Zusammenspiels von linker und rechter Gehirnhälfte beim Erlernen eines erhabenen Symbolschildes für 'Rollstuhl' (zusammengestellt für Andrea S., eine schwer mehrfach behinderte Schülerin):

linke Gehirnhälfte
hören:
Die Teile klappern unterschiedlich, Wörter der Einzelteile hören und kennen (Rad, Fußbrett, Haltegriffe, Sitz, drehen)

74

Analyse:
Der Rolli besteht aus einzelnen Teilen
zeitliche Erfahrungen:
Der Rolli wird weggeschubst und rollt zurück, ein Rad dreht sich einige
Zeit – ich kann es anhalten

rechte Gehirnhälfte
sehen: entfällt bei Andrea
Synthese:
Im kleinen Rolli-Modell das Zusammenspiel der Einzelteile ertasten und
spielerisch erleben
räumliche Erfahrungen:
Lage der einzelnen Teile zueinander, das Rad in seiner runden Form erta-
sten und erfahren, Drehbewegung des Rades erfahren, Rolli schieben
emotional:
Spielerisches Vorgehen – Spaß haben, sich im Rolli wohl fühlen

3.1.4 Schülerorientierter Unterricht (H. MEYER)

Theoretische Grundlagen

Hilpert MEYER beschreibt eine „Zielperspektive..., auf die hin die alltägliche Unterrichtsvorbereitung von Lehrern...verändert werden soll": Schülerorientierten Unterricht (MEYER 1981, 189).

Schülerorientierte Didaktik – eine *konkrete Utopie*:

- Schülerorientierte Didaktik fordert, ein Unterrichtskonzept zu entwickeln, in dem die subjektiven und objektiven *Interessen der Schüler* in den Mittelpunkt gerückt werden.

- Dieses Ziel schließt ein, daß die *Lehrer* sich mit dem von ihnen gestalteten und verantworteten Unterricht identifizieren können.

- Schülerorientierte Didaktik geht von einer Interdependenz von Zielen, Inhalten, Methoden und Organisationsbedingungen des Unterrichts aus.

- Schülerorientierte Didaktik rechnet damit, daß ihre Ziele in der gesellschaftlich verfaßten Schule von heute immer nur ansatzweise und *widersprüchlich* erreicht werden können.

(MEYER 1987 I, 216)

MEYER versteht die „konkrete Utopie" einer schülerorientierten Didaktik als übergeordneten und weitreichenderen Begriff, während er den handlungsorientierten Unterricht als ein mögliches Element zum Erreichen seiner

Zielperspektive sieht. Wir schließen aus MEYERS Ausführungen: Man kann auch handlungsorientierten Unterricht machen, ohne dabei Schülerorientierung zu verfolgen. Ein bißchen mehr Selbstbestimmung der Schüler nimmt man allerdings auch hier in Kauf. So machen es z.B. GALPERIN und LOMPSCHER.

Wie kann der Anspruch auf Schülerorientierung in die Praxis umgesetzt werden?

- Interessen[37] und Bedürfnisse der Schüler werden ausführlich analysiert und zum Ausgangspunkt der Unterrichtsplanung gemacht.

- Der Lehrer sorgt für vielfältige Handlungssituationen, in denen Interessen sich äußern und entwickeln können. Wirklichkeit wird nicht vorwiegend verbal dargestellt.

- Unterricht hat einen Gebrauchswert. Mit dem, was man gelernt / hergestellt hat, soll man etwas anfangen können.

(vgl. MEYER 1981, 207f)

„Ein *Handlungsziel* ist die möglichst konkrete Beschreibung der *Absichten* und Gründe, deretwegen sich die *Schüler* am Unterricht beteiligen oder die Beteiligung verweigern. Es ist der Ausdruck der situationsabhängigen Interessen und Bedürfnisse der Schüler und in der Regel auf ein Handlungs*ergebnis* bezogen." (MEYER 1981, 348)

„Ein *Lehr*ziel ist die möglichst konkrete Beschreibung der Absichten, die der Lehrer im Unterricht verfolgt. Lehrziele beschreiben, welches Wissen und Können, welche Beurteilungs- und Handlungsfähigkeit die Schüler erwerben sollen." (MEYER 1981, 348)

Um die Interessen, Absichten, Erfahrungen...der Schüler in die Unterrichtsplanung einzubeziehen, schlägt MEYER ein Planungsraster vor. Wir haben dieses Raster erprobt und auf unsere Schulsituation übertragen (vgl. MEYER 1987 II,406).[38]

---

[37] MEYER (1981, 307) versteht unter *subjektiven Interessen* die unmittelbaren, persönlichen Bedürfnisse des einzelnen Schülers. Unter *objektiven Interessen* werden – meist unbewußte – überindividuelle Handlungsmotive wie sozialkulturelles Umfeld, regionale Besonderheiten...verstanden. Beide müssen nicht übereinstimmen; der Unterricht soll bei den – bewußten – subjektiven Schülerinteressen einsetzen.

[38] Zur Vereinfachung und um Wiederholungen zu vermeiden, beschreiben wir an dieser Stelle nicht MEYERS Originalversion, sondern unser modifiziertes Raster .

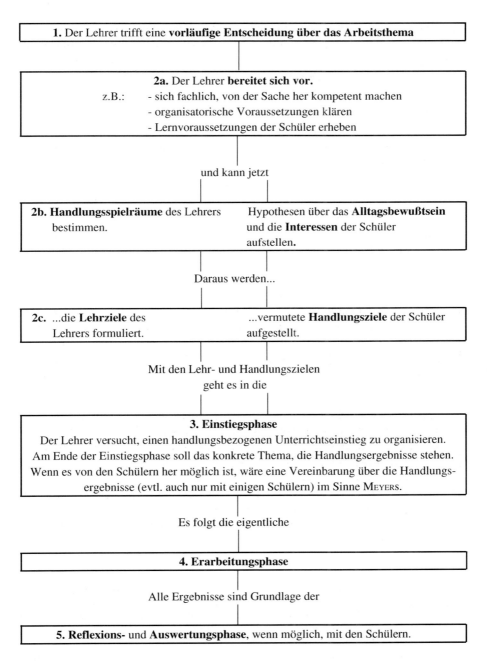

1. Der Lehrer trifft eine **vorläufige Entscheidung über das Arbeitsthema**

2a. Der Lehrer **bereitet sich vor.**
z.B.: - sich fachlich, von der Sache her kompetent machen
- organisatorische Voraussetzungen klären
- Lernvoraussetzungen der Schüler erheben

und kann jetzt

2b. Handlungsspielräume des Lehrers bestimmen.

Hypothesen über das **Alltagsbewußtsein** und die **Interessen** der Schüler aufstellen**.**

Daraus werden...

2c. ...die **Lehrziele** des Lehrers formulieren.

...vermutete **Handlungsziele** der Schüler aufstellen.

Mit den Lehr- und Handlungszielen geht es in die

3. Einstiegsphase
Der Lehrer versucht, einen handlungsbezogenen Unterrichtseinstieg zu organisieren.
Am Ende der Einstiegsphase soll das konkrete Thema, die Handlungsergebnisse stehen.
Wenn es von den Schülern her möglich ist, wäre eine Vereinbarung über die Handlungs-
ergebnisse (evtl. auch nur mit einigen Schülern) im Sinne MEYERS.

Es folgt die eigentliche

4. Erarbeitungsphase

Alle Ergebnisse sind Grundlage der

5. Reflexions- und **Auswertungsphase**, wenn möglich, mit den Schülern.

Abbildung 27

77

Das ist uns wichtig – Anwendung, Einordnung und Bewertung

Bedeutsam für uns, im Sinne der Schülerorientierung, sind im Raster die Planungsschritte 1 – 3, (Abb. 27) sie werden deshalb jetzt ausführlicher dargestellt:

- (Zu 1) Der Lehrer trifft eine vorläufige Entscheidung über das Arbeitsthema: Diese Unterrichtsplanung versucht, den einzelnen Schüler früh in die Überlegungen einzubeziehen. Die Planung verläuft in einem „Lehrerstrang" und einem gleichberechtigten „Schülerstrang". Jede vorläufige Themenfestlegung kann / muß über den Haufen geworfen werden, wenn sich keine Handlungssituationen finden lassen, in denen es gelingt, Schüler- und Lehrerstrang auf einen Nenner zu bringen.

- (Zu 2a) Der Lehrer bereitet sich vor: Entscheidender Punkt dieses Vorgehens ist es, daß nach der Bedingungsfeldanalyse des Unterrichts der Lehrer
  – unter Beachtung seiner Handlungsspielräume und Interessen vorläufige Lehrziele festlegt
  – und gleichzeitig Vermutungen über die Handlungsziele der (einzelnen) Schüler, bezogen auf dieses Thema, anstellt.

- Zu 2b ein Beispiel aus dem Unterrichtsvorhaben 'Müll – Müll – Müll': Handlungsspielräume *der Lehrerinnen der Klassen W2, W4, W6:*

Das Thema des Unterrichtsvorhabens ist als gemeinsames Vorhaben der Schule beschlossen worden. Es läßt sich durch das Programm des Landkreises zur Müllsortierung, bei dem in Zukunft auch unsere Schule und die Wohngruppen mitmachen müssen, ohne Schwierigkeiten rechtfertigen. Es ist sinnvoll, wenn sich die Schüler in ihren Lebensbereichen an der Müllsortierung beteiligen könnten. Darüber hinaus lernen wir Lehrerinnen auch für unseren privaten Bereich. Für SchülerInnen, die Müll noch nicht von Gebrauchsgegenständen unterscheiden können, kann der Umgang mit Wertstoffen sinnvolle Materialerfahrungen bringen. Unsere eigenen Grenzen sind uns wichtig: Wir wollen keinen zusätzlichen Müll produzieren (z.B. Joghurtbecher, Milchtüten), nur damit unsere Schüler diese Materialerfahrungen machen können.

Vermutungen über das Alltagsbewußtsein *und die* Interessenlage *der* SchülerInnen:

Die leistungsstärkeren SchülerInnen wissen, daß Müll in den Mülleimer gehört. Sie trennen bisher zwischen Kompost und Restmüll. Müll ist für sie eigentlich eine 'eklige' Angelegenheit. Was nach der Mülltonne mit dem Müll geschieht, wissen sie wahrscheinlich nicht; es könnte aber für diese Schülergruppe ein interessantes Sachthema sein. Die Wiederverwertung (Papierherstellung, Müllkunstwerk) könnte ebenfalls Spaß machen.

Für eine zweite Schülergruppe ist der Mülleimer ein verbotenes Ding, der Inhalt aber wahrscheinlich sehr interessant zum Spielen. Das Hantieren mit verschiedenen (gereinigten) Wertstoffen könnte Ausgangspunkt für neue Materialerfahrungen sein. Beim Ausräumen werden sie begeistert dabei sein, das Einräumen in Behälter wird weniger interessant sein.

Die Gruppe der schwer mehrfachbehinderten Schülerinnen hat wahrscheinlich keine Vorerfahrungen mit Müll. Interessant könnte das Thema für sie werden, wenn Wertstoffe so angeboten werden, daß sie, im Sinne elementarer Erfahrungen, Ausgangspunkte für erste Handlungen sind.

- Zu 2c ein weiteres Beispiel aus dem Unterrichtsvorhaben 'Müll – Müll – Müll': *Handlungsziele der Schüler – Lehrziele der Lehrerin*

Andrea:
vermutete Handlungsziele
- *im Mülleimer nach interessanten Gegenständen suchen*
- *Wertstoffe zerreißen, damit Krach machen*

Lehrziele
- *Aus einer (vorgesäuberten) Müllmenge für sie interessante Dinge sehen und auswählen können, z.B. Dinge, die Krach machen, glitzern, die man zerreißen kann.*
- *Einfache Ursache-Wirkungs-Zusammenhänge durch eigenes Tun erfahren, variieren und verinnerlichen können.*
- *Die Oberbegriffe Papier und Plastik erfahren und die Wertstoffe in zwei verschiedene Behälter räumen können.*

Bernd:
vermutete Handlungsziele
- *Müll gehört in den Mülleimer!*
- *Aus Wertstoffen kann ich interessante Musikinstrumente bauen.*
- *Wenn die Dinge sauber sind, kann ich sie untersuchen und sortieren.*
Lehrziele
- *Kriterien zur Unterscheidung der verschiedenen Wertstoffsorten entwickeln können.*
- *Wertstoffe richtig in verschiedene Behälter sortieren können.*

- (Zu 3) Einstiegsphase: Mit einem handlungsbezogenen Unterrichtseinstieg prüfe ich als Lehrerin meine Vermutungen, z.B.:

- Stimmen meine Vermutungen über die Handlungsziele der Schüler?
- Muß ich gegebenenfalls Lehrziele für alle, für einzelne Schüler ändern?
- Muß ich mich noch weiter vorbereiten, einen weiteren Probelauf machen?
- Oder kommt es zu keiner Übereinstimmung von Lehr- und Handlungszielen?

Mit Schülern werden Vereinbarungen über Handlungsergebnisse formuliert, z.B.:

- Mit der Klasse: 'Wir bauen ein Müllkunstwerk für den Flur' oder 'Wir machen Postkarten aus Altpapier'
- Oder mit einzelnen Schülern: 'Bernd und Astrid bauen gekennzeichnete Wertstoffbehälter für die Klasse'.

Darüber hinaus ist uns beim schülerorientierten Ansatz MEYERS wichtig:

- Schülerorientierter Unterricht erwartet von uns Lehrern nicht, daß die Einstiegsstunde als 'Sternstunde sitzt'. Denn: Lehrziele und vermutete Handlungsziele sind zu Beginn eines Unterrichtsvorhabens häufig noch korrekturbedürftig. Innerhalb einer Probephase muß erst die 'optimale Passung' gefunden werden.

- Die Entdeckung des „Schülerstrangs" bei der Unterrichtsplanung: Besonders bei problematischen Schülern werden Situationen im voraus entschärft, wenn bei der Planung eine Situation auf mögliche Handlungsziele des Schülers hin beleuchtet wird.

- Nicht nur die Lernvoraussetzungen im Hinblick auf den zu vermittelnden Stoff sind gefragt, sondern die *Interessen* der Schüler. MEYER bringt uns grundsätzlich auf die Fährte der Schülerinteressen:
  Schülerinteressen kann man nicht 'einfach so' sehen. Auch mit dem Abfragen klappt es nie so, wie man sich das vorstellt (wenn man überhaupt Schüler hat, die man fragen kann). Da aber die Schülerinteressen für ein erfolgreiches Lernen so wichtig sind, müssen wir Lehrer uns auf die – zugegebenermaßen oft mühevolle – Suche begeben.
  Bei schwer behinderten Schülern ist oft die Beschreibung der gesamten Interessenlage im Rahmen der allgemeinen Lernvoraussetzungen wichtig, um überhaupt Ausgangspunkte für eine Übereinstimmung von Lehr- und Handlungszielen zu finden.[39]

---

[39] Die entsprechende Theorie findet man/frau in Kapitel 1: Handlungsorientierung bei Menschen mit schweren Behinderungen (1.1.2).

Beispiel: Beobachtung von Andreas Interessen

- *Perlenketten vor den Augen rhythmisch drehen und/oder hüpfen lassen*
- *Gummibänder zwischen den Zähnen durchziehen*
- *Luftballons platzen lassen*
- *Bälle und ähnliche Dinge so bearbeiten, daß sie „pfffft" machen*
- *Hände unter fließendes, warmes Wasser halten*
- *Kisten und Schränke ausräumen, den Inhalt auf „Brauchbarkeit" untersuchen*
- *Pakete auspacken*
- *auf Entdeckungen gehen: die Küche entdecken, das Schulhaus erkunden, sich eincremen*
- *mit dem Massagegerät Zähne und Kopf stimulieren*
- *Krach jeder Art machen: stampfen, auf Gegenstände schlagen*
- *Schmusen, besonders mit dem Lieblingszivi*
- *einfache Funktionsspielzeuge, die Geräuscheffekte hervorbringen*

Bei genauem Hinsehen zeigen sich in einem auf den ersten Blick 'chaotischen / stereotypen' Verhalten oft überraschende Variationen und Interessen.

• Schülerorientierter Unterricht beginnt zwar bei vorhandenen Schülerinteressen, hat aber immer die Aufgabe, neue Interessen zu finden, zu wecken. Denn Interessen sind nicht einfach da, sie entwickeln sich im Handeln.

3.1.5 Stellenwert von Handlungs- und Schülerorientiertem Unterricht innerhalb unseres Gesamtkonzepts

Ein Definitionsversuch:

Unter Handlungs- und Schülerorientiertem Unterricht verstehen wir eine Unterrichtsform, die Ansätze des handelnden Unterrichts und schülerorientierte Ansätze integriert mit dem Ziel der größtmöglichen Selbststeuerung des Schülers.

Zur Erinnerung:

In den vorherigen Abschnitten wurden drei Ansätze des sogenannten *handelnden Lernens* vorgestellt, die sich auf Theorien von GALPERIN, LOMPSCHER und MANN berufen.

Danach können Schüler lernen

- wenn der An'schauung' die Fixierung auf das rein Visuelle genommen wird, zugunsten eines Begreifens und Handelns an / mit Modellen der Wirklichkeit (LOMPSCHER).

- wenn der Unterricht ihnen die Möglichkeit zu entfalteten Handlungen auf der ihnen jeweils zur Verfügung stehenden Stufe bietet (GALPERIN).

- wenn der Schüler beim Aufbau Funktioneller Systeme unterstützt wird (MANN).

Diese Ansätze stellen unserer Meinung nach geeignete 'Lernhandlungen' vor, die es Schülern lerntechnisch ermöglichen, ihre Handlungsfähigkeit zu entwickeln. Sie bilden deshalb den einen Teil unseres Entwurfs für Handlungs- und Schülerorientierten Unterricht.

Die notwendige Ergänzung, und damit den anderen Teil des Entwurfs, bildet der *schülerorientierte Ansatz* MEYERS, in dessen Zentrum ein interessengeleitetes, planvolles, gemeinsames Handeln der Schüler steht.

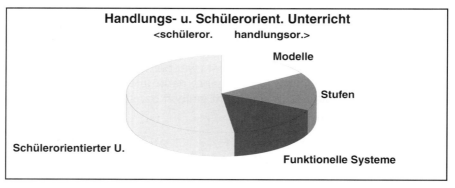

Abbildung 28

Das Schaubild zeigt noch eimal, wie wir den Stellenwert und das Zusammenspiel dieser Konzepte sehen: Schülerorientierte Ansätze und Lern-Handlungs-Ansätze haben eine gleiche Gewichtung. Aber nicht ein Nebeneinander, sondern erst die Integration von Ansätzen ist unserer Meinung nach eine brauchbare Ausgangslage für den Entwurf von Handlungs- und Schülerorientiertem Unterricht. Als Anfänger sollten Sie sich von diesem Anspruch nicht abschrecken lassen: Auch der Weg zu einem Handlungs- und Schülerorientierten Unterricht besteht für Lehrer (und Schüler) aus vielen Schritten. Deshalb ist es legitim und sinnvoll, mit einem Ansatz zu beginnen.

Die Antwort auf die Eingangsfrage 'Wo steht handlungsorientierter Unterricht zwischen reinem Tätigsein ohne jeden kognitiven Anteil und dem sogenannten verkopften Unterricht' liegt in der unverzichtbaren Verbindung von

1. Konzepten, die aufzeigen, daß sich ein Lernprozeß aus Lern-'handlungen' auf den verschiedensten Abstraktionsebenen vollziehen muß und wie dies technisch anzugehen ist (das sind hier die Ansätze von GALPERIN, LOMPSCHER und MANN) und

2. Konzepten, die eine Orientierung an den Interessen und Bedürfnissen der Schüler sicherstellen und die den Schülern größtmögliche Verantwortung als Subjekt ihrer Lernprozesse übertragen, d.h. die von ihrem anthropologischen Hintergrund auf die Handlungsfähigkeit und Mündigkeit jedes einzelnen Schülers angelegt sind (das ist hier der schülerorientierte Ansatz von MEYER).

3.1.6 Voraussetzungen für handlungs- und schülerorientierten Unterricht an der Schule für Geistigbehinderte

Ziel des Handlungs- und Schülerorientierten Unterrichts ist das interessengeleitete, planvolle, gemeinsame Handeln von Schülern. Dieses Ziel ist auch gleichzeitig Inhalt und Weg. Die Unterrichtsform kann dann zum Einsatz kommen, wenn

• Interessen artikuliert werden können oder

• erste gemeinsame Interessen zu erkennen sind,

• Interessen in Ansätzen in der Gruppe bearbeitet werden können.

Sie geht damit z.B. über den bei der Freien Arbeit möglichen Individualansatz hinaus, weil eine gemeinsame Handlungsorientierung der Schüler vorausgesetzt wird. Der Einstieg in Handlungs- und Schülerorientierten Unterricht beginnt – wie bei allen offenen Unterrichtsformen – damit, daß Lehrer und Schüler sich gemeinsam auf einen neuen Lernweg begeben.

Ein Schritt auf diesem Weg ist das 'Konsensthema': Ein vom Lehrer vermutetes gemeinsames Interesse wird zum Unterrichtsthema der ganzen Klasse. Ein gemeinsames Interesse am Essen und an der Herstellung von Mahlzeiten kann noch schnell vermutet werden, doch die Häufigkeit zeigt auch, wie schwierig es ist, andere Themen zu finden. Die Liste gängiger Konsensthemen kennen übrigens alle, die unterrichtspraktische Prüfungen abnehmen: Wer kennt sie nicht, die 'berühmte' Obstsalat- oder Müsli-

Stunde? Sie soll an dieser Stelle eingeordnet und gewürdigt werden als ein Schritt auf dem Weg zum Handlungs- und Schülerorientierten Unterricht.

3.1.7 Leseempfehlungen

MANN, I.: Lernen können ja alle Leute – Lesen- Rechnen-, Schreibenlernen mit der Tätigkeitstheorie, Weinheim 1992 (2. Aufl.).

Das Buch entstand aus der praktischen Arbeit mit geistig behinderten Menschen. MANN liefert nicht nur Theorie, sondern eine Fülle von praktischen Anregungen und Erfahrungsberichten zum Verinnerlichen kognitiver Handlungen.

MIESSLER, M. & BAUER, I.: Wir lernen denken, Würzburg 1978. Ein Buch aus der Reihe „Neues Lernen mit Geistigbehinderten" mit vielen praktischen Beispielen.

MEYER, H.: Leitfaden zur Unterrichtsvorbereitung, Königstein/Ts. 1981 (4. Aufl.). Der Leitfaden ist für alle Lehrer ein unbedingtes Muß.

Planung beginnt damit, daß man überlegt, was man will. (E. KAPPLER)

3.2 Freie Arbeit

3.2.1 Theoretische Grundlagen

Zunächst einmal eine Enttäuschung: *Die* Freie Arbeit gibt es nicht! D.h., in der Literatur der 'Mütter und Väter', denen man 'Freie Arbeit' zuschreibt, findet sich nirgendwo eine schöne und klare Definition, die dann Ausgangspunkt für die weitere Entwicklung dieses Begriffs ist. 'Freie Arbeit' ist ein Sammelbegriff mit vielen Schattierungen und Differenzierungen, eine Idee, die sich in der Praxis und durch die Praxis der Lehrer ständig verändert. Wenn zwei Lehrer miteinander über Freie Arbeit reden, können sehr unterschiedliche Auffassungen zutage kommen. Der Grad der 'Freiheit' kann sehr unterschiedlich sein. Auch Schulen, die weitgehend Freie Arbeit machen, vermitteln die durch den Lehrplan vorgegebenen Inhalte. Freie Arbeit heißt nicht, daß es keine Pflichten gäbe!

Freie Arbeit (FA) findet zwar erst in den letzten Jahren in größerem Umfang Eingang in unsere Schulen, die Ideen und Wurzeln sind aber viel älter und zum großen Teil in der Reformpädagogik zu finden. Besonders PETERSEN, FREINET und MONTESSORI werden als 'Ahnen' der FA aufgeführt. Letztere werden mit ihren Grundgedanken kurz dargestellt. Indem wir dabei FREINET mehr Raum widmen, demonstrieren wir, wo unsere Wurzeln liegen und von welchem Konzept wir am meisten lernten.

Maria Montessori (1870-1952)

ist dem Namen nach die bekannteste Vertreterin der 'Freien Arbeit'. Fundament ihrer Pädagogik sind ein Verständnis von Erziehung als Realisation von Freiheit und die Achtung vor der kindlichen Freiheit und Entwicklung. Der oft zitierte Satz „Hilf mir, es selbst zu tun" macht das Anliegen deutlich: Dem Kind die Möglichkeit zu geben, seine Lernprozesse selbst zu gestalten. In diesem Sinne ist FA zu verstehen als Vorgang der Selbstunterrichtung und Selbstbildung des Kindes. FA wird ermöglicht durch die pädagogische Grundhaltung des Lehrers, der durch Achtung der Freiheit des Kindes den Freiraum schafft, der die Entfaltung spontaner Aktivitäten ermöglicht. Diese Aktivitäten sind gekennzeichnet durch tiefe Konzentration[40] des Kindes (vgl.: HOLTSTEIGE 1987a, 85).

Die Freiheit im Unterricht besteht bei MONTESSORI vor allem

- in der Auswahl der Lerngegenstände,
- in der Bewegungsfreiheit,
- in der Zeitwahl
- und in der Wahl des Bildungsniveaus.

Die Unterrichtsmaterialien zur FA sind bei MONTESSORI gekennzeichnet durch

- eine streng durchgehaltene Isolation der Schwierigkeiten
- die Möglichkeit zur beliebigen Wiederholbarkeit
- die eingebaute Fehlerkontrolle
- eine ästhetische Gestaltung

Gemäß ihrer Grundhaltung zum Kind als „Baumeister des Menschen" ist FA *die* Arbeitsform MONTESSORIS und sollte durchgängig in der Schule stattfinden.

Celestin Freinet (1896-1966)

hat in seinen Werken selbst nicht von 'Freier Arbeit' gesprochen, in den sogenannten 'Ateliers' war jedoch Zeit für interessengeleitetes, selbständiges und selbstbestimmtes Arbeiten vorgesehen. FREINET forderte eine Veränderung des Schulwesens:

> „Die Schule hat von den Bedürfnissen des Kindes auszugehen. Sie muß 'dem Kind das Wort geben' und darf nicht dessen Kreativität und Spontaneität durch eine Flut von Reglementierungen er-

---

[40] Der entsprechende Begriff bei MONTESSORI heißt: „Polarisation der Aufmerksamkeit"

sticken. Alle Erziehung hat naturnah und nach natürlichen Methoden vorzugehen... Man bildet Arbeitsgruppen mit fachlichen Schwerpunkten, schafft Arbeitsmittel für die Selbsttätigkeit der Schüler, damit sie in allen Altersstufen, in allen Fachgebieten... sich selbst mit den Dingen und Problemen auseinandersetzen können." (FREINET 1981, 5)

Als Ziel schulischer Erziehung sah FREINET die ganzheitliche Entfaltung und Bildung der kindlichen Persönlichkeit, die Schule als Ort der „Ansammlung von Wissen" lehnte er als Manipulation und Gängelung ab. FREINET war überzeugt von der Spontaneität und Aktivität des Kindes und sah im Lehrer 'nur' den Organisator schulischer Aktivitäten.

Einige Schlagworte und Elemente seiner Pädagogik, die Grundlage für das, was wir FA nennen, sind:

- Arbeitsateliers
  Um seine Pädagogik umzusetzen, löste FREINET den Klassenblock auf und richtete „Arbeitsateliers" ein wie z.B. Druckerei, Malen, Basteln, Musizieren, Holz- und Metallarbeiten, Tiere und Pflanzen, Nähen und Kochen. Die Arbeit in den Ateliers ist interessengeleitet, projektartig angelegt und in der Sozialform frei.

- Wochenplan
  Grundsätzlich wird in allen FREINET-Klassen das Basiswissen der amtlichen Curricula erarbeitet. Da der gesamte Lehrstoff in Arbeitsmittel umgesetzt ist, kann jeder Schüler seinen wöchentlichen Arbeitsplan individuell gestalten. Die Schulwoche beginnt deshalb regelmäßig damit, daß montags jeder Schüler in seinen Arbeitsplan einträgt, was er im Laufe der Woche bearbeiten will. Am Ende der Woche markiert jeder Schüler, was er tatsächlich bearbeitet hat.

- Arbeitskarteien
  Der gesamte Grundlehrstoff ist in Arbeitskarteien behandelt. Die Karten bestehen aus Informationskarte, Aufgabenkarte und Lösungskarte und werden nach ihrer Behandlung in einem bestimmten Schema abgelegt, ähnlich einem Wiedervorlagesystem.

- Schuldruckerei
  Das wohl bekannteste Arbeitsmittel der FREINET-Bewegung. Dazu gehört auch die innerschulische und zwischenschulische Korrespondenz.

- Wandzeitung
  Sie ist in 4 Felder aufgeteilt (*wir kritisieren, wir beglückwünschen, wir wünschen, wir haben verwirklicht*), in die die Schüler im Laufe der

Woche Kritik, Wünsche und Vorschläge eintragen. Am Ende der Woche werden alle Eintragungen offen diskutiert.

Die Freiheit im Unterricht besteht bei FREINET vor allem

- in der interessengeleiteten Wahl der Arbeitsateliers
- in der projektartigen Bearbeitung von selbstgestellten Aufgaben innerhalb der Ateliers
- in der Wahl der Sozialform
- in der Selbstverantwortung für die Planung des eigenen Wochenarbeitsplanes
- in der Auswahl der Arbeitsmittel für das gewählte Problem
- in einem großen Spielraum für Selbstverantwortung, damit aber auch der Möglichkeit, auf Probleme zu stoßen.

Die Unterrichtsmaterialien bei FREINET sind gekennzeichnet durch

- eine Aufforderung zu ganzheitlicher, projektartiger Aufgabenstellung
- eingebaute Fehlerkontrolle in den Arbeitskarteien

Die Freie Arbeit in Ateliers nimmt einen hohen Stellenwert ein, findet aber im Wechsel mit anderen Unterrichtsformen statt.

Freie Arbeit, wie FREINET sie versteht, stellt sich uns offener dar als bei MONTESSORI. Freie Arbeit bedeutet bei ihm nicht nur freie Auswahl von strukturierten Lernmaterialien, sondern das projektartige freie Arbeiten an (selbstgestellten) Aufgaben.

FREINET legt Handlungsorientierung, -planung und -kontrolle in die Hand des Schülers, seine Ateliers sind vom Projektgedanken getragen. Die Erstellung des eigenen Wochenplanes erfordert eine hohe Planungskompetenz und Selbsteinschätzung des Schülers.

Die Materialien MONTESSORIS beziehen sich hingegen besonders auf die kognitive Entwicklung. Handlungsorientierung und -planung sind in der vorbereiteten Umgebung von der Sache her relativ streng vorherbestimmt.

Zum Schluß noch einige *Begriffsklärungen:*

Freie Arbeit: Kinder treffen auf eine vorbereitete, auf ihre individuellen Interessen, ihre Lernausgangslage abgestimmte (Lern-)umgebung, eine 'Lernlandschaft'. Sie entdecken ihre Interessen, planen und gestalten ihren Arbeitsprozeß selbständig, bewerten ihre Arbeitsergebnisse und lernen so handelnd unter Einbeziehung aller Sinne.

Wochenplanarbeit: Unterscheidet sich von Freier Arbeit durch das Maß an Freiheit, mit der der einzelne Schüler arbeitet. Es wird vom Lehrer vorgeschrieben, welches Pensum der einzelne Schüler in den dafür bereitgehaltenen Unterrichtsstunden einer Woche erledigen muß. Frei ist lediglich die Reihenfolge, in der die Aufgaben erledigt werden.

Wochenplanarbeit und Freie Arbeit können aber innerhalb des Unterrichts sinnvoll ergänzt und kombiniert werden.

Die ähnlich lautenden Begriffe Freispiel, bzw. Freiarbeit bezeichnen von der Gesamtkonzeption des Unterrichts abgekoppelte, in Einzelstunden stattfindende Aktivitäten wie z.B. Vertretungsstunden, Pausenstunden....

Einordnung von Formen Freier Arbeit hinsichtlich ihrer Möglichkeiten zur Entwicklung von Handlungsfähigkeit:

FA in Ateliers
* an Interessen orientiert   Handlungsorientierung
* projektartige Bearbeitung   Handlungsplanung
              (Handlungsausführung)
              Handlungskontrolle

 =>lernen, selbständig zu planen, zu gestalten
   und zu kontrollieren

FA mit Montessori-Materialien
* am generellen Entwicklungsstand orientiert   (Handlungsorientierung)
* vorgegebene Struktur streng   Handlungsausführung
* freie Wahl von Material und Zeit   Handlungskontrolle

=> individueller Förderbedarf, selbständiges Arbeiten,
  sich kontrollieren, Konzentration

Wochenplanarbeit
* am individuellen Leistungsstand orientiert   (Handlungsplanung)
* am Lehrplan orientiert   Handlungsausführung
* Vorgabe des Arbeitspensums durch den Lehrer   Handlungskontrolle
* freie Wahl der Reihenfolge

=> individuelle Übung, selbständigs Arbeiten,
  sich selbst kontrollieren

Abbildung 29

3.2.2 Das ist uns wichtig – Anwendung, Einordnung und Bewertung

An unserer Schule ist FA zu einer zentralen Form der unterrichtlichen Arbeit geworden. Dies aus drei Gründen:

- Zum einen steht gerade bei dieser Arbeitsform das Lernziel der individuellen Handlungsfähigkeit im Mittelpunkt, insbesondere der Erwerb individueller Planungskompetenz.

- Zum anderen bietet FA eine Antwort auf die grundlegende Lehrsituation an unseren Schulen, die gekennzeichnet ist durch heterogene Klassen, Schüler mit unterschiedlichstem Förderbedarf und eine strukturelle personelle Unterversorgung.

- Und schließlich gibt es im Unterrichtsalltag viele Situationen, die den Einsatz von Freier Arbeit sinnvoll machen, z.B. sollen Schüler auch alleine arbeiten und lernen, wenn der Lehrer mit Pflege oder anderen Einzelmaßnahmen beschäftigt ist.

Der Einstieg in Freie Arbeit (d.h. der Beginn des Prozesses 'Freie Arbeit mit Schülern') ist nur an wenige Voraussetzungen gebunden: Die Schüler sollten über eine elementare Handlungsorientierung verfügen. Das bedeutet, der Schüler hat erste 'Interessen', er verfügt über einfachste Handlungspläne, um mit Dingen und Situationen umzugehen. Die 'Interessen' mögen vielleicht für uns oft noch stereotypen Charakter haben, können aber am Anfang der Freien Arbeit stehen, wenn es uns als Lehrern gelingt, diese Interessen als Ausgangspunkt für selbstbestimmte Lernsituationen zu nutzen.

Freie Arbeit verlangt, daß Schüler sich entscheiden müssen, was, wie, womit, wie lange und mit wem sie lernen. Sie müssen lernen, mit diesen Entscheidungsmöglichkeiten umzugehen und ihre Arbeit selbständig zu bewerten. Das geht nicht von heute auf morgen. Dieser Prozeß braucht Gelassenheit und Zeit. Eine Zeit, in der wir als Lehrer umdenken, neu lernen und ausprobieren müssen. Eine Zeit, in der viele Schüler zunächst einmal lernen müssen, daß sie sich für etwas entscheiden können und daß die Ausführung oder Nicht-Ausführung ihrer Entscheidung in ihren Händen liegt

3.2.2.1 Lernvoraussetzungen zur Freien Arbeit erheben.

FA ist eine Unterrichtsmethode, die entgegen dem Augenschein sehr zielgerichtet vorgeht. Allerdings sind die Ziele nicht nur auf einen Inhalt bezogen, sondern beziehen sich auf die Handlungsfähigkeit des Schülers im allgemeinen und während der FA im besonderen. Es stehen keine Fertigkeiten im Mittelpunkt sondern Handlungsfähigkeit.[41] Die FA als Methode unterrichtlichen Handelns stellt spezielle Anforderungen an die Schüler und bietet entsprechende Lernmöglichkeiten. Daraus ergeben sich dann Lehrziele bezüglich der Methode der Freien Arbeit.

- kognitive Ebene:
  Die Durchführung der FA fordert/fördert ein gewisses Symbolverständnis und die Fähigkeit, Regeln und Abläufe einhalten zu können. Möglicherweise muß man sich Dinge vorstellen können, die gerade nicht offen sichtbar sind. Man muß seine Arbeit selber kontrollieren.
  Hört der Schüler auf, wenn er fertig ist? Stellt er seine Arbeit erst vor und räumt dann auf? Erkennt und benutzt er seine Spalte an der Planungstafel?[42]

Abbildung 30

---

[41] Wie man Lernvoraussetzungen bzgl. der Handlungsfähigkeit erheben kann, ist in Kapitel 6, Unterricht -Planung und Reflexion, ausführlich beschrieben.

[42] Eine 'Dokumentation' der Entscheidung des Schülers ist von der kognitiven Entwicklung her frühestens mit dem Auftreten der „Koordination sekundärer Zirkulärreaktionen" nach Piaget möglich.

90

- affektive Ebene:
Im Rahmen der FA werden erfolgreiche Handlungen nicht immer durch den Lehrer verstärkt, der Erfolg an sich soll die zukünftige Handlungsorientierung beeinflussen. Umgekehrt werden auch drohende Fehler nicht durch vorbeugendes Eingreifen vermieden.
Kann der Schüler den 'Frust' ertragen, nicht immer gleich alles seinem Lehrer erzählen zu können? Wie kommt er 'ohne' Lob zurecht, wie lange? Wie wirken sich Mißerfolge aus? Welche Hilfen braucht er, um daraus lernen zu können?

- soziale Ebene:
FA bringt oft den Zwang, sich in der Gruppe zu arrangieren. Schüler mit Problemen sind auf Zusammenarbeit mit anderen angewiesen, wenn nicht der Lehrer alleiniger Helfer sein soll. Die begrenzte Anzahl der Materialien erfordert Einigungsprozesse.

3.2.2.2 Freie Arbeit konkret beginnen

Um mit Freier Arbeit zu beginnen, braucht man:

- vorbereitete Umgebung:
Vergleichbar den Ateliers im Freinet-Klassenzimmer muß das Lernangebot präsent sein. Es soll auf die Schüler abgestimmt und frei zugänglich aber auch bewußt geordnet und begrenzt sein.

- Organisation:
Dazu gehören Regeln und Rituale ebenso wie eine geeignete Form der Dokumentation der beabsichtigten und geleisteten Arbeit.

Außerdem gibt es eine Reihe von Voraussetzungen, die den Start in die Freie Arbeit wesentlich erleichtern, wenn nicht gar erst ermöglichen.Nicht alle aufgeführten Voraussetzungen müssen zu Beginn perfekt vorhanden sein:[43]

- Der Lehrer muß überzeugt sein von der Richtigkeit und dem Nutzen dieser Unterrichtsform für seine Schüler. Ein Ansatzpunkt könnten Überlegungen sein, welche täglichen Erfahrungen mit meinen Schülern mich veranlassen, nach neuen Wegen zu suchen. An welche Grenzen stoßen meine bisherigen Bestrebungen nach Differenzierung und Individualisierung?

- Schüler müssen lernen, selbstverantwortlich zu arbeiten.

---

[43] Viele der nun folgenden Anregungen haben wir gefunden in: GERVÉ, F.: Freiarbeit. Lichtenau 1991, 31–55.

- Eltern müssen diese Unterrichtsform mittragen.

- Kollegen, Schulleitung, Hausmeister dürfen zumindest keine Steine in den Weg legen. Am besten fängt man zu zweit (auch in zwei Klassen) an.

- Der Raum muß für die besonderen Erfordernisse geeignet sein. Freie Arbeit erfordert eine Fülle von Materialien, die zumindest zugänglich, am besten übersichtlich aufbewahrt werden. Daher sind viele Regale/ Schränke notwendig, zu denen ein freier Zugang besteht. Da verschiedene Tätigkeiten zur gleichen Zeit ausgeführt werden, muß der Raum in verschiedene Lernzonen eingeteilt werden können, die voneinander etwas getrennt sind. Da gibt es z.B. Kochecke, Bauecke, Schatzkiste, Schulgarten, Malecke, Werkecke.

- Die Lern- und Arbeitsmaterialien müssen deutlich gekennzeichnet sein. Es ist sinnvoll, diese nach Lern- und Arbeitsbereichen zu gliedern und entsprechend gekennzeichnet aufzubewahren. Für jedes Angebot wird ein Piktogramm entwickelt (dabei können teilweise Zeichen des Stundenplans übernommen werden). Die verschiedenen Ecken werden mit diesem Piktogramm gekennzeichnet. An einer Dokumentationstafel können die Schüler ihre Entscheidungen mit entsprechenden Bildkarten für sich und andere dokumentieren.

Abbildung 31

92

Eine wesentliche Voraussetzung ist die Erstellung eines Konzepts für die schrittweise Einführung, für die Organisation und die Regeln, die man aufstellen will:

- Was ist erlaubt, welche Grundsätze gibt es? Müssen z.B. angefangene Arbeiten zu ende gebracht werden, oder ist ein Wechsel möglich?
- Wann und wielange ist FA?
- Wie beginnen und wie enden diese Phasen, gibt es bestimmte Zeichen, wie werden Einführung und Reflexion gestaltet?
- Wie lange im voraus erstreckt sich die Planung der Schüler? Die Stunde, Tagesplan oder Wochenplan?
- Dokumentation für Schüler und Lehrer, Klassenbuch?
- Wie erhalte ich einen Überblick über die Aktivitäten der Kinder, wie erreiche ich, daß mir keiner 'durch die Lappen geht'?
- Wie oft wird das Angebot gewechselt, wer ist zuständig, wie sieht die Einführung in neue Angebote aus?
- Wann und wie wird im Lehrerteam reflektiert und die Angebote den veränderten (oder falsch eingeschätzten) Lernvoraussetzungen angepaßt?
- Pflichtaufgaben für besondere Lernbedürfnisse?

Je länger die Schüler ihre Interessen zu unterdrücken und zu vergessen geübt haben, desto schwieriger und langwieriger dürfte der Weg sein. Dabei spielen Gesichtspunkte der behindertenspezifischen Sozialisation gewiß eine wichtige Rolle. Schüler (und Lehrer) müssen schrittweise an FA herangeführt werden.

vorher:

- Zur Differenzierung und in Übungsphasen können Materialien der FA im Unterricht gezielt eingesetzt werden.
- Den Schülern Entscheidungen für unterschiedliche Tätigkeiten zu einem Unterrichtsinhalt ermöglichen.
- Lernzirkel, bei denen unterschiedliche Aufgaben zu einem Thema an mehreren Gruppentischen bearbeitet werden.
- Gemeinsames Erarbeiten des Tagesplans.
- Selbstverständlich sollte sein, daß auch im 'normalen' Unterricht Entscheidungen zwischen unterschiedlichen Handlungen und Gegenständen möglich sind.

- Selbstverständlich sollte auch sein, daß den Schülern Möglichkeiten der eigenständigen Zielsetzung und Selbstkontrolle geboten werden.

in den ersten FA-Phasen:

- Ordnungs- und Strukturhilfen, Symbole zur Visualisierung, Möglichkeiten einer 'hand'greiflichen Auswahl;

- sich der Reihe nach laut und verbindlich für ein Angebot entscheiden und dies dokumentieren;

- Gegenseitige Vorstellung der Arbeiten und Vorhaben, (gemeinsame) Reflexion der Arbeit.

3.2.2.3 *Ablauf einer Unterrichts'stunde' Freie Arbeit an der Martinus Schule:*

Orientierung
1. sich einen Überblick über das Angebot verschaffen
2. sich (wenn möglich, anhand von Bildkarten) für eine Tätigkeit entscheiden
   individuelle Hilfen: reduzierte Auswahl, individuelle Angebote, angepaßte Abstraktionsstufen
3. die Entscheidung dokumentieren

Planung
1. Handlungsziel festlegen
2. Tätigkeit vorbereiten
   individuelle Hilfen: angepaßte Handlungsebenen, individuelle Unterstützung

Ausführung
einzeln oder in Kleingruppen
individuelle Hilfen: wie oben

Kontrolle
1. selbständig oder von außen anhand des Handlungsziels
2. Vorstellen der Ergebnisse

Aufräumen

Abbildung 32

3.2.2.4 Freie Arbeit mit 'problematischen' Schülern – Erfahrungen:

Stephan

Ein mehrfach behinderter Jugendlicher, der inzwischen die Werkstatt für Behinderte besucht. Sein Verhalten war geprägt von einer starken Zurückgezogenheit, die plötzlich von aggressiven Ausbrüchen unterbrochen wurde.

1. Jahr
Die Klasse beginnt mit FA. Eigenständige Handlungsinteressen scheinen nicht vorhanden zu sein.
Ziel: Handlungsorientierung – Aufmerksamkeit; sich für etwas entscheiden; Angebote finden, die ihn reizen.
Anbieten einfacher Alternativen: Stuhl oder Rollstuhl? Dieses oder jenes essen?

2. Jahr
Anhaltende 'Interessen' i.e.S. hat er noch nicht entwickelt, aber: Verstärkte Aktivität von sich aus mit Ton, LEGO, Bausteinen und beim Kochen.
Der Sprung von der Handlungsorientierung und Handlungsplanung zur Handlungsausführung fällt ihm schwer. Er braucht Energie von außen, jemanden, der ihn 'bei der Stange hält'.

3. Jahr
Stephan wählt überlegt aus den Angeboten aus. Zur Aufrechterhaltung der Handlungen ist noch Energie von außen notwendig

4. Jahr
Stephan hat einige Interessen entwickelt, für die er sich ohne Hilfestellung entscheidet. Er dokumentiert seine Entscheidung mit einer Bildkarte auf der Planungstafel.
Im Rahmen der FA wählt er fast immer 'Suppe kochen'. Er handelt kurzfristig allein, Energie von außen kann ihm aus der Distanz, verbal vermittelt werden.

5. Jahr
Stephan entscheidet sich gezielt. Stimmungstiefs kann er mit einer 'Nix mehr'-Karte auffangen und ausdrücken. Im Rahmen der FA wählt er Kochen (verschiedene einfache Gerichte), mit DUPLO bauen, Bilderbücher betrachten, Werkstattarbeiten ausführen und Geld verdienen. Stephan setzt sich Ziele (Handlungsplanung). Er kann im Gespräch seine Ergebnisse bewerten und Konsequenzen ziehen (Handlungskontrolle)

Weitere Ziele könnten sein:
Handlungsorientierung: seine Interessen ausweiten
Handlungsplanung: vermehrt die symbolische Ebene einbeziehen, um
Handlungsabläufe und -ergebnisse zu planen
Handlungskontrolle: Konsequenzen mit dem Lehrer zusammen festhal-
ten und sichtbar machen.

Andrea
Andrea ist eine Schülerin mit schwerer geistiger Behinderung. 'Stereotype'
Handlungen wie Schlagen mit den Händen, Stampfen, Körperdrehen ver-
hindern oft Aufmerksamkeit. Andrea ist 'Autodidaktin': Sie lernt, handelt,
indem sie Hindernisse auf dem Weg zu ihrem Ziel überwindet. Handlungs-
orientierung für Dinge, die nicht in ihrem Interessenbereich liegen, ist
kaum möglich.

1. Jahr
Nur Dinge, die Andrea wirklich reizen, können in handlungsorientiertem
Unterricht zum Ausgangspunkt für Lernen eingesetzt werden: Auf dem
Weg zu ihren Handlungszielen müssen wir unsere Hindernisse aufbau-
en. FA: Andrea wählt im Rahmen des Angebots 'Schatzkiste' zwischen
verschiedenen Funktionsspielzeugen aus.

2. Jahr
Andrea ist weiterhin 'Autodidaktin'. FA: Sie wählt zwischen 'Eincremen'
und 'Schatzkiste' gezielt aus (HO) und hält Handlungen über einen
kurzen Zeitraum alleine aufrecht (HA).

3. Jahr
Wählt zwischen 3 – 4 Angeboten anhand von Wahlkarten mit aufge-
klebten Gegenständen und/oder Symbolgegenständen aus. Bringt Kar-
ten oder Gegenstände auch außerhalb der FA-Zeiten zum Lehrer, um
ihre Wünsche deutlich zu machen (HO). Beginnt, für die Aktivität benö-
tigte Gegenstände zu holen (z.B. Wasserkiste aus dem FA-Schrank,
Regenjacke, wenn sie Wasserspiele ausgewählt hat). Angebote:
Cremekiste, einen Luftballon suchen, Wasserspiele, eine Kette suchen.
Fazit: Andrea kann ihre Lieblingsbeschäftigungen in 'geordnetem' Rah-
men ausführen.

Neue Ziele könnten sein:
weitere Abstraktionsstufen bei den Auswahlkarten
neue Interessen aufbauen
Handlungsplanung weiter verbessern

Gundula
ist eine Schülerin mit schwerer geistiger Behinderung und Verhaltensauf-
fälligkeiten wie Autoaggressionen und stereotypen Verhaltensweisen. Ziel
war, daß sie

a. während der FA ihren Lieblingsbeschäftigungen in 'geordnetem Rah-
   men' nachgehen konnte und

b. den Wunsch nach diesen Tätigkeiten deutlich machen konnte (Hand-
   lungsorientierung). Dies waren bei Gundula 'draußen sein und in der
   Erde nach Steinen wühlen' oder Kassettenrecorder hören.

Eine Motorradkombi und Sportschuhe sollten Gundula bei der Ausführung
ihrer Lieblingsbeschäftigung sauber halten. Die Hose wurde zum Zeichen
für 'Ich will 'raus'. Schrittweise lernte Gundula, ihren Anzug alleine anzu-
ziehen.

Gundula wählte bald zwischen Hose und Kassettenrecorder gezielt aus.
Der Recorder als Entscheidungsgegenstand konnte durch eine Kassette
ersetzt werden.

Gundula brachte dann auch außerhalb der FA-Zeit die Hose, um ihren
Wunsch deutlich zu machen, nach draußen zu gehen und in der Erde
nach Steinen zu wühlen..

Neue Ziele könnten sein:
   Andere Interessen im Rahmen des Förderunterrichts stärken, bzw.
   neue aufbauen.

Die Form der Entscheidungsgegenstände weiter abstrahieren.

3.2.2.5 Freie Arbeit entwickelt Handlungsfähigkeit, weil...

Gründe, warum wir in unserer Schule mit unseren Schülern Freie Arbeit
machen oder darauf hin arbeiten:

* FA entspricht dem Menschenbild vom Schüler als Subjekt seiner Lernprozesse (und nicht als zu trainierendem Objekt).
  Wir gehen davon aus, daß jeder Mensch für sein Lernen selbst verantwortlich ist und daß er, indem er selbstverantwortlich lernt, Handlungskompetenz entwickelt. Das heißt: Lehr-Lern-Prozesse sind nur dann
  erfolgreich, wenn der Schüler aktiv , interessiert und aufmerksam ist.
  Deshalb liegt für uns als Lehrer schon im Ansatz der 'Freien Arbeit' eine
  Haltung zum (geistig behinderten) Schüler: Ich bin überzeugt, daß er
  sich für eine Sache entscheiden kann und daß er, indem er sich mit
  dieser Sache auf seine Weise auseinandersetzt, seinen individuellen
  Lernweg geht. Meine Aufgabe ist dabei, die 'richtigen' Angebote auszu-
  suchen.

- FA fördert die Selbststeuerung unserer Schüler.
  Es ist uns ein wichtiges Anliegen, geistig behinderten Schülern ihre Selbststeuerung wiederzugeben. Ob Toilettengang, Mahlzeiten, Auto-aggressionen, Aggressionen, sogenannte 'Stereotypien' – es scheint schon fast ein Merkmal geistiger Behinderung zu sein, die Verantwortung für sich an andere abzugeben oder sie sich abnehmen zu lassen. FA gibt die Verantwortung an den Lernenden zurück. Dies ist oft ein langer Prozeß.

- FA bedeutet für jeden Schüler: Lernen an der Sache, die ihn wirklich interessiert.
  Daß dies der beste Weg zu lernen ist, bestreitet niemand. In jedem von uns sitzt aber irgendwo (mehr oder weniger geheim) die Vorstellung, daß es beim Lernen nicht nur um Interesse geht, sondern auch um Muß, also um Zwang. Nun machen wir aber gerade bei schwer geistig behinderten und verhaltensauffälligen Schülern die Erfahrung, daß sie dieses 'Muß' zwar in reichlichem Maße bei uns provozieren, daß aber eine Unterrichtssituation mit viel 'Muß' meist sehr frustrierend endet und von Lernen keine Rede gewesen sein kann. Schwierig ist, daß so wenige, uns 'unsinnig' erscheinende Interessen da sind und diese so ausdauernd verfolgt werden (z.B. Ein Jahr nur Suppen kochen, sich immer Ketten zum spielen aussuchen, stereotype Handlungen). Mittlerweile haben wir die Erfahrung gemacht, daß Schüler, die im Unterricht 'legal' über lange Zeit an den Sachen lernen, die sie wirklich interessieren, erstens wirklich etwas tun und zweitens auch andere Interessen entwickeln.

- FA schafft günstige Rahmenbedingungen für Individualisierung und Differenzierung und entspricht den 'Individualisten' in unseren heterogenen Klassen.
  Ausgangspunkt für unsere Beschäftigung mit Freier Arbeit war die Situation, daß wir für eine sehr heterogene Gruppe schwer geistig behinderter und verhaltensauffälliger Schüler kaum noch gemeinsame Unterrichtsinhalte fanden, bei denen ein beiderseits zufriedenstellender Lehr-Lern-Prozeß zustande kam. Innerhalb der Klasse fehlte der Konsens, was ein interessanter Lerngegenstand sein könnte. Mittlerweile versuchen wir nicht mehr zwanghaft, diesen Konsens herzustellen.
  Wir gestehen jedem Schüler zu, seinen Interessen nachzugehen und daran zu lernen. Wer unsere Klassen bei FA beobachtet, stellt fest, daß jeder Schüler auf seinem Niveau lernt und deshalb auch wirklich bei der Sache ist. Schwer mehrfach behinderte Schüler können mit ihren Lernbedürfnissen ebenso einbezogen werden wie leistungsstarke Schüler oder Lehrer-Kinder, die manchmal Gast sind.

- FA entspricht unserem Wunsch, sich einzelnen Schülern intensiver widmen zu können.

Da jeder Schüler seine Aufgaben mehr oder weniger selbständig bearbeitet, kann der Lehrer sich in den verschiedenen Phasen einer FA-Stunde einzelnen Schülern intensiv zuwenden (z.B. Hilfen zur Entscheidung bei einem Schüler, Unterstützen der Handlungen beim körperbehinderten Schüler, gemeinsame Bewertung der Arbeit bei einem anderen).

FA gibt dem Lehrer darüber hinaus mehr Zeit zur Schülerbeobachtung und damit zu differenzierten Aussagen über individuelle Lernvoraussetzungen.

3.2.3 Leseempfehlungen

GERVÉ, F.: Freiarbeit, Lichtenau 1991.

Klein und preiswert: Ein guter Einstieg in FA.
Viele praktische Anregungen lassen sich auch auf die Schule für Geistigbehinderte übertragen.

KNÖRZER, W. und GRASS, K.: Was versteht man unter Freier Arbeit? In: Den Anfang der Schulzeit pädagogisch gestalten, Weinheim 1992.

Kurze und gute Darstellung (für die Grundschule) mit praktischen Anregungen.

WALLRABENSTEIN, W.: Offene Schule – offener Unterricht, Reinbeck 1991 (2. Aufl.).

Eine engagierte und ganzheitliche Einführung.

„Zugegeben, es ist eure Projektentscheidung.
Aber glaubt ihr wirklich, daß wir in Husum
eine Bergrettungsstation brauchen?"
(Entwürfe 4/94)

3.3 Projektunterricht

Ein Projekt ist ein auf die Lebenswirklichkeit der Teilnehmer bezogenes und durch ihre Interessen / Bedürfnisse bestimmtes, gemeinsames Vorhaben, bei dem sie Planung, Realisierung und Kontrolle in eigener Verantwortung übernehmen.

In vielen Situationen beschäftigen sich einzelne oder Gruppen mit Vorhaben, die sie als 'Projekte' bezeichnen: Entwicklung eines neuen Kleinwagens, eine Forschungsarbeit, Aufbau eines Dritte-Welt-Ladens, Anlegen eines Feuchtbiotops, Ausbau eines Wohnmobils. Gemeinsam ist diesen Vorhaben: Einzelne oder eine Gruppe arbeiten auf ein Ziel hin.

Manche dieser Projekte klappen.

Manche gehen aus unterschiedlichen Gründen schief:

- Das Projekt orientierte sich eigentlich doch nicht an den Bedürfnissen und Interessen der Teilnehmer, sondern war vielleicht nur eine verordnete Aufgabe.

- Die Planung des Arbeitsprozesses funktionierte nicht, Zusammenarbeit erwies sich als nicht möglich.

- Am Ende steht kein vorzeigbares Ergebnis, Arbeitsergebnisse haben keinen 'Wert' oder können in der Realität nicht bestehen.

Diese Aspekte tauchen, positiv formuliert, auch in den Projektkriterien pädagogischer Projekte wieder auf. Wichtigstes Erfolgskriterium für die Projektteilnehmer ist jedoch, daß die 'Welt' für das Unternehmen, den Forscher oder die Familie nachher ganz pragmatisch 'besser' ist, als sie es vorher war. (vgl. DEWEY 1916, 255 zit. in GUDJONS 1992, 70) Dies sollte neben allen pädagogischen Intentionen nicht in Vergessenheit geraten!

3.3.1 Theoretische Grundlagen

Bei der Entwicklung des Projektgedankens standen verschiedene Ansätze Pate, die sich in ihren jeweiligen Intentionen unterscheiden:

- Die erste Intention war der Praxisbezug.
  Die 'Projektmethode' entstand wohl schon Anfang des 18. Jahrhunderts. (GUDJONS 1992, 61) Im Gefolge der industriellen Revolution sollten Schüler und Studenten ihr lehrgangsmäßig erworbenes Wissen aus den Bereichen Technik und Werken im Projekt selbständig auf einen konkreten Fall anwenden. (vgl. FREY 1991, 31f)

- Weitere Intentionen waren Interessenorientierung, Selbstorganisation, Denk- und Problemlösungsstrategien.
  Bis in die jüngere Vergangenheit[44] galt die Lehrmeinung, daß Anfang des 20. Jahrhunderts der Begriff 'Projekt' „vermutlich zum erstenmal in einem pädagogischen Zusammenhang in amerikanischen Zeitschriften" (WULF 1976 , 471) gebraucht wurde. John DEWEY und William Heard KILPATRICK versuchten, „eine politisch-philosophisch begründete Alternative zur Schule zu entwickeln, in der die Interessen und Bedürfnisse der Schüler im Vordergrund stehen sollten (child-centred-curriculum), um im Prozeß der Selbstorganisation ihrer Arbeit Planen, Lernen und Han-

---

[44] Zur Kontroverse über die „Erfinder der Projektmethode" vergleiche FREY 1991, 30 ff und Zeitschrift PÄDAGOGIK, 7-8,1993, 58 ff

deln zu verbinden (learning by doing)." (WULF 1976, 471) Der Ablauf eines Projekts bezieht sich in seinen Phasen auf Denk- und Problemlösungsstrategien: Zielsetzung, Planung, Ausführung, Beurteilung.

- Schließlich kamen noch hinzu die Intention nach gesellschaftlichem Wandel und Emanzipation.

  Im Rahmen einer sich als 'kritisch' und 'emanzipatorisch', das hieß kapitalismuskritisch verstehenden Erziehungswissenschaft wurde der Projektbegriff in der didaktischen Diskussion ab Ende der 60er Jahre wieder aktuell. Im Rahmen dieser Rezeption wurde der alte Begriff 'Projektmethode' durch 'Projektunterricht' ersetzt, der keine Methode neben anderen sein sollte, sondern ein eigenständiges Schul-Konzept (vgl. KOST 1977, 145), das den ganzen Unterricht bestimmt. Wer meinte, diesen Anspruch nicht voll verwirklichen zu können oder zu wollen, sprach vom 'projektorientierten Unterricht'.

Seine systemkritische Sprengkraft hat der Projektgedanke, wohl auch mit der Aufnahme in viele Rahmenrichtlinien und Bildungspläne, inzwischen verloren. GUDJONS (1992, 64) stellt in den 80er Jahren zwei Tendenzen einer zunehmenden Umsetzung des Projektgedankens in der pädagogischen Praxis fest:

1. „Die Bereitschaft zur Durchführung von **Projektwochen** ist deutlich angestiegen; in vielen Kollegien gehört diese Unterrichtsform bereits zum Schulalltag." Teilweise hat diese 'Modeerscheinung' zu einer Verflachung auch des pädagogischen Handelns der Lehrer geführt, bei der der Spaß eindeutig gegenüber dem Lernen im Vordergrund steht.

2. „Lehrerinnen und Lehrer, die über einige Jahre Erfahrungen mit Projektwochen gemacht haben, fragen zunehmend häufiger nach Anregungen für die Übertragung des Projektlernens in den herkömmlichen **Fachunterricht**."

In neuester Zeit muß sich das Schulsystem noch aus einer anderen Ecke anfragen lassen: Die Wirtschaft verlangt inzwischen Mitarbeiter, die in der Lage sind, komplexe Prozesse in einer Gruppe zielorientiert zu planen, durchzuführen und zu kontrollieren und fordert ein verstärkt fächerverbindendes, projektorientiertes Arbeiten in den Schulen. (Dagegen mutet die heute in den Werkstätten für Behinderte vorherrschende Produktionsform archaisch an.)

Die unterschiedlichen Intentionen[45] der oben aufgeführten Ansätze wurden zusammengefaßt in einer Liste gängiger 'Projektmerkmale', wie sie

---

[45] GUDJONS (1992, 61) reduziert auf „zwei 'Varianten' des Projektverständnisses: eines eher sozialkonservativ-technologisch und eines eher sozialreformerisch-politisch".

heutzutage in der einschlägigen pädagogischen Literatur zu finden ist (vgl. KOCH 1990, 51):

1. Alltags- und Wirklichkeitsbezug
2. Interessenorientierung und Selbstbestimmung
3. Erfahrungs- und Handlungsbezogenes Lernen
4. Fächerübergreifendes Lernen
5. Produktorientierung, Gebrauchswertorientierung
6. Ganzheitlichkeit (Kopf, Herz, Hand und Fuß)
7. Kooperatives, soziales Lernen
8. Veränderte Lehrerrolle, jeder ist Lehrender und Lernender zugleich
9. Transfermöglichkeiten
10. Gesellschaftliche Relevanz

Anhand (der Vollständigkeit) dieser Merkmale soll auch von verwandten Unterrichtsformen wie dem Vorhaben und dem epochalen Unterricht abgegrenzt werden.

3.3.1.1   Projekte im Unterricht

Grundsätzlich unterscheiden wir

1. Unterrichtsprojekte in einer Klasse
2. Unterrichtsprojekte mit mehreren Klassen oder in einer Schulstufe
3. Projekte in einer Projektwoche

Neben der unterschiedlichen zeitlichen Struktur (kompaktes Wochenprojekt gegenüber einem über mehrere Wochen verteilten Projekt) ist der Weg zu den Projekten und die Zusammensetzung unterschiedlich. Projektwochen und Großgruppen- / Stufenprojekte bieten eher die Möglichkeit, **interessen**-homogene Gruppen zusammenzustellen. Die umfangreichste Berücksichtigung der unterschiedlichen Schülerinteressen ist in einer 'Projektwoche' möglich. Sie bietet die Möglichkeit, Projektgruppen aus einer großen Zahl von Schülern zu bilden und hat meistens gegenüber der Alltagssituation bessere Rahmenbedingungen. Je stärker die Einschränkungen desto höhere Anforderungen werden an die Projektteilnehmer gestellt, einen Konsens über Ziele, Inhalte und Verfahrensweisen zu finden. Als einen Sonderfall könnte man die Freie Arbeit ansehen: Hier verfolgt jeder Schüler sein eigenes, individuelles Projekt.

3.3.1.2   Der Handlungskomplex 'Projekt'

Ein (Wochen-)Projekt als Tätigkeit bzw. Handlungskomplex verläuft in unterschiedlichen Phasen:

1. Handlungsorientierung: Aus Ideen werden Projekte
   Ideen werden gesammelt, sortiert und dokumentiert.
   Projekte werden angedacht, Projektskizzen entworfen.
   Absichten werden geweckt, erste Entscheidungen werden getroffen: Die Schüler ordnen sich Projekten zu. Sie haben unterschiedliche Interessenschwerpunkte innerhalb des Projektthemas.
   Diese wichtige Phase verläuft zum großen Teil, *bevor* das eigentliche Projekt startet!

2. Handlungsplanung: Aus Interessen werden Ziele
   Es werden Pläne geschmiedet. Die Gruppe verständigt sich über Inhalte, Ziele, Arbeits- und Sozialformen.
   Der Lehrers plant, begleitet und unterstützt diesen Prozeß.
   Die Schüler planen ihre jeweiligen Tätigkeiten zu Beginn jeder Einheit.

3. Handlungsausführung
   Die Pläne werden in die Tat umgesetzt.

4. Handlungskontrolle
   Pläne sind auch dazu da, daß man sie im Verlauf modifiziert.
   Ergebnisse müssen sich in der Wirklichkeit beweisen.

Diese Phasen bilden die Grundstruktur im Gesamtverlauf eines Projekts und im Verlauf der einzelnen Projekt-Einheit. Die Gewichtung der einzelnen Abschnitte kann unterschiedlich sein, je nach Teilnehmern und je nach dem Stand des Projekts. Da gerade die Planung erfahrungsgemäß schwierig ist und Zeit braucht, hat das Auswirkungen auf den jeweils notwendigen zeitlichen Rahmen: Projekte am Stück sollten mindestens vier Tage dauern. Projekte, die eingebettet in den 'normalen' Schulablauf, über längere Zeit verteilt stattfinden, sollten für die einzelne Einheit mindestens zwei Schulstunden zur Verfügung haben.

3.3.2 Das ist uns wichtig – Anwendung, Einordnung und Bewertung

Projekte im Unterricht wollen nicht die Welt schlechthin, aber doch einen Ausschnitt des Lebens verändern. Das Gelernte soll eine reale Bedeutung, einen Gebrauchswert haben. Über diesen pragmatischen Aspekt hinausgehend, stellen Projekte hohe Anforderungen an die Handlungsfähigkeit der Teilnehmer. Das Handeln selbst wird im Projekt zum Lerninhalt.

3.3.2.1 Projektkriterien – woran erkennt man ein Projekt?

Im Laufe ihrer Entwicklung ist die Projektmethode mit allem 'beladen' worden, was pädagogisch wünschenswert erschien, vom Praxisbezug über die Selbststeuerung bis hin zur Ganzheitlichkeit. Die oben genannten Projektmerkmale fassen die unterschiedlichen, im Laufe der Zeit sich wandelnden, Ansprüche zusammen. Sie erhalten dadurch den Charakter einer Sammelliste von Merkmalen für den vermeintlich idealen Unterricht. Über eine Gewichtung oder die Frage, wann ein 'Projekt' ein 'richtiges Projekt' ist, geben sie keine Auskunft.

Wir sind der Meinung, daß **Kriterien** (nicht Merkmale) notwendig sind

1. um mit der Notwendigkeit umgehen zu können, unter den je konkreten Bedingungen und bei den je konkreten Schülern von der Idealform Abstriche machen zu müssen.

2. um unter Bezug auf das zentrale Lernziel Handlungsfähigkeit konkrete Ziele für Schüler und Lehrer ableiten zu können,

3. um das Essentielle / den Kern des konkreten Projekts zu erkennen,

4. um von 'Scheinprojekten' abgrenzen zu können.

Durch eine Gewichtung und Gruppierung der 'Projektmerkmale' ist eine Zusammenstellung von Projektkriterien entstanden, die es uns als Lehrern ermöglicht, mit dem manchmal diffus erscheinenden Begriff Projekt zielgerichtet und planvoll umzugehen:

Projektkriterien – die Meßlatte an ein Projekt

1. Interessenorientierung

orientiert an den Interessen und Bedürfnissen der Schüler (dadurch wird auch der Lehrer zum Lernenden)

2. Handelndes Lernen

2.1. Selbstorganisation (v.a. Planung und Kontrolle) des Lernprozesses

2.2. Selbsttätiges, forschendes, spielerisches, ... Lernen

2.3. ganzheitlich und mit allen Sinnen lernen (lernbereichs- und fächerübergreifend)

2.4. kooperativ und sozial, miteinander und voneinander lernen

---

---

3. Alltags- und Wirklichkeitsbezug, Ergebnisse haben einen Gebrauchswert für die Schüler
(nicht nur für die Schulwirklichkeit, sondern auch Öffnung nach außen)

3.1 eine problemhaltige[46] Sachlage, Situation, in der / an der gelernt werden kann

3.2 durch die Problemhaltigkeit eigentlich automatisch gesellschaftlich relevant, d.h. von **praktischer Bedeutung.**[47]

3.3 Ergebnisse beeinflussen jetzige / künftige Wirklichkeit und bewähren sich in ihr (Transfer). Materielle Ergebnisse werden verwendet i.w.S. und landen nicht nur im Regal oder auf der abschließenden Dokumentationsausstellung.

Um überhaupt von einem 'Projekt' sprechen zu können, müssen neben dem Punkt 2.1 alle drei Bereiche mindestens einmal berücksichtigt sein. Welche Unterpunkte man unter den jeweiligen Bedingungen für die wichtigsten hält, erfordert eine fundierte, persönliche Setzung. Für **uns** und unsere Schüler sah die Reihenfolge der entscheidenden Punkte so aus: 1., 2.1, 2.3, 3.1 .

Ausgehend von den Projektkriterien können wir jetzt eine Definition liefern:

Ein Unterrichtsprojekt ist ein auf die Lebenswirklichkeit der Teilnehmer bezogenes und durch ihre Interessen / Bedürfnisse bestimmtes, gemeinsames Vorhaben, bei dem sie lernen, Planung, Realisierung und Kontrolle zunehmend in eigene Verantwortung zu übernehmen.

Neben der Selbstorganisation des Lernprozesses werden bei der didaktischen Umsetzung alle drei Bereiche der Projekt-Kriterien beachtet. **Nicht die Teilnehmer, die Handlungsfähigkeit erst lernen, sondern das Angebot muß die Kriterien erfüllen!** Der Verzicht auf Planung und Kontrolle des Prozesses durch die Teilnehmer oder die Berücksichtigung von nur zwei der oben genannten Kriterien rechtfertigt 'nur' die Bezeichnung 'pro-

---

[46] Eine „Aufgabe" ist kein „Problem", weil der Lösungsweg im Prinzip bekannt ist. (vgl. MIESSLER / BAUER 1978, 94 ff)

[47] Gegensatz: Seinen Hobbys nachgehen. Durch Öffnung nach außen können 'gesellschaftliche Relevanz' oder auch Zündstoff und entsprechende Lernanlässe geschaffen werden.

jektorientiert'. So ist ein Unterricht, der die (subjektiven) Bedürfnisse[48] und Interessen zum Ausgangspunkt macht, noch kein Projektunterricht. Dies ist eine notwendige, aber keine hinreichende Bedingung. Im Grunde wird jeder schüler- und handlungsorientierte Unterricht Kriterien, die für Projekte gelten in den 'alltäglichen Unterricht' einbeziehen, d.h. projektorientiert arbeiten.

Die Gewichtung der drei Kriterien-Bereiche innerhalb eines Projekts, sowie die Auswahl von Unterpunkten ist immer von der Lernausgangslage (von Schülern und Lehrern) hinsichtlich der Handlungsfähigkeit abhängig. Handlungsfähigkeit wird in einem Prozeß erworben und nicht in einem Projekt. So liegt z.B. der **Schwerpunkt** an unserer Schule (überwiegend Schüler mit schweren und mehrfachen Behinderungen) **zur Zeit** meist bei der Interessenorientierung, während an allgemeinen Schulen eher das 2. Kriterium – Handelndes Lernen – im Mittelpunkt steht. Private und öffentliche Gruppierungen haben ihren Projektschwerpunkt häufig im Alltags- und Wirklichkeitsbezug.

In der Realität wird man sich dem 'idealen', vollkommenen Projekt, das alle Kriterien erfüllt, immer nur annähern können. Lehrer und Schüler werden darin sicher immer besser werden. Insofern sind die Projektkriterien Meßlatte und Ziel zugleich.

Das Projekt ist eine Unterrichtsform, die in sehr hohem Maß die Handlungsfähigkeit des Schülers (und Lehrers) fordert, aber auch fördert. Von der Lernausgangslage der Schüler her betrachtet, bieten die Projektkriterien Anhaltspunkte für Ziele, die mit dieser Unterrichtsform angestrebt werden sollen. Niemand verlangt, daß sie vollständig und auf allen Stufen erreicht werden müssen. Menschen, die alle Anforderungen an Handlungsfähigkeit, die ein Projekt stellt, erfüllen, brauchen eigentlich nicht mehr zur Schule zu gehen (es sei denn sie müssen es, weil sie Lehrer sind). Sie können, wenn sie wollen, ihr Wissen auch an anderen Orten mehren.

Ein Beispiel aus dem Projekt „Pack die Badehose ein" – Lernmöglichkeiten für Schüler und Lehrer:

1. *Interessenorientierung:*
   Projekt für mobile Schüler, die gern im Wasser sind. (Kriterium 1.)
   Ein Erlebnisbad mit allen seinen Möglichkeiten erkunden und dabei neue Interessen entdecken.

---

[48] MEYER (1981, 205) unterscheidet zwischen subjektiven und objektiven Interessen und Bedürfnissen der Schüler. Beide müssen nicht übereinstimmen, widersprechen sich in vielen Fällen. **Beide** sollen bei schülerorientiertem Unterricht Beachtung finden.

2. *Handelndes Lernen:*
   Aus verschiedenen Angeboten des Erlebnisbades auswählen können.
   (Kriterium 2.1)
   Selbsteinschätzung einüben und kontrollieren, z.B. bei der Benutzung
   des Sprungturmes (Kriterium 2.1 und 2.2).
   Sich in einem Erlebnisbad angemessen bewegen und verhalten kön-
   nen: Aus dem Fach Schwimmen wurde Leben (Kriterium 2.3, 2.4 und
   3.1).
3. *Alltags- und Wirklichkeitsbezug:*
   Nach Projektabschluß Aufnahme in die Gruppe der Schwimmer, die
   regelmäßig das städtische Hallenbad besucht (3.3.).

Immer wieder werden Aktivitäten als Projekte bezeichnet, die sich bei näherem Hinsehen jedoch als 'Schein-Projekte' (vgl. KOCH 1990, 6) entpuppen:

* Kurs- und lehrgangsartige Angebote
  mit klar umrissenen Arbeitsschritten, deren Abfolge zu einem schon vorher klar beschreibbaren Ziel führt.

* Laissez-faire-Projekte
  mit Minimalzeiten, ohne Planung und Absprachen, ohne Hilfen für die Schüler, die sich dadurch von der Dominanz des Lehrers letztlich nicht lösen können.

* Freizeit- und Konsumprojekte
  oft getarnt mit wohlklingenden Titeln stabilisieren sie die Konsumhaltung der Schüler (und Lehrer?) und öffnen ihr den schulischen Raum. Die Schüler machen das, was sie ohnehin schon in ihrer Freizeit tun. Im 'schlimmsten Fall' werden problemvermeidende, stereotype Verhaltensweisen zum Projektinhalt (Videospiele, sich im Bus durch die Lande kutschieren lassen).

* Eliteprojekte
  sind eine 'geschickte' Möglichkeit, den Projektgedanken zu torpedieren: Besondere Vorkenntnisse und Bedingungen als Voraussetzung der Teilnahme; hohe Kosten für die Teilnehmer.

3.3.2.2 Projektunterricht mit allen?

Die pointierte Antwort auf diese Frage lautet: Nicht die Schüler, sondern die Angebote müssen die Projektkriterien erfüllen. Die Projektkriterien bieten Anhaltspunkte für Lern-Ziele auf allen Ebenen.

Wir gehen davon aus, daß reine Schwerbehinderten-Klassen nur noch in Ausnahmefällen gebildet werden. 'Integration' sollte hier nicht aufhören.

Auch schwer behinderte Schüler sollen selbstverständlich an den Projekten ihrer Klasse und gesamtschulischen Projektwochen teilnehmen:

- Kriterium: Interessenorientierung
  Wir gehen davon aus, das *jeder* Schüler Bedürfnisse hat, die zum Ausgangspunkt unterrichtlichen Handelns gemacht werden können. Die Anforderungen der Projektkriterien machen hier den Lehrer zum Lernenden, der versucht, diesen Bedürfnissen/Interessen immer weiter auf den Grund zu kommen. Den speziellen Bedürfnissen *dieser* Schüler kann im Rahmen einer Projektwoche möglicherweise viel intensiver nachgegangen werden als unter den eingeschränkten Möglichkeiten des Alltags.

- Kriterium: Handelndes Lernen, Selbstorganisation des Lernprozesses
  Die Organisation des Lernprozesses für sich selbst und in der Gruppe wird sicherlich die größte Hürde sein. Dies ist nicht das Problem des Schülers, sondern ein *didaktisches* Problem.
  Eine Grundlage des Selbstorganisationsprozesses ist die Auswahl aus einer Zahl von Alternativen, sind Entscheidungen. Je enger das Projekt mit den Interessen / Bedürfnissen der Schüler korrespondiert und echte (von ihrer Warte aus gesehen!) Probleme beinhaltet, um so eher werden sie in den Fortgang des Projekts bestimmend eingreifen können. Sich zu entscheiden kann **das** Ziel für den Schüler im Rahmen eines Projekts sein. Diese Entscheidung erkennen zu können, wird in vielen Fällen die Lernaufgabe für den Lehrer sein!

Beispiel: Abstufungen des Lernziels „Sich entscheiden können" für Andrea S. (Schülerin mit schwerer Mehrfachbehinderung, spricht und sieht nicht):

0. Voraussetzung: Auswahl von immer wiederkehrenden Angeboten, z.B. Wickeln oder Trinken

1. Schritt: Kennenlernen entsprechender Entscheidungsgegenstände durch die Einbeziehung aller Sinne. Beispiel: Windel und Becher

2. Schritt: Verbindung von Entscheidungsgegenstand und Situation, z.B. die Erfahrung machen, daß nach dem Fühlen der Windel die Wickelsituation folgt.

3. Schritt: Entscheidungen treffen, die Erfahrung machen, daß die Situation folgt, deren Entscheidungsgegenstand Andrea durch Kopfdrehen mit der Wange berührt hat.
Dieser Schritt brauchte eine längere Zeit und Geduld (von Schülerin und Lehrerin).

4. Schritt: Die Entscheidungsgegenstände durch handlichere Tafeln im DIN A 5 -Format ersetzen, auf denen nur ein typischer Ausschnitt des Realgegenstandes geklebt ist.

5. Schritt: Weitere Situationen einführen, z.B. verschiedene Lagerungen, Lieblingsspielzeuge...

Die Selbstorganisation des Lernprozesses stellt hohe Anforderungen an die Differenzierung im Unterricht: So könnten beispielsweise in einem Projekt drei Schüler als Kleingruppe ihren Lernweg selbst planen, zwei Schüler planen ihren individuellen Lernweg mit Hilfestellung und ein Schüler lernt, sich zwischen vorgegebenen Alternativen zu entscheiden. Hier ist es für den Lehrer wichtig, die innere Sicherheit zu haben, daß das, was er mit seinen Schülern macht, ein Projekt ist (auch wenn der Kollege eher von Chaos spricht), bei dem sich alle Beteiligten auf **einem** Weg befinden, auch wenn jeder unterschiedlich weit ist.

- Kriterium: Alltags- und Wirklichkeitsbezug, Ergebnisse haben Gebrauchswert
  Problemhaltige Situationen kennen gerade diese Schüler durch ihre Behinderung genügend. Ergebnisse von Projekten müssen nicht immer ausstellbar sein, sie sollen ganz pragmatisch die 'Welt' (für einen kurzen Zeitraum oder generalisiert) 'besser' machen, als sie es vorher war. Die Fixierung auf die Herstellung von Dingen bedeutet eine unzulässige Einengung.

Auf dem Weg zum Ziel 'Handlungsfähigkeit' sind Projekte *eine* geeignete Unterrichtsform, die auch schwer behinderten Schülern offen steht. Die Stärken kommen am besten zur Geltung, wenn sie in ein Gesamtkonzept schüler- und handlungsorientierten Unterrichts eingebettet sind und kein einsamer Leuchtturm in einem grauen pädagogischen Alltag.

3.3.2.3 Projektverlauf unter der Lupe

1. Handlungsorientierung: Aus Ideen werden Projekte
   Ideen werden gesammelt, sortiert und dokumentiert.
   Projekte werden angedacht, Projektskizzen entworfen.
   Absichten werden geweckt, erste Entscheidungen werden getroffen: Die Schüler ordnen sich Projekten zu. Sie haben unterschiedliche Interessenschwerpunkte innerhalb des Projektthemas.

Irgend jemand muß anfangen. Das sind in der Regel die Lehrer. Ihnen spukt der Projektgedanke im Kopf herum oder schwebt ein konkretes Projekt vor. Auch die Schüler, die die Gelegenheit erhalten und darin unterstützt werden, ihre Interessen / Bedürfnisse zu äußern, können den Anfang machen.

- Ideen werden gesammelt, sortiert und dokumentiert
  Hier sind Schüler und Lehrer gefordert. Subjektive Schülerinteressen sollen jetzt mehr in den Mittelpunkt rücken. Das, was *man* lernen sollte, bestimmt ohnehin große Teile des Unterrichts. Interessen und Bedürfnisse der Schüler gehen in vielen Fällen über das in der Schule Übliche hinaus.

  Der Lehrer unterstützt diesen kreativen Prozeß. (Die Frage „Was möchtest Du am liebsten tun?" rangiert dabei am unteren Ende der Möglichkeiten) Für Schüler, die sich nicht (verbal) äußern können oder aufgegeben haben, eigene Interessen zu verfolgen (warum?), kann der Lehrer vermutete Interessen und Bedürfnisse herausfinden: Eltern haben in der Regel viele Informationen, was ihr Kind schon einmal gerne gemacht hat. Interessen / Bedürfnisse sind oft viel 'einfacher' als das, was im Unterricht abläuft und machen sich z.T. als Störungen bemerkbar. Viele Dinge schwebten auch dem Lehrer schon einmal vor, ließen sich jedoch unter den alltäglichen Bedingungen nicht verwirklichen. Sind sie wirklich unmöglich?

  'Interessen' sind oft sehr vage, konkretisiert werden sie erst später durch 'Handlungsziele' im Projekt. Aufgabe des Lehrers ist die Moderation dieses Prozesses und die Gruppierung der Ideen zu Themenfeldern.

  Ideen werden bekannt gemacht, Schüler und Lehrer machen sich mit Ideen bekannt. Je besser die Darstellung vorhandener Ideen gelingt, um so mehr Anregungen bieten sie für Schüler, die Schwierigkeiten haben, eigene Interessen zu finden oder zu artikulieren. Ein Fahrrad oder ein Mauerstein sind besser als eine Bildkarte!

  Nimmt man diese Phase ernst, ist es nicht mit einer Besprechung im Anschluß an den Morgenkreis getan. Immer wieder Ideen finden und präsentieren ist ein Lern-Prozeß, der sich über einen längeren Zeitraum erstrecken sollte und der den anderen Unterricht begleitet. Kaum jemand kann 'auf Befehl' kreativ sein!

  Am Ende steht eine, nach Themenfeldern geordnete Übersicht aller Ideen, möglichst für alle zugänglich.

- Projekte werden angedacht, Projektskizzen entworfen
  Aus den unterschiedlichen Themenfeldern ergeben sich als Grundlage

für eine Entscheidung (von Schülern und Lehrern) vorläufige Projekt-
beschreibungen, sogenannte Projektskizzen. Sie können unter folgenden Aspekten formuliert werden:

– Welche inhaltlichen Möglichkeiten und Facetten bietet das Thema
  a) für 'schwer behinderte' Schüler?
  b) für leichter behinderte Schüler?

– Welche 'problemhaltigen Situationen' sind denkbar?

– Welche Interessen und Bedürfnisse der Schüler könnten im Rahmen dieses Themas verwirklicht werden?

– Wie weit und auf welche Weise können Schüler in die Planung mit
  einbezogen werden?

– Mögliche Lernorte?

– Welche Handlungs- und Lernformen sind denkbar?

– Was könnten Ergebnisse dieses Projekts sein?

• Entscheidungen werden getroffen
  Die Klasse entscheidet sich für ein Projekt.
  Die Schüler entscheiden sich für ein Projekt. Ist dies noch nicht möglich
  oder ist die Entscheidung nicht erkennbar, trifft der Lehrer diese Entscheidung entsprechend der erforschten und vermuteten Interessen
  und Bedürfnisse des Schülers. Das Projekt muß den Projektkriterien
  genügen, nicht der Schüler! Der soll ja erst lernen, Interessen zu haben
  und zu artikulieren.

  Beispiel für Abstufungen: Sich vor der Projektwoche für ein Projekt
  entscheiden können.

  a. *Die Klasse be'spricht' das Gesamtangebot. Jeder Schüler trifft seine
     Entscheidung.*

  b. *Der Lehrer stellt ausgewählte Angebote vor. Die Schüler entschei-
     den sich mit individueller Hilfestellung.*

  c. *Inhalte werden (für die Entscheidung, nicht im Projekt!) auf Bekann-
     tes reduziert (z.B. Drehen und Schaukeln = Sport). Der Schüler
     entscheidet mit individueller Hilfestellung.*

  d. *Der Lehrer entscheidet nach den vermuteten Interessen und Bedürf-
     nissen im Sinne des schwer behinderten Schülers.*

Die Schüler suchen sich innerhalb des Projektthemas ihre Interessenschwerpunkte und Arbeitsfelder. Dies geschieht unter Umständen täglich, wenn es die Lernausgangslage des Schülers erfordert.

---

2. Handlungsplanung: Aus Interessen werden Ziele
   Es werden Pläne geschmiedet. Die Gruppe verständigt sich über Inhalte, Ziele, Arbeitsformen und -gruppen[49]

   Der Lehrers plant, begleitet und unterstützt diesen Prozeß[50].
   Die Schülern planen ihre jeweiligen Tätigkeiten zu Beginn jeder Einheit.

Die Selbstorganisation des Lernprozesses als konstituierendes Merkmal eines Projekts stellt höchste Anforderungen an Schüler und Lehrer. Die Planung und Durchführung dieser Phase ist die Hauptaufgabe des Lehrers im Projekt!

Ähnlich der Präsentation der Ideen, kommt der Darstellung und Be-greifbarmachunug der Planungen eine große Bedeutung zu. Nur so stehen die Pläne für die begleitende und abschließende Handlungskontrolle zur Verfügung.

---

3. Handlungsausführung
   Die Pläne werden in die Tat umgesetzt.

Die verschiedenen Aktionsformen des Lehrens und Lernens kommen zum Tragen, in den unterschiedlichsten Sozialformen, an den unterschiedlichsten Lernorten.

---

4. Handlungskontrolle

   Pläne sind auch dazu da, daß man sie im Verlauf modifiziert.
   Ergebnisse müssen sich in der Wirklichkeit beweisen.

Der Lernprozeß, einen Plan auch einmal über Bord zu werfen, und nicht stur an untauglichen Lösungswegen festzuhalten, kann wichtiger sein als die Fixierung auf das vorzeigbare Endprodukt. Problemlösungen an der Wirklichkeit (auch weitere Unterrichts- und Wohnwirklichkeit) zu überprü-

---

[49] Ein Beispiel in GUDJONS 1992, 84f

[50] Um diese Hilfen und den Prozeß zu planen, hilft das Modell vom Lehrerstrang und Schülerstrang, beschrieben in Kapitel 3.1: Handlungs- und Schülerorientierter Unterricht. Oder nachzulesen bei: MEYER (1981, 229) und GUDJONS (1992, 125).

fen ist besser als die sogenannte 'Dokumentation'. Schüler und Lehrer bewerten unter diesem Gesichtspunkt das Projekt und ihre Arbeit.

3.3.2.4 Projektwoche an der Schule für Geistigbehinderte

Schüler und Lehrer erhalten während einer Projektwoche (PROWO) für eine bestimmte Zeit die Möglichkeit, ihren Lernprozeß inhaltlich, methodisch-didaktisch, zeitlich und räumlich weitgehend selbst zu bestimmen. Dazu wird die übliche Organisationsstruktur (Klasseneinteilung, Lernort, Stundentafel, Lehrpersonal, Bildungsplan, ...) außer Kraft gesetzt. Die Schüler lernen in frei gewählten Gruppen, die alters- und leistungs-heterogen, aber weitgehend interessen-homogen sind. In der Regel wird es den Schulen gelingen, die äußeren Rahmenbedingungen (Personal, Ausstattung, Finanzen) für diese Woche über das normale Maß hinaus zu verbessern. Damit kann auch aufgezeigt werden, was eigentlich häufiger notwendig wäre.

Bei der Planung sollte man einige Dinge beachten:

*   Der Zeitpunkt sollte mit Bedacht gewählt werden: Ausreichend Zeit zur Vorbereitung (mind. 6 Monate vom ersten Terminplan bis zum Beginn der PROWO); Entzerrung von schulischen Streßsituationen (Zeugnisse, Praktika); Transfer- und Integrationsmöglichkeiten in den schulischen Alltag: Nach den Sommerferien besteht in der Regel wenig Interesse, sich noch einmal mit einer vorher 'gelaufenen' PROWO auseinanderzusetzen.

*   Die Zeitdauer sollte mindestens eine Woche betragen. Bei Mini-Projekten ('Projekttage') besteht die 'Gefahr' von lehrerfixierten Kursen (zu kurze Zeit für Handlungsplanung) oder von freizeitorientierten Exkursionen. Die Einbeziehung eines Wochenendes kann sinnvoll sein, ermöglicht oft erst eine Mitarbeit von Eltern.

*   Arbeitszeit: Jeder Lehrer hat die seinem Deputat entsprechende Arbeitszeit, Mehrarbeit ist freiwillig; in der PROWO sollten keine Überstunden anfallen, die im Alltag wieder abgebaut werden müssen. Den meisten Schulen wird es möglich sein, für so eine außergewöhnliche Sache zusätzliche Hilfskräfte und Eltern zu mobilisieren.

Eine PROWO ist (k)ein Traum für eine Woche. Die Erfahrungen haben gezeigt

*   Neue Inhalte geraten in den Horizont der Lehrer.

*   Man traut sich danach vermehrt an projektorientierten Unterricht. Es entwickeln sich Kompetenzen für schüler- und handlungsorientierten Unterricht.

- Lehrer lernen neue Schüler kennen, ein reger Austausch entsteht.
- Lehrer lernen Schüler anders und besser kennen.
- Viele Gäste lernen die Schule kennen.

3.3.2.5 Stärken und Grenzen des Projektunterrichts

Unterrichtsprojekte legen den Schwerpunkt auf die Entwicklung von interessengeleiteter Handlungsfähigkeit ('Selbstverwirklichung').

Projekte, Projektwochen und projektorientierter Unterricht sind geeignete Unterrichtsformen, wenn der Lehrer folgende Intentionen hat:

- Interessen und Bedürfnisse der Schüler zum Ausgangspunkt der Überlegungen machen, bzw. finden (Handlungsorientierung);
- Handlungsfähigkeit, vor allen im Bereich Handlungsplanung und Handlungskontrolle;
- differenziertes Lernen;
- die Rolle des alles allein Vorausplanenden und Bewertenden verlassen, Verantwortung für das Lernen zunehmend in die Hand der Schüler legen.

Wenn man 'Projektunterricht' macht, sollte man es richtig machen, um die Stärken der Projektmethode auszunutzen. Aber der Projektunterricht ist nicht allein seelig machend und hat Grenzen. (vgl. GUDJONS 1992, 77ff) Schule ist per se auch dazu da (ob sie will oder nicht), Wissensgebiete unter didaktischen Gesichtspunkten zu erschließen und Fertigkeiten zu vermitteln. Der Lehrgang, die systematische Unterrichtseinheit und das Fertigkeitstraining sind nicht 'schlechter'. Optimal die jeweiligen Stärken ausnutzen würde eine Verklammerung von Projekt und Lehrgang usw., kein 'Entweder – Oder'. Es kann schon im Rahmen der Freien Arbeit und der Wochenplanarbeit zu kleinen, individuellen 'Projekten' kommen, die ein Schüler oder eine Gruppe von Schülern verfolgen. Lücken im Fertigkeitsniveau, die im Rahmen eines Projekts auftreten, können Anlaß und Motivation für einen Lehrgang sein.

3.3.3 Leseempfehlungen

KOCH, J.: Projektwoche konkreter, Lichtenau 1990 (5. Aufl.).

Ratschläge und Rezepte für die Pojektwoche (PROWO), Kopiervorlagen, mit Checkliste und vielen Details, zur praktischen Vorbereitung einer PROWO völlig ausreichend.

114

GUDJONS, H.: Handlungsorientiert lehren und lernen, Bad Heilbrunn 1992 (3. Aufl.), S. 61-90.

Gute und neue Darstellung von Projektunterricht als Konzept handlungsorientierten Unterrichts.

KLIPPERT, H.: Projektwochen, Weinheim 1985.
Ratschläge und Rezepte für die PROWO.

4. Förderansätze zur Entwicklung der Handlungsfähigkeit

Förderansätze im schulischen Bereich sind dort entstanden, wo die herkömmlichen Unterrichtsmethoden nicht zum Erfolg führen, wo Schüler Lernprobleme haben oder Probleme machen und wo Lehrer nicht mehr weiter wissen. Förderansätze zum Lernen sind deshalb verstärkt an Sonderschulen zu finden, die kaum Möglichkeit zum weiteren 'Abschieben' haben.

Lehrer an der Schule für Geistigbehinderte stoßen in der Arbeit mit ihren Schülern (immer) öfter an Grenzen: Verhaltensauffälligkeiten, schwerste Mehrfachbehinderungen usw. stellen sie vor große Probleme. Je gravierender die Lernbeeinträchtigung, die Behinderung, desto intensiver stellen sich grundlegende Fragen: 'Wie geschieht Lernen?' – 'Wie funktioniert menschliche Entwicklung überhaupt?' Dazu entwickeln Wissenschaftler unterschiedlichster Bereiche immer neue Erkenntnisse, Theorien und Hypothesen, die in neue Handlungs*versuche* (= Therapiekonzepte) umgesetzt werden[51]. Mit diesem Verständnis von Therapie kommt man als Lehrer nicht so schnell in Gefahr, wissenschaftsgläubig in die Therapie-'kiste' zu greifen wie nach einem Rettungsanker. Pädagogische Ziele und Menschenbild sind Kriterien, denen eine neue Therapie im Hinblick auf pädagogische Arbeit standhalten muß.

Förderansätze leiten ihre theoretischen Grundannahmen, und auch Techniken und Methoden, in der Regel aus dem therapeutischen Bereich ab. Nur wenn sie vom Lehrer als Förder*ansätze* (und nicht als fertige Rezepte) begriffen werden, besteht die Möglichkeit, die für die jeweilige Förderung sinnvollen Fragmente herauszulösen, sie mit Unterrichtsformen zu verbinden und in ein Unterrichtskonzept zu integrieren.

Im folgenden stellen wir Förderansätze vor, die an den Punkten ansetzen, an denen wir nicht mehr weiter wußten:

Es geht dabei um Schüler mit schweren Mehrfachbehinderungen und/oder mit massiven Verhaltensauffälligkeiten,

- bei denen sich der Lehrer zunächst fragt, ob bei der Schwere der Behinderung 'Handlungsfähigkeit' überhaupt ein Ziel sein kann;

---

[51] Ein Beispiel ist die Entwicklung in der Therapie autistischer Kinder: Von rein verhaltenstherapeutischen Vorgehensweisen über Festhalte-Therapie, körperorientierte Verfahren bis hin zu integrativen Therapiekonzepten.

117

- die scheinbar über keine Handlungspläne verfügen, um mit Dingen und Situationen umzugehen;

- bei denen der Lehrer kaum Ansätze von Handlungsorientierung, -kontrolle, -planung, und -ausführung erkennen kann;

- die noch keine „Freude am Effekt" zeigen oder auf dieser Stufe stehenbleiben.[52]

- bei denen Passivität, Verhaltensauffälligkeiten oder eine 'bizarre' Handlungsorientierung im Vordergrund stehen, so daß der Lehrer nicht an sie 'rankommt' und trotz aller Bemühungen kein Lernzuwachs zu erkennen ist.

Wir gehen davon aus, daß alle Menschen auf die gleichen Ziele hin angelegt sind. So gibt es für die Personengruppe der schwer behinderten Schüler auch kein anderes Ziel als das größtmöglicher Handlungsfähigkeit. Wie in Kapitel 2 beschrieben, entwickelt sich diese erst durch die Freigabe von Strukturelementen der Handlungen an den Schüler. Die folgende Abb. 33 zeigt den Ausgangspunkt des Lehr-Lern-Prozesses in Förderansätzen: Die Überschneidungen im gemeinsamen Handeln von Schüler und Lehrer sind bei einem Schüler mit schwerer Behinderung zunächst sehr groß, da die Entwicklung der Handlungsfähigkeit stark beeinträchtigt ist.

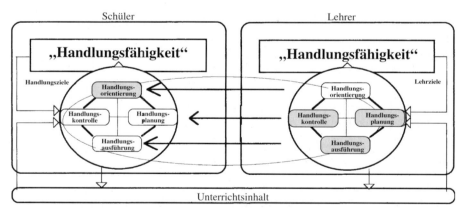

Abbildung 33

[52] Stufe der „sekundären Zirkulärreaktionen" (I/3) bei PIAGET. Siehe Kapitel 1.2.

118

Der Weg zum Ziel der 'Handlungsfähigkeit' beginnt bei schwer geistig behinderten und / oder mehrfach behinderten Schülern mit der schrittweisen Freigabe des Strukturelements 'Handlungsorientierung' durch den Lehrer. Ziel ist die Entwicklung einer 'elementaren Handlungsorientierung':

- Handlungsorientierung heißt: Der Schüler kennt Dinge und Situationen, die für ihn wichtig und bedeutsam sind. Darüber hinaus sind Ansätze einer beginnenden Handlungskontrolle in Form von emotionaler Bewertung erkennbar.

- Elementar bedeutet in diesem Zusammenhang: Handlungsorientierung (und beginnende Handlungskontrolle) ist von einem Partner abhängig, nur in dieser Beziehung realisierbar und nur in wenigen Situationen erkennbar und beschreibbar.

Ein wichtiger Ausgangspunkt ist die Frage, ob sich der Schüler aktiv mit seiner Umgebung auseinandersetzt. Auch wenn dies nur in wenigen Situationen zu beobachten ist, haben wir einen Anknüpfungspunkt. Hat der Schüler diese Auseinandersetzung mit der Umwelt im Laufe seiner Biographie aufgegeben oder ist sie nicht zu beobachten, geht es darum, eine elementare Handlungsorientierung erst aufzubauen und/oder wieder zu wecken. Es stellt sich die Frage, was den Schüler an einer aktiven Zuwendung zur Umwelt hindert und welche der folgenden Bausteine vermutlich fehlen oder weiter entwickelt werden müssen:[53]

Übersicht: Bausteine der Handlungsorientierung

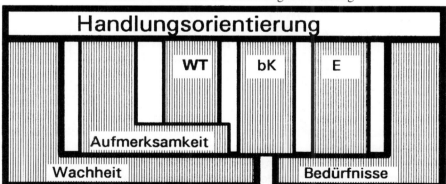

Abbildung 34

---

[53] Die einzelnen Bausteine sind ausführlich beschrieben in: 'Handlungsorientierung unter der Lupe', Kapitel 1.1.2. Da das Wissen um die Inhalte dieser Bausteine Grundlage für die nächsten Kapitel ist, empfehlen wir, eventuell noch einmal zurückzublättern.

- Wachheit
- Aufmerksamkeit
- Wahrnehmungstätigkeit (WT)
- Bedürfnisse, individuelle Vorlieben (oder Abneigungen)
- Emotionen (E)
- basale Kommunikation als Interaktionsmöglichkeit (bK)

Wichtige Prinzipien zur Auswahl von Förderansätzen

Für die Auswahl der Förderansätze unter dem Aspekt der Handlungsfähigkeit sind uns folgende Punkte wichtig:

- Die Förderansätze entfalten Handlungsorientierung und sind auf eine baldige Freigabe anderer Strukturelemente der Handlungsfähigkeit hin angelegt (vgl. Abb. 33).
Entsprechend der kognitiven Entwicklung nach PIAGET, formiert sich der Rückkoppelungsprozeß Handlungskontrolle – Handlungsorientierung in der Phase der sekundären Zirkulärreaktionen (vgl. Abb. 35). Alle vorgestellten Förderansätze streben dieses Ziel an, lediglich die Ansätze AIT und SI gehen darüber hinaus.

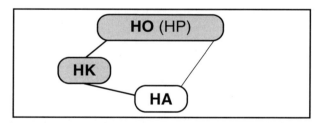

Abbildung 35

- Lernprozesse werden entwicklungsgemäß fast ausschließlich in zwei Bereichen initiiert:
Wahrnehmung: In der frühkindlichen Entwicklung ist die Wahrnehmungstätigkeit innerhalb der ersten Lebensmonate die wichtigste, überwiegende Tätigkeit des Kindes.[54]

Kommunikation: Auf einer frühen Entwicklungsstufe ist Lernen nur durch die körperliche Nähe und Begleitung einer Bezugsperson mög-

---

[54] LEONTJEW spricht von der „dominierenden Tätigkeit" (vgl.: LEONTJEW 1980, 405ff).

lich. Lernen geschieht in der Interaktion mit dieser Person als Aktion und Reaktion; d.h. Kommunikation gehört in basaler, vorsprachlicher Form zum Lernprozeß. Zwischen Lernzuwachs und Kommunikationszuwachs besteht eine wechselseitige Verbindung, eins ist ohne das andere nicht denkbar.

- Lernen geschieht in einem dynamischen Gleichgewicht der Interaktion zwischen Schüler und Lehrer. Der Lernprozeß folgt dem Prinzip der 'Erweiterung einer gemeinsamen Lernplattform' von Schüler und Lehrer.[55]

- Ein Förderansatz muß sich in das schulische Gesamtkonzept einfügen lassen, d.h. er muß dem zugrundeliegenden Menschenbild entsprechen.

- Ein Förderansatz muß im schulischen Rahmen organisatorisch sinnvoll und machbar sein.

Einige der nachstehenden Förderansätze setzen auch Prinzipien aus der Verhaltenstherapie ein. Grundsätzlich halten wir rein verhaltenstherapeutische Ansätze mit dem Ziel Handlungsfähigkeit für unvereinbar, weil dort die Handlungsausführung im Mittelpunkt steht und somit wesentliche Handlungsanteile (Handlungsplanung, -kontrolle) vom Therapeuten/Lehrer übernommen werden. Da die Verhaltenstherapie jedoch allgemeine Prinzipien menschlichen Lernens benutzt, kann der Einsatz einzelner Elemente im Hinblick auf die spezielle Situation des Schülers sinnvoll und wichtig sein, dann aber reflektiert. Deshalb sollte jeder Lehrer wichtige Grundsätze der Verhaltenssteuerung kennen.[56]

Besonders wichtig:

- Interventionen können 'unerwünschte Handlungen' zusätzlich verstärken, weil mir der *Sinn* für den Schüler nicht klar ist. Bsp.: Ist die Ursache für autoaggressives Verhalten der Wunsch nach Zuwendung, wird mit jeder Intervention der Wunsch nach Zuwendung erfüllt und damit das autoaggressive Verhalten verstärkt.

- Welche Verstärker gibt es für Schüler, denen ein Lob nichts bedeutet? Viele Schüler können nicht glauben, daß positive Zuwendung echt sein könnte. Trotz aller positiven Verstärkung und liebevollen Zuwendung durch den Lehrer fordern sie negative Zuwendung, die sie aus ihrer

---

[55] Die Beschreibung der Schüler-/Lehrer-Lernplattform befindet sich im Kapitel: 'Körperzentrierte Interaktion' (4.5)

[56] nachzulesen z.B. in: LEFRANCOIS, G.: Psychologie des Lernens, Berlin, Heidelberg, New York, Tokyo 1986 (2. Aufl.).

persönlichen Geschichte gut kennen, immer wieder ein. Wichtig ist, darauf zu achten, daß diese Schüler in einem geplanten Prozeß langsam ein neues Zuwendungsmuster lernen. ELBING spricht in diesem Zusammenhang von „Zuwendungsökonomie".[57]

- Auf 'unerwünschte' Verhaltensweisen verhaltenstherapeutisch entsprechend zu reagieren, ist noch keine Kunst. Hierbei handelt es sich nur um eine Form von Bestrafung / Belohnung. Die pädagogische Kunst fängt erst an, wenn Lehrer und Schüler eine Alternative für dieses Verhalten finden können.

In diesem Kapitel werden Förderansätze und therapeutische Konzepte dargestellt, die den o.g. Ansprüchen genügen. Die beschriebenen Förderansätze wurden von uns ausprobiert und z.T. weiterentwickelt. Alle vorgestellten Ansätze sind geeignet, den Aufbau von Handlungsfähigkeit innerhalb von Unterrichtssituationen gezielt zu fördern.

Die Darstellung der einzelnen Ansätze erfolgt jeweils nach dem selben Schema:

- 'Theoretische Grundlagen': Das Originalkonzept wird in einer Kurzbeschreibung dargestellt, dabei wird auf theoretische Grundlagen hingewiesen, wenn uns dies notwendig erscheint.

- 'Das ist uns wichtig – Anwendung, Einordnung und Bewertung': In einem 2. Abschnitt wird das Konzept im Hinblick auf die Prinzipien zur Auswahl von Förderansätzen (s.o.) und die pädagogische Anwendung diskutiert und Möglichkeiten zur Modifizierung aufgezeigt. Beispiele aus dem Unterricht dienen der Verdeutlichung. Ziel ist es, dem Leser Kenntnisse und Entscheidungshilfen zu geben, wie der Förderansatz auf die eigene Klasse und den einzelnen Schüler übertragen und in das Unterrichtskonzept integriert werden kann.
Die graphisch dargestellte Bewertung des Ansatzes verdeutlicht zum Schluß noch einmal die spezifischen Möglichkeiten, einzelne Bausteine aus der Handlungsorientierung zu fördern.

- Leseempfehlungen sind für diejenigen gedacht, die sich mit dem theoretischen Ansatz intensiver beschäftigen wollen.

Folgende Ansätze werden vorgestellt:

- Aufmerksamkeits-Interaktions-Therapie nach HARTMANN/ROHMANN (AIT)

---

[57] vgl. auch ELBING Ulrich: Nichts passiert aus heiterem Himmel, Dortmund 1996, S. 75ff.

- Basale Stimulation nach FRÖHLICH (BS)

- Sensorische Integrations-Therapie nach AYRES (SI)

- Basale Kommunikation nach MALL (BK)

- Körperzentrierte Interaktion nach ROHMANN/HARTMANN (KI)

> *Zur Verhaltensauffälligkeit gehören immer zwei, und zwar derjenige, der sich*
> *verhält, und derjenige, dem das Verhalten auffällt.* (Helmut HEID)

4.1 Aufmerksamkeits-Interaktions-Therapie (HARTMANN/ROHMANN)

4.1.1 Theoretische Grundlagen

Die Aufmerksamkeits-Interaktions-Therapie (AIT) wurde von HARTMANN/ ROHMANN und Mitarbeitern zunächst für Kinder und Jugendliche mit autistischen Symptomen entwickelt. Die Autoren verstehen sie als „Basistherapie" d.h., Ziel ist „die Änderung einer hypothetischen Basisstörung" (ROHMANN 1988, 151). Diese Therapieform wird mittlerweile auch eingesetzt, um Patienten mit geringen Ausdrucksmöglichkeiten und/oder Stereotypien zu aktivieren und in Kommunikationsprozesse mit dem Therapeuten eintreten zu lassen. Eine gelungene Interaktion wiederum setzt (erfolgreiche) Selbststeuerungsprozesse in Gang (vgl. a.a.O., 152) und trägt damit zu einer verbesserten Handlungsfähigkeit des Patienten bei.

Definition:

„Die Aufmerksamkeits-Interaktions-Therapie (AIT) ist eine Anleitung zur Entwicklung mehrerer „individueller Sprachen" oder Austauschmöglichkeiten für die Interaktionssysteme:

> Therapeut und Kind
> Mutter und Kind
> Familie und Kind
> Institution und Kind

unter Beteiligung des Kindes an der Entwicklung der jeweiligen 'Sprache'." (HARTMANN o.J., 1).

Die **Ziele** der AIT werden von den Autoren für Kind *und* Bezugsperson/ Therapeut aufgestellt. Die nachfolgende Abb. 36 zeigt, wie in einem interaktiven Prozeß beide Partner mit- und voneinander lernen können:

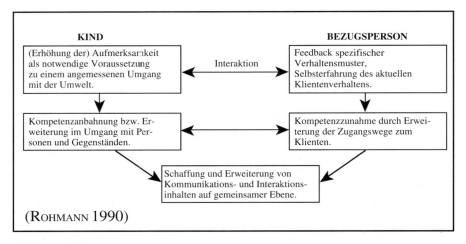

Abbildung 36

Ausgangspunkte der AIT sind:

- Die Autoren gehen von einer „Zwei-Prozeß-Theorie" der Informationsverarbeitung im menschlichen Gehirn aus: Informationsverarbeitung findet in zwei großen Prozessen statt: In einem Prozeß des Wahrneh-
  mens und Aufnehmens neuer Informationen und in einem Prozeß des
  Handelns und Verarbeitens bekannter Informationen.[58] Beide Prozesse
  stehen in einem abgestimmten Wechselspiel. Ist dieses Wechselspiel
  in seinem Gleichgewicht gestört, hat das gravierende Folgen für die
  innere Informationsverarbeitung und das angemessene Reagieren auf
  die (äußere) Umwelt. Die Autoren berichten von z.B. Beobachtungen,
  die darauf hinweisen, daß es bei selbststimulierenden Verhaltensweisen nicht möglich ist, neue Informationen aufzunehmen.

- Bezugspersonen werden von Anfang an einbezogen: Sie lernen, neue
  Zugangswege zum behinderten Kind / Patienten zu entdecken und zu
  entwickeln.

- Die Rolle des Therapeuten: Sie ist beschrieben als Interaktionspartner
  für das Kind, Mittler zwischen Kind und dinglicher Umwelt und als Re-
  gisseur für neue Interaktionsmuster zwischen dem Kind und seinen
  Bezugspersonen (vgl. HARTMANN o.J., 1).

---

[58] Die Autoren sprechen von einem „Wahrnehmungs-Neuheits-Prozeß" und einem „Hand-
lungs-Bekanntheits-Prozeß" (HARTMANN 1988, 130).

124

In der **Durchführung** macht der Therapeut „sein Verhalten von der Aufmerksamkeit des Kindes anhängig, bzw. läßt sich davon leiten" (ROHMANN 1988, 152).

Regeln und Prinzipien für die Durchführung der Therapie:

- Die Sprache des Kindes akzeptieren und verstehen. Die aktuellen Verhaltensweisen des Kindes sind subjektiv sinnvoll.

- An die beobachtbaren Äußerungen und Verhaltensweisen des Kindes anknüpfen und diese für gemeinsames Handeln/Sprechen nutzen.

- Unsere Antworten in den Elementen dieser Sprache mitteilen, indem wir z.B. Handlungen, Lautäußerungen imitieren. Wir begeben uns auf die Interaktionsebene des Kindes, symmetrische Kommunikation kann entstehen. Erst wenn der Kontakt hergestellt worden ist, kann durch gezieltes Variieren eine Erweiterung der Verständigungsmittel angestrebt werden.

- Die Kunst des Nichtstuns und Wartens erlernen, um den Selbststeuerungsprozessen eine Chance zu geben.

- Die momentanen Themen der Schüler, wie z.B. seine 'Stereotypien', aufgreifen. Das sind die entscheidenden Themen für das Kind. Feststellen, welche Tätigkeiten spontan begonnen werden, diese aufgreifen.

- In die Interaktion die dingliche Umwelt einbeziehen und dabei versuchen, die „Sprache der Dinge" mit den Elementen der Sprache des Kindes zu verknüpfen. (vgl.: HARTMANN o.J., 4)

Methoden zur Herstellung von Aufmerksamkeit:

- Direktes Spiegeln von Verhaltensweisen und / oder Sprache
  Mit „Spiegeln" ist die Imitation von Verhaltensweisen gemeint. Alle derzeit sichtbaren Verhaltensweisen, z.B. Bewegungen (auch Stereotypien, aber keine Autoaggressionen), Haltung, Laute....des Kindes werden vom Therapeuten gespiegelt, um die Aufmerksamkeit des Kindes zu erreichen. Der Therapeut erfährt gleichzeitig, welche gespiegelten Verhaltensweisen die Aufmerksamkeit des Kindes erregen und hat so erste Ausgangspunkte für Interaktionen.

- Indirektes Spiegeln von Verhaltensweisen und / oder Sprache
  Manchmal ist die Aufmerksamkeit des Kindes eher zu erreichen, wenn der Therapeut Verhaltensweisen des Kindes in einem anderen Rhyth-

mus spiegelt, die Distanz zum Kind ändert oder durch den Einsatz eines anderen Mediums spiegelt.

Dazu ein Beispiel: *Das Kind sitzt auf dem Boden und schaukelt mit dem Oberkörper rhythmisch hin und her. Die Therapeutin sitzt gegenüber und schaukelt zeitgleich (direktes Spiegeln). Sie schaukelt immer langsamer (indirektes Spiegeln), das Kind paßt sich vielleicht dem neuen Rhythmus an oder hört auf zu schaukeln. Die Therapeutin rutscht nah an das Kind heran, geht weiter weg. Bei welcher Distanz schaut das Kind auf? Die Therapeutin brummt, klatscht, trommelt...im Schaukelrhythmus (indirektes Spiegeln). Vielleicht reagiert das Kind auf einem anderen Sinneskanal?*

• Spiegeln mit Variationen
  Darüber hinaus können bekannte Verhaltensweisen variiert werden, um diese interessant zu machen, z.B.:

  – Übertreibung von Handlungen/Sprache: z.B. Lautstärke beim Klopfen übertreiben

  – Plötzlich aufhören / unterbrechen: Dem Kind die Möglichkeit geben zu zeigen, daß es das Spiel, die Handlung, die Interaktion fortsetzen will.

  – Sich aus der Situation ausklinken: 'Was macht der Therapeut jetzt?'

Methoden zur Herstellung von Motivation:

• Gegenstände, Handlungen interessant und spannend machen, die über das derzeitige Repertoire noch hinausgehen.

• Paradoxe Intervention (widersinnige Aufforderung)

• Etwas (spielerisch) nicht zulassen: z.B. einen Turm bauen und das Umwerfen spielerisch verbieten. Wird er dann doch umgeworfen, gibt es ein großes 'Hallo'.

• Fehler und Hilflosigkeit simulieren: Das kann den 'Fachmann' im Kind auf den Plan rufen, der dem Therapeuten zeigt, wie es geht.

• Einschalten in Handlungsabläufe des Kindes: Übernimmt z.B. der Therapeut spielerisch die Kontrolle über Lieblingsgegenstände oder -orte des Kindes, muß sich das Kind damit auseinandersetzen, wenn es in seiner Tätigkeit fortfahren will.

• Indirekte Angebote: Der Therapeut greift Verhaltensmuster des Kindes auf und „baut diese in überschaubare Interaktionen mit Gegenständen ein. Diese werden dem Kind, ohne es direkt zu beachten, vorgespielt"

(ROHMANN 1988, 153). Indem der Therapeut so Dinge und Aktionen spannend macht, versucht er, die Neugierde des Kindes zu wecken, ohne es dabei direkt anzusprechen.

Die Autoren unterscheiden drei Phasen der Therapie:

- In der ersten Therapiephase stehen Kontaktaufnahme, Ausprobieren unterschiedlicher Interaktionssituationen und Diagnostik im Mittelpunkt.

- Die zweite Phase ist bestimmt durch ein handlungsorientiertes Vorgehen, in dem neue und bekannte Elemente aus dem Leben des Kindes miteinander verknüpft werden, um die Spiel- und Handlungskompetenz zu erweitern.Die Erweiterung von Inhalten/Themen der AIT ist vom Kind abhängig und kann sich auf neue Gegenstände, weitere Personen und andere Kommunikationsformen beziehen. Diese Phase kann, je nach Entwicklungsstufe des Kindes, einen langen Zeitraum beanspruchen.

- In der dritten Therapiephase steht die Sprache als aktive Aktions- und Interaktionssteuerung im Mittelpunkt.

4.1.2 Das ist uns wichtig – Anwendung, Einordnung und Bewertung

Der Beschäftigung mit der Aufmerksamkeits-Interaktions-Therapie verdanken wir wichtige Erkenntnisse, die unseren Unterricht wesentlich beeinflußt haben:

- Sich konsequent auf die Ebene des Schülers zu begeben, bedeutet zunächst, den Schüler mit anderen Augen zu sehen.
  Eine sehr 'individuell ausgeprägte' Handlungsorientierung, die eine Erweiterung der Handlungsfähigkeit blockiert, z.B. Fixierungen auf einzelne Interessen, sog. Stereotypien, die vorherrschende Lust eben nicht aktiv zu werden – wie soll der Lehrer da an die beobachtbaren Äußerungen und Verhaltensweisen des Kindes anknüpfen und diese für gemeinsames Handeln / Sprechen nutzen?
  Schon eine etwas genauere, unvoreingenommenere Beobachtung bringt meist eine Fülle von Aktivitäten des Schülers, die Ausgangspunkt für gemeinsames Handeln sein können.

Beispiel: *Beobachtung von Regines Aktivitäten (Regine gilt als inaktive Schülerin)*

- *im Rollstuhl sitzen und schaukeln*

- *durch das Klassenzimmer kriechen*

- *nach allen eßbaren Dingen in ihrer Reichweite greifen (durch ihr athetotisches Bewegungsmuster verfehlt sie oft das Ziel, vieles wird vom Tisch geschleudert)*

> *– nichts tun, vorher ein kuscheliges Plätzchen aufsuchen (Kissen, Sofa) und drauflegen / klettern*
>
> *– am Daumen lutschen*

- Sich konsequent auf die Ebene des Schülers zu begeben bedeutet, die 'Sprache' des Schülers zu lernen.

  Dieser 'Sprachunterricht' sieht den Lehrer (zunächst) in der Rolle des Lernenden. Indem der Lehrer Verhaltensweisen, Lautäußerungen... des Schülers spiegelt, entwickelt er durch die Selbsterfahrung ein neues Verständnis für das Verhalten des Schülers: Die aktuellen Handlungen des Kindes werden subjektiv sinnvoll, die Sprache des Kindes versteh-bar – und es kann Spaß machen.

- Sich konsequent auf die Ebene des Schülers zu begeben, bedeutet, den Unterricht immer wieder auf den Schüler auszurichten.

  Planung und Durchführung des Unterrichts setzen konsequent bei den beobachteten Verhaltensweisen des Schülers an. Lernen ist nur an den Dingen möglich, die ihm interessant sind, auch wenn uns diese noch so 'unschulisch' erscheinen. Da der Schüler sich mit ihnen beschäftigt, müssen sie für ihn sinnvoll sein. Es liegt am Lehrer zu lernen, warum das so ist. Erst dann kann er, in einem interaktiven Prozeß gemeinsam mit dem Schüler, diese Handlungen variieren und erweitern. So können neue Interessen entstehen. Eine unterrichtliche Planung ist dabei sehr schwierig und erfolgt oft von Tag zu Tag oder sogar von Einheit zu Einheit.

Das folgende Beispiel soll zeigen, wie Schüler Planungen bestimmen und Ausgangsüberlegungen zum Altpapier wandern lassen:

> *Im Rahmen einer Projektwoche an der Martinus Schule wurde für über-wiegend passive Schüler ein Projekt 'Schmierfink' angeboten. Im Mittel-punkt standen Einzel- und Gruppenaktivitäten mit Matsch, Farbe und Wasser. Schwerpunkt für die beteiligten LehrerInnen war darüber hin-aus die Erprobung und Anwendung einzelner Elemente der AIT. Regi-nes Projektverlauf :[59]*
>
> *Vermutetes Interesse am Thema: Im Lehm patschen, Ganzkörpererfah-rungen, mit den Händen matschen.*

---

[59] Auszug aus dem Protokoll einer Projektwoche in: Schulte-Peschel, D., Tödter, R.: Pro-jekt: Aktion Schmierfink, in: Lernen Konkret, Bad Honnef 2/1991, 13ff.

1. Tag Regine erhielt einen „Standort" auf einer Turnmatte neben dem Matschbecken; sie konnte so über den Beckenrand matschen/ patschen, evtl. hineinkrabbeln, eingeschmiert werden. Sie aß allen Schlamm, den sie erreichen konnte, wir mußten abbrechen; keine andere Aktivität. Das warme Abduschen genoß sie sichtlich.

2. Tag Eine große Portion Schokoladenpudding sollte Regine ermöglichen, ihre Form des Materialumgangs erst einmal ohne Gefahr „auszuleben", in der Hoffnung, daß sie anschließend satt sei und andere Formen des Umgangs mit Schlamm erkunden könnte.

Der Pudding an sich war ein voller Erfolg, Regines orale Bedürfnisse waren jedoch noch lange nicht befriedigt. Wieder mußte das Lehmessen unterbunden werden, Regine und ihre Matte mußten gereinigt werden. Beim Abspritzen mit dem Warmwasserschlauch kam es zu spontanen Aktivitäten: Handhinhalten, Wischen durch die Pfützen, sich zum Schlauch wenden.

3. Tag Regine bekam eine fahrbare Badewanne nach draußen gestellt und erhielt ein wasserorientiertes Angebot: Dosen mit (ungiftiger) Seifenfarbe finden, untersuchen, sich und die Wanne einschmieren; Schwamm, Bürste und andere taktil reizvolle Gegenstände im Wasser entdecken, untersuchen. Regine zeigte ein deutlich erhöhtes Aktivitätsniveau. Sie griff nach den Materialien, schmierte sich zwar nicht selber ein, genoß das Eingeschmiertwerden jedoch sichtlich. Regine und ihre Badewanne wurden zum Mittelpunkt des ganzen Projekts; andere Schüler nahmen am Begießen und Einschmieren Regines teil, was ihr gut gefiel.

4. Tag Regines Aktivitäten sollten durch indirekte Angebote zuerst im Trockenen, dann mit immer mehr Wasser erneut aufgegriffen werden. Die Lehrerin ging natürlich mit in die Wanne. Mit Seifenfarbe, Schwämmen usw. sollten Wanne und Personen eingeschmiert werden. Regine ging auf die Angebote ein: Sie untersuchte die Farbdosen (wobei es jetzt einfacher war, sie vom Essen des Inhalts abzuhalten und ihre Aktivität umzulenken); Farbflecke wurden verschmiert und bepatscht. Als ihr zu kalt wurde, brach sie ihre Aktivität ab. Warmes Duschen war angesagt.

- Integration in den Unterricht
  Aufmerksamkeits-Interaktions-Therapie ist eine Therapieform, aus der alle Teile im Unterricht mit (schwer) geistig behinderten Schülern umge-

Unterr.vorhaben: "Aktion Schmierfink"	Thema: Schlamm	Datum: 1. Tag	
Name	**vermutete Handlungsziele**	**geplantes Angebot**	**Dokumentation**
Regine	Im Lehm patschen matschen	Matte neben Matschbecken: matschen, hineinkrabbeln, eingeschmiert werden	Lehm gegessen, Abbruch Dusche genossen Morgen: Pudding anbieten
Heinz			

Abbildung 37: Vorschlag für ein Raster zur Vorbereitung der einzelnen Unterrichtsstunde auf der Basis von AIT.

setzt werden können. Interessant für die schulische Situation ist auch, daß viele Methoden nicht nur in der Einzelsituation, sondern auch in einer Lerngruppe eingesetzt werden können, z.B.:

- Ein indirektes Angebot kann ein guter Unterrichtseinstieg sein.

- Spiegeln der Verhaltensweisen eines Schülers kann seine Aufmerksamkeit herstellen.

Eine Kombination mit allen anderen Förderansätzen und Unterrichtsformen ist gut möglich.

- Der Förderansatz der Aufmerksamkeits-Interaktions-Therapie setzt bei einer (zumindest in Teilen) vorhandenen Handlungsorientierung an: Wir können beim Kind u.a. folgende Eigenschaften zumindest ansatzweise voraussetzen:

  - die Lust, aktiv zu werden (oder auch nicht!),

  - das Richten der Aufmerksamkeit ('Konzentration') auf Handlungsgegenstände,

  - Kenntnisse und Erfahrungen über Handlungsmöglichkeiten.

- Insgesamt handelt es sich bei der Aufmerksamkeits-Interaktions-Therapie um eine Therapieform, die wichtige neue Impulse für schulisches Lernen mit der Gruppe von Schülern bringt, deren Handlungsorientierung Lehrer oft vor große Probleme stellt. Die Methoden entsprechen unseren Forderungen zur Entwicklung von Handlungsfähigkeit, ganzheitlicher Entwicklungsförderung, Zurückgewinnung von Selbststeuerung beim Schüler und Gleichgewicht der Beziehungen zwischen Lehrer und Schüler.

Aufmerksamkeits-Interaktions-Therapie – graphische Darstellung der speziellen Möglichkeiten, einzelne Bausteine aus der Handlungsorientierung zu fördern:

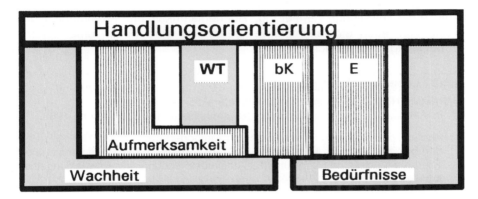

Abbildung 38

Der Blick durch die 'Lupe' zeigt, wie schrittweise Anteile der Handlungsorientierung vom Lehrer freigegeben und in die Verantwortung des Schülers gegeben werden können:

- Die grauen Felder 'Wachheit', 'Bedürfnisse' und 'Wahrnehmungstätigkeit' liegen in der Verantwortung des Schülers. Diese Schüler zeigen gerade Wahrnehmungsaktivitäten, die sie zur Befriedigung ihrer Bedürfnisse ausdauernd ausführen (Stereotypien).

- Die gestreiften Felder stehen im Mittelpunkt des Lehr- und Lernprozesses: Im Zentrum steht die Aufmerksamkeit als eine Grundvoraussetzung für die Aufnahme und Verarbeitung neuer Informationen. Aufmerksamkeit wird durch verschiedene Techniken immer wieder hergestellt und / oder aufrechterhalten.
  Ein weiterer Schwerpunkt liegt auf der basalen Kommunikation (bK): Durch die Herstellung einer symmetrischen Kommunikation/Interaktion sollen erfolgreiche Steuerungsprozesse in Gang gebracht werden.
  Der dritte Schwerpunkt liegt im Bereich 'Emotionen': Der Lehrer macht Gegenstände und Handlungen spannend und interessant, er weckt die

Neugierde des Schülers. Das Kind lernt so, neue Handlungen emotional positiv zu bewerten; es enstehen Motivation und neue Interessen.

Die Graphik zeigt den möglichen Einsatz von AIT zur Entwicklung einer elementaren Handlungsorientierung. Die zweite Möglichkeit AIT einzusetzen, betrifft Schüler, die zwar theoretisch über alle Strukturelemente einer Handlung verfügen, sie aber praktisch nicht einsetzen. Dies hat meist auch eine Stockung in der Entwicklung von Kognition und Handlungsfähigkeit zur Folge. Mit Hilfe von Techniken der AIT können besonders die beiden Anteile der Handlungsorientierung, 'Aufmerksamkeit' und 'Kommunikation/Interaktion' noch einmal intensiver bearbeitet werden, um eine weitere Entwicklung zu ermöglichen.

4.1.3 Leseempfehlungen

HARTMANN, H., u.a.: Die Aufmerksamkeits-Interaktions-Therapie,
in: ARENS, C., DZIKOWSKI, S. (Hrsg.): Autismus heute, Bd. 1, Dortmund 1988.

Ausführliche Darstellung der einzelnen Methoden der AIT (S. 129-137) und darüber hinaus aller verwandten Therapieformen des mehrdimensionalen Therapie-Modells des Zentrums für Autismusforschung und Entwicklungstherapie in Viersen.

Jeder Mensch befindet sich ständig in einem Wachstumsprozeß,
daher darf niemand je aufgegeben werden. (Leo TOLSTOI)

4.2 Basale Stimulation (A. FRÖHLICH)

4.2.1 Theoretischer Ansatz

A. FRÖHLICH nennt das von ihm entwickelte Förderkonzept „Basale Stimulation". Er beschreibt es als „pädagogisch-therapeutischen Versuch, Menschen mit schwersten Behinderungsformen Angebote für ihre persönliche Entwicklung zu machen" (FRÖHLICH 1991b, 20). Dieser Ansatz wendet sich an Eltern, Pädagogen, Therapeuten...und stellt vielfältige Anregungen bereit, die eine ganzheitliche Entwicklungsförderung schwerst behinderter Menschen zum Ziel haben.

Der Begriff „Basale Stimulation" (BS) hat sich seit den 70er Jahren von einem Be-handlungs-Konzept mit eher starren, methodischen Vorgaben zu einer pädagogisch-therapeutischen Konzeption mit ganzheitlichem Ansatz entwickelt, deren Schwerpunkt auf interaktivem Lernen liegt: „Wir können lediglich Bedingungen schaffen, die es dem Ich ermöglichen, sich selbst weiter zu entwickeln" (FRÖHLICH 1991a, 136).

Als **Ziele** der Basalen Stimulation werden genannt:

- Anregung der Wahrnehmungsorganisation
- Vermittlung primärer Körpererfahrung
- Vermittlung elementarer Bewegungserfahrung
- Aufbau von persönlichen Beziehungen
- Kommunikationsförderung (vgl. FRÖHLICH 1991a, 191)

„Basale Stimulation möchte Strukturen im Mikrobereich verändern in der Hoffnung, daß sich daraus generalisierte Veränderungen ergeben können." (FRÖHLICH 1991b, 30)

Wichtige **Ausgangspunkte** der Basalen Stimulation sind:

- *Basal* bedeutet, daß „es sich um elementare, grundlegende Angebote handelt, die in...voraussetzungsloser Form angeboten werden" (FRÖHLICH 1991b, 20).

- Mit *Stimulation* soll ausgedrückt werden, daß es sich um „deutliche Anregungshilfen" handelt, die schwerst behinderten Menschen angeboten werden als „Herausforderung für eigene Entwicklung" (ebd.).

- FRÖHLICH nimmt an, daß jeder Mensch durch vorgeburtliche Erfahrungen eine gewisse Ansprechbarkeit in den Bereichen der vestibulären, somatischen und vibratorischen[60] Wahrnehmung hat. Ausgangspunkt der Förderung sind deshalb auf das Individuum bezogene, fehlende vor- und nachgeburtliche Primärerfahrungen in diesen drei Grundwahrnehmungsbereichen.

- Behinderungsbedingt nimmt ein vierter Bereich, die Grundversorgung, einen breiten Rahmen ein. Mit seinem Konzept der „Förderpflege" integriert FRÖHLICH Basale Stimulation und tägliche Pflege.[61]

- FRÖHLICH stellt folgende sieben Entwicklungsbereiche in ein ganzheitliches Beziehungsgeflecht:

---

[60] vestibuläre Wahrnehmung = Gleichgewichtssinn
somatische Wahrnehmung = Tastsinn
vibratorische Wahrnehmung = Empfindung von Schwingungen
Der vibratorische Bereich spielt bei Fröhlich, im Gegensatz zu anderen Autoren (z.B. AYRES), eine wichtige Rolle, die er mit dem „intrauterinen Hören" (FRÖHLICH 1991a, 40) als pränataler Erfahrung begründet. Unserer Meinung nach handelt es sich um eine besondere Form taktiler Wahrnehmung.

[61] Literatur : BIENSTEIN. C., FRÖHLICH, A.: Basale Stimulation in der Pflege, Düsseldorf 1991.

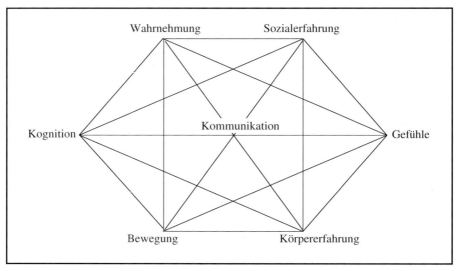

Abbildung 39

Unter Ganzheitlichkeit wird verstanden, daß

- alle Bereiche „gleich wirklich" sind, d.h. den gleichen Grad an Realität haben.
- alle Bereiche „gleich wichtig" sind, es gibt keine Hierarchie.
- alle Bereiche „gleichzeitig" wirken (FRÖHLICH 1991b, 22).[62]

- FRÖHLICH ist es sehr wichtig, Pädagogen/Therapeuten ein differenziertes Verständnis der Lebenssituation schwer behinderter Menschen zu vermitteln. Ein Beispiel hierfür ist die ausführliche Beschreibung menschlicher Grundbedürfnisse und ihrer sinnvollen Befriedigung als Ausgangspunkt für Fördersituationen (FRÖHLICH 1991a, 20-26).

- Als Zugangsweise wird vom Autor ausdrücklich der kommunikations-, interaktions- und entwicklungsfördernde Aspekt aller Anregungen hervorgehoben (FRÖHLICH 1991a, 192). Die Auswahl der einzelnen Methoden orientiert sich an „humanen Grundprinzipien, d.h. an Lebenszusammenhängen, die als für alle Menschen gültig postuliert werden" (FRÖHLICH 1991a, 135).

---

[62] Diese Position halten wir als Ausgangspunkt einer konkreten, individuellen Förderplanung für nicht einfach. Siehe auch unsere Kritik unter 4.2.2.

FRÖHLICH selbst weist auf die – immer vorhandene – Gefahr hin, daß schwer behinderte Menschen „zu passiven Objekten einer 'Behandlung' gemacht werden" (FRÖHLICH 1991a, 191). Der durchführende Pädagoge / Therapeut soll deshalb

– sich sensitiv auf das Kind einstellen,

– basale Angebote im Hinblick auf die Bedürfnissituation des Einzelnen auswählen und

– den Äußerungen des behinderten Partners nachgehen.

Für die **Durchführung** stellt FRÖHLICH ein „Repertoire an Verstehensmöglichkeiten zur Verfügung, mit denen man sich auch sehr schwer behinderten Menschen nähern kann" (FRÖHLICH 1991b, 30):

- Für die vestibuläre Anregung (das Gleichgewicht betreffend) werden eine Fülle von Fördersituationen, mit Anleitung für die konkrete Durchführung, beschrieben. Erforderliche Spezialgeräte für schwer körperbehinderte Kinder und Jugendliche, z.B. verschiedenste Schaukelmöglichkeiten, werden mit Bild – und oft mit genauer Bauanleitung – vorgestellt.

- Auch in den Bereichen der somatischen und der vibratorischen Anregung werden verschiedene Techniken und Materialien vorgestellt. FRÖHLICH empfiehlt für die Durchführung der Übungen zur somatischen Anregung folgende Prinzipien:

  – Symmetrie: Eine möglichst symmetrische Ausgangsposition des Körpers und die Berücksichtigung beider Körperhälften sollte beachtet werden.

  – Innerhalb einer Fördereinheit sollte ein Wechsel von „Spannung und Entspannung" angeboten werden.

  – Die Verbesserung des kindlichen Atemrhythmus zugunsten einer verlängerten Ausatmungsphase bezeichnet FRÖHLICH als „Rhythmisierung".

- Für den Bereich Kommunikationsförderung entwickelte FRÖHLICH Regeln für den „Babytalk"[63] mit schwer behinderten Kindern und Jugendlichen: Bei einer Distanz von ca 25cm von Gesicht zu Gesicht spricht die Bezugsperson 60 Sekunden mit hoher Stimmlage und akzentuiertem

---

[63] Unter Babytalk versteht FRÖHLICH (in Anlehnung an die Arbeiten von PAPOUSEK) eine strukturierte Kommunikation, wie man sie zwischen Eltern und Baby beobachten kann.

Sprechrhythmus zum Kind; mögliche Laute des Kindes werden einbezogen. Eine Pause soll nun dem Kind Gelegenheit zu eigener Lautproduktion geben. Dieser Vorgang wird zwei- bis dreimal wiederholt. Ziel ist ein „Vokalisationsdialog" zwischen Kind und Bezugsperson.

• Weitere praktische Vorschläge gibt es für Angebote zur Bewegungserfahrung, für Sitz- und Lagerungshilfen und für die Gestaltung der Eß- und Trinksituation – alles wieder mit Anleitung für die konkrete Durchführung und Abbildungen von (selbst entwickelten) Medien.

Da es nicht sinnvoll ist, hier alle Einzelheiten noch einmal abzubilden und zu beschreiben, empfehlen wir an dieser Stelle die Lektüre von FRÖHLICH, A.: Basale Stimulation, Düsseldorf 1991.

4.2.2 Das ist uns wichtig – Anwendung, Einordnung und Bewertung

Basale Stimulation ist ein ursprünglich schulisches Konzept und in der Arbeit mit schwerst behinderten Schülern der wohl bekannteste Förderansatz. Leider wurde BS in der Vergangenheit häufig als rein praktische Handreichung im Sinne einer Rezeptsammlung verstanden. Wichtig ist uns deshalb, den (denkenden) Umgang mit dem **Förderansatz** (und eben nicht mit der fertigen Rezeptsammlung) in den Mittelpunkt zu rücken.

• BS ist ein offenes Konzept, es integriert bereits verschiedene Theorien und Therapien (z.B. Basale Kommunikation, Sensorische Integration...) und kann gut mit anderen Ansätzen kombiniert werden. Wir empfehlen besonders eine Kombination mit dem Förderansatz der Körperzentrierten Interaktion. Eine Integration in den Klassenunterricht ist vom Autor gewollt und geplant.

• Basale Stimulation bietet eine, im positiven Sinn engagierte, verstehende Situationsbeschreibung der schwer behinderten Schüler. Sie kann von den in der Arbeit stehenden Lehrern gut nachvollzogen werden, bietet ihnen eine Bestärkung in ihrer Sicht vom Menschsein ihrer Schüler und zeigt vielfältige Zugangsweisen auf.

• Die genaue Beschreibung menschlicher Grundbedürfnisse und die detaillierten Beiträge zur Grundversorgung schwer behinderter Schüler ermöglichen, den Bereich 'Bedürfnisse' in der elementaren Handlungsorientierung stärker zu berücksichtigen.

• Der Schwerpunkt von BS liegt auf der Entwicklung von Wahrnehmungsaktivitäten im Bereich der Grundwahrnehmungssysteme als einem wesentlichen Element der elementaren Handlungsorientierung. Mißverständlich scheint uns bei FRÖHLICH jedoch der Begriff der „Wahrnehmungsanregung" zu sein. Da Wahrnehmung nur in subjektiv sinnvollen Wahrnehmungs-Handlungen verbessert werden kann, kann es kein passives Reizangebot geben.[64] Dies widerspricht auch der Forderung nach einem Gleichgewicht der Beziehungen in der Lehr-Lern-Situation.

- Basale Stimulation bietet dem Lehrer noch kein hinreichendes Planungskonzept:
  Die von FRÖHLICH geforderte Ganzheitlichkeit, d.h. Gleichzeitigkeit von sieben Entwicklungsbereichen, erscheint uns als leitendes Modell für pädagogisches Handeln problematisch. Entwicklung verläuft in der Realität (bei nicht behinderten und gerade auch bei behinderten Kindern) nicht in allen Bereichen gleichzeitig und kontinuierlich, sondern in Sprüngen. Darüber hinaus ist es eine Illusion, anzunehmen, daß immer alle entwicklungsfördernden Faktoren gleichzeitig verwirklicht werden können. „...die Gesamtheit aller nur denkbaren Aspekte und Elemente sowie deren Wechselbeziehungen sind so komplex, daß sie nicht mehr faßbar sind." (FRÖHLICH 1991a, 49) Mit dieser ganzheitlichen Sichtweise entzieht sich FRÖHLICH aber einer grundlegenden Theorie und strukturierenden Systematik. Er läßt den Lehrer mit einer Fülle methodischer Anregungen, aber ohne den Beitrag zur Entwicklung der pädagogischen Planungs- und Entscheidungskompetenz stehen.

Unser **Tip**: Basale Förderung entspricht der Forderung nach einem flexiblen, interaktiven Konzept, das zur Entwicklung von Handlungsfähigkeit einen wichtigen Beitrag leistet – vorausgesetzt, Sie verstehen die vielen methodischen Elemente und Anregungen als 'Bausteine in einem Selbstbedienungsladen' und Sie können den Einkaufszettel dazu schreiben.

Basale Stimulation – graphische Darstellung der spezifischen Förderungsmöglichkeiten einzelner Bausteine aus der Handlungsorientierung:

Eine Darstellung auf der Grundlage der von FRÖHLICH geforderten Ganzheitlichkeit zeigt zunächst, daß der Förderansatz der Basalen Stimulation keine Schwerpunktsetzung im Hinblick auf die Entwicklung einer elementaren Handlungsorientierung hat. Alle Felder werden gleichzeitig bearbeitet (Abb. 40). Eine schrittweise Freigabe von Anteilen der Handlungsorientierung durch den Lehrer kann so nicht geplant werden.

---

[64] FRÖHLICH betont diesen Zusammenhang in neueren Veröffentlichungen (z.B. FRÖHLICH 1991a, 39) auf der theoretischen Ebene, zieht aber u.E. in der methodischen und inhaltlichen Beschreibung der Fördermöglichkeiten nicht die notwendigen Konsequenzen.

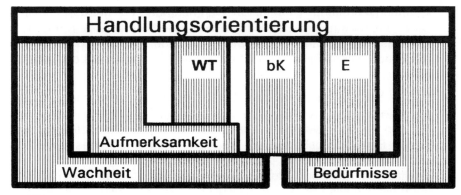

Abbildung 40

Im Sinne unserer Ausführungen setzen wir Basale Stimulation mit dem Schwerpunkt ein, Wahrnehmungstätigkeit zu entwickeln:

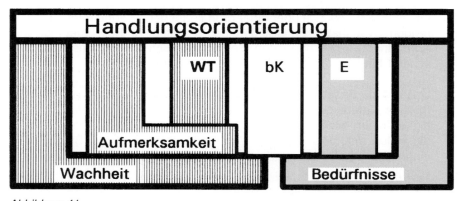

Abbildung 41

Der Blick durch die 'Lupe' zeigt, wie mit dem Förderansatz der Basalen Stimulation schrittweise Anteile der Handlungsorientierung vom Lehrer freigegeben und in die Verantwortung des Schülers gegeben werden können:

- Die grauen Felder 'Bedürfnisse' als vorausgesetzte Grundbedürfnisse und 'Emotionen' liegen in der Verantwortung des Schülers: Er wird zunächst Wahrnehmungsangebote positiv bewerten, die seinen derzeitigen Bedürfnissen entsprechen. Das kann sich ändern, denn durch die emotionale Bewertung des Schülers entstehen möglicherweise neue Vorlieben für Wahrnehmungsangebote und schließlich Interessen.

138

- Auf den gestreiften Feldern liegt der Arbeitsschwerpunkt: Durch Wahrnehmungsangebote (Feld 'WT') in den Grundwahrnehmungsbereichen werden vermutete Grundbedürfnisse angesprochen. Es lohnt sich für den Schüler, wach zu bleiben. 'Aufmerksamkeit' wird meist durch verschiedene Techniken der Körperzentrierten Interaktion (siehe dort) immer wieder angeregt werden müssen.

- Die Verständigung darüber kann durch Formen basaler Kommunikation (weißes Feld 'bK') erfolgen. Die Verantwortung für diesen Prozeß liegt (zunächst noch) beim Lehrer. Er interpretiert Äußerungen des Schülers.

- Basale Stimulation führt über die Entwicklung einer elementaren Handlungsorientierung hinaus, wenn ein Zusammenhang zwischen Wahrnehmungstätigkeit und Bewegung (bzw. Bewegungserleichterung) hergestellt wird. Die Bewertung führt zu Plänen, die ansatzweise selbständig ausgeführt werden können. Ab diesem Punkt können erste Angebote im Rahmen von Wochenplanarbeit den Förderunterricht ergänzen.

4.2.3 Leseempfehlungen

FRÖHLICH, A.: Basale Stimulation, Düsseldorf 1991.
FRÖHLICH schreibt umfassend und verständlich zur Situation schwerst behinderter Menschen und ihrer Bezugspersonen, zu Fragen der Grundversorgung, zur Organisation der Förderung und gibt eine Fülle von praktischen Anregungen für konkrete Fördersituationen. Ein Standardwerk für alle, die mit schwerst behinderten Schülern arbeiten.

FRÖHLICH, A.: Basale Stimulation für Menschen mit schwerster Mehrfachbehinderung, in: FIKAR, H., FIKAR, S. u.a. (Hg.): Körperarbeit mit Behinderten, Stuttgart 1991.
Eine übersichtliche Einführung auf 12 Seiten. Geeignet für alle, die sich einen ersten Überblick verschaffen wollen.

lichtung
manche meinen
lechts und rinks
kann man nicht
velwechsern.
werch ein illtum!
(E. Jandl)

4.3 Sensorische Integrationsbehandlung (J. AYRES)

Sensorisch   =   die Wahrnehmung betreffend
Integration   =   Einordnung, Verschmelzung, Zusammenschluß
SI   =   Sensorische Integration
ZNS   =   Zentral-Nerven-System (Gehirn und Rückenmark)

Wahrnehmungen beeinflussen die Qualität des Handelns. Die alltägliche Erfahrung lehrt:

• Jeder ist auf eine bestimmte, individuell unterschiedliche, Menge von Reizen aus der Umgebung lebensnotwendig angewiesen. Dunkelhaft und Isolationsfolter sind 'tödlich'. Manches erscheint uns 'reizend', anderes 'reizlos'. 'Reizüberflutung' ist ein vielfach kritisiertes Phänomen unserer Zeit.

• Die Aufnahme und Verarbeitung von Reizen aus der Um-Welt ist die Grundlage für den Prozeß, an dessen 'Ende' das individuelle Bild des einzelnen von sich und der Welt steht.

• Der Mensch ist, unter anderem, ein System, das Informationen verarbeitet. Jedem ist irgendwie klar, daß ohne eine Verarbeitung vielfältiger Wahrnehmungen (Input) Handlungen (Output) nicht oder nur schlecht ablaufen können.

• Wahrnehmungstäuschungen sind gar nicht selten und können sehr unangenehm sein.

Wahrnehmung ist mehr als Reizaufnahme und Reizleitung. Uns interessieren vorwiegend die zentralen ('im Kopf' ablaufenden) Vorgänge. Wie wird der Input zum Output?

• Wie werden die vielfältigen Wahrnehmungen im Zentral-Nerven-System (ZNS) sortiert, integriert und nutzbar gemacht?

• Lassen sich Handlungsstrukturelemente auch auf Wahrnehmungshandlungen anwenden?

• Wie beeinflußt Wahrnehmung die verschiedenen Strukturelemente der Handlung – letztlich das beobachtbare Verhalten?

Gerade vestibuläre (den Gleichgewichtssinn betreffende) Wahrnehmungen sind zunehmend in den Horizont der Pädagogen gerückt. Das Schlagwort von der „vestibulären Stimulation" macht die Runde und 'richtige' SI-Therapeuten (meist Ergotherapeuten) raufen sich die Haare über die Lehrer, die jede neue Therapieform begierig aufgreifen.

Wahrnehmungsstörungen als Störungen der zentralen[65] Reizverarbeitung behindern Handeln und Lernen. Es ist inzwischen geradezu eine Modeerscheinung geworden, hier von Störungen 'Sensorischer Integration' zu sprechen. Lernbehinderungen, Verhaltensauffälligkeiten, Verstopfung – alles Probleme der Sensorischen Integration (vgl. AYRES 1984, 110). Das Konzept „Sensorische Integration" und die daraus abgeleitete Sensorische Integrations-Behandlung, wie sie von J. AYRES (1979, 1984) geprägt wurden, können bei oberflächlichem Lesen fälschlicherweise suggerieren, daß „Lernstörungen", die auf Abweichungen in (wenigen) umschriebenen Funktionsbereichen des Zentralen Nervensystems (vgl. AYRES 1979, 1) beruhen, im Rahmen der Therapie durch entsprechende 'Inputs' (v.a. aus dem vestibulären Bereich) zu *beheben* seien.

J. AYRES beschäftigte sich nicht mit geistig behinderten Kindern. Dennoch bieten ihre Arbeiten Ansatzpunkte für pädagogisches Handeln:

- Beachtung neurophysiologischer Erkenntnisse, vor allem die Bedeutung der sogenannten 'niederen' Zentren des Zentralnervensystems (ZNS) für alle Lernvorgänge. Verlagerung der Aufmerksamkeit von den Symptomen zu tieferliegenden Wahrnehmungsproblemen.

- Beachtung der Bedeutung einer gut funktionierenden Wahrnehmungsintegration für die (kognitive) Entwicklung, hierbei besonders der im Wortsinn grund-legenden Wahrnehmungsmodalitäten Tastsinn (taktile Reize), Gleichgewichtssinn (vestibuläre Reize), Eigenwahrnehmung (Propriozeption). Dadurch kommt es zu einer Aufwertung dieser 'basalen' Aktivitäten in ihrer Bedeutung auch für 'höhere' (Lern-)Prozesse[66].

- Wahrnehmungsprobleme können ein zusätzliches / alternatives Erklärungsmodell für Lern- und Verhaltensstörungen (bis hin zum Autismus) bieten.

- Ein Therapieverständnis, das den Klienten zum Agenten seiner eigenen Entwicklung macht.

---

[65] im Gegensatz zu peripheren Störungen an den Rezeptoren, den Sinnesorganen, die beispielsweise durch eine Brille behoben werden können oder Störungen der peripheren Reizleitung

[66] Gerade „schulisches" Lernen war und ist immer in der Gefahr, visuelle und akustische Wahrnehmungen überzubetonen.

Wahrnehmung und Lernen stehen in einem so engen Zusammenhang, daß zur pädagogischen Handlungsfähigkeit das entsprechende Wissen aus den Nachbardisziplinen (Neuro-Psychologie, Neuro-Physiologie) gehört – bzw. gehören sollte. Z.Zt verlassen wir uns meist auf unseren 'gesunden Menschenverstand', der hier aber an seine Grenzen stößt. Wir möchten Ihnen hier eine Grundlage vermitteln, mit der Sie **anfangen** können zu arbeiten. Wir haben versucht, soweit zu vereinfachen, wie uns dies zulässig erschien. Trotzdem bleibt es ein komplexes Konzept, das man sich erarbeiten muß. Entsprechend umfangreich fiel dieser Abschnitt im Rahmen der Darstellung unterschiedlicher Förderansätze aus. Den Schritt zum Verstehen und Einordnen von alltäglichen Beobachtungen möchten wir Ihnen ermöglichen. Daraus ergeben sich Ansätze für pädagogisches (nicht therapeutisches!) Handeln[67].

Für eine eingehendere Beschäftigung, die unbedingt zu empfehlen ist, steht Ihnen dann eine Reihe von guten und lesbaren Büchern zur Verfügung. (vgl. Leseempfehlungen)

4.3.1 Theoretische Grundlagen

Sensorische Integration ist ein Prozeß, der das ganze Gehirn betrifft. Kognitive Entwicklung, Erkennen und Verstehen der Welt setzen Strukturen voraus, mit denen **Informationen aufgenommen, verarbeitet und gespeichert** werden. Diese Strukturen entwickeln sich in einem Prozeß der aktiven Auseinandersetzung mit der Umwelt. Sie sind kein reines Abbild dieser Umwelt. Durch die Sensorische Integration wird erreicht, daß die **verschiedenen Abschnitte des Zentralnervensystems zusammenarbeiten** und daß **überflüssige oder störende Erregungen gehemmt** werden.

Sensorische Integration läßt sich darstellen unter den Gesichtspunkten

- Integration unterschiedlicher Sinne (Wahrnehmungsmodalitäten) (vgl. 4.3.1.1)
  v.a. der Grundwahrnehmungssysteme (vgl. 4.3.1.2)
  – Gleichgewichtssinn (vestibuläre Wahrnehmung)
  – Eigenwahrnehmung (Propriozeption)
  – Hautwahrnehmung (taktile Wahrnehmung)

---

[67] vgl. Kapitel 6: Unterricht: Planung und Reflexion

- Integration verschiedener Strukturen des Zentralnervensystems (vgl. 4.3.1.3)

4.3.1.1 Integration unterschiedlicher Wahrnehmungsmodalitäten

Neben den berühmten fünf Sinnen (Sehen, Hören, Riechen, Schmecken, Tasten) stehen uns weitere Wahrnehmungsmöglichkeiten zur Verfügung:

- Eigenwahrnehmung (Propriozeption) mit Stellungs-, Bewegungs- und Kraftsinn,

- Gleichgewichtssinn (Vestibulärorgan),

- Schmerzwahrnehmung (Nocirezeption),

- innere Wahrnehmungen, die z.B. über Hunger/Durst, den CO_2-Gehalt des Blutes[68] und den Herzschlag wachen.

Diese Sinne werden jeweils von speziellen Sinnesorganen (Rezeptoren) mit Informationen versorgt.

Die von den unterschiedlichen Sinnesorganen gleichzeitig einströmenden Informationen werden zu einem **Gesamtbild** der Situation zusammengesetzt. 'Falsche' oder unvollständige Informationen aus den einzelnen Wahrnehmungskanälen führen zu einer verzerrten Wahrnehmung und Fehlinterpretationen.[69]

Dieses Zusammenarbeiten der verschiedenen Informationskanäle ermöglicht nicht nur ein umfassendes Be'greifen' von Gegenständen (Form, Farbe, Gewicht, Geruch, ...), sondern auch von sozial-relevanten Informationen. So gelingt es uns meist, ironische Untertöne auch als solche zu erkennen. Auch Lehrer arbeiten mit solchen widersprüchlichen Informationen. Verbale und nonverbale Informationen sind hierbei nicht übereinstimmend. Der Kommunikationspartner muß erst einen Zusammenhang zwischen Worten (akustische Wahrnehmungen), Gesichtsausdruck (visuelle Wahrnehmung), Körpersprache (visuelle Wahrnehmung) herstellen und die 'richtige' Interpretation finden.

Das Zusammenspiel der verschiedenen Kanäle bietet jedoch auch die Möglichkeit, fehlerhafte Wahrnehmungen eines Kanals durch Wahrnehmungen eines anderen zu korrigieren:

Die Sprechmotorik ist abhängig von der Propriozeption im Mundbereich. Störungen können positiv beeinflußt werden, wenn ein Spiegel zusätzlich

---

[68] Ein steigender CO_2 Gehalt des Blutes verursacht eine Beschleunigung der Atmung.

[69] Ein eindrucksvolles Beispiel bietet die Geschichte vom „Mann mit der Schräglage" in SACKS 1990, 103 ff

eine visuelle Wahrnehmung ermöglicht. So können die entsprechenden Wahrnehmungen Grundlage einer funktionierenden Handlungssteuerung und -kontrolle werden.
Buchstaben, die visuell nicht erkannt werden, können mit Hilfe des Tastsinns und / oder des akustischen Analysators durchaus bestimmt werden.

4.3.1.2 Die Grundwahrnehmungssysteme

Die Entwicklung der Körperwahrnehmung in den ersten Lebensphasen des Kleinkindes erfolgt in der Verwendung und Ausbildung der drei Grundwahrnehmungssysteme

- taktile Wahrnehmung (Hautsinn)

- vestibuläre Wahrnehmung (Gleichgewichtssinn)

- propriozeptive Wahrnehmung (Eigenwahrnehmung: Stellungs-, Bewegungs- und Kraftsinn)

J. AYRES (1984) führt eigentlich alle Störungen auf mangelnde Integration dieser drei Grundsinne zurück. Dies erscheint uns als alleiniges Erklärungsmuster zu weitgehend. Ihre Bedeutung für den Aspekt der Informationsverarbeitung ist jedoch unbestritten:

- Vestibuläre Reize sind immer da. Sie bilden ein grundsätzliches Bezugssystem der Stellung im Raum, eine Landkarte, in die alle anderen Reize eingeordnet werden müssen.

- Taktile Reize sind das Medium, über das sich in der primären Mutter-Kind-Beziehung die emotionale Bewertung der Welt aufbaut.

- Taktile und propriozeptive Reize führen zu einer Repräsentation des Körpers auf den sogenannten somästhetischen Feldern der Hirnrinde. Diese sensorischen Felder liegen direkt neben den motorischen Rindenfeldern und stehen mit ihnen in direktem Kontakt. In einem weiteren Feld entsteht eine fortlaufend aktualisierte Abbildung der Position und der Bewegung der Extremitäten im Raum. (vgl. POPPER/ECCLES 1989, 320)

- „Sind die Sinnesinformationen vom Innenohr und von den Muskeln und Gelenken – also die vestibulären und propriozeptiven Impulse – im Gehirn nicht ausreichend miteinander integriert, wird es für das Kind schwierig, bis es erkennt, wo es sich im Raum befindet und wie es sich bewegt." (AYRES 1984, 88) Bewegung und Aufrichtung werden behindert. (vgl. DOERING 1990, 12)

144

Taktile Wahrnehmung:

Die Verarbeitung taktiler Wahrnehmungen bietet ein Beispiel für den Übertragungsweg von der Peripherie (in diesem Fall der Haut) bis zum Großhirn und die Bedeutung sogenannter *hemmender*[70] Prozesse.

Die Empfindungen der Sinnesorgane in der Haut (Hautrezeptoren[71]) werden über zwei Umschaltungen zur Großhirnrinde übertragen. Solche Verbindungsstellen zwischen Nervenzellen werden Synapse genannt. Hierbei handelt es sich nicht um 'Steckverbindungen', wie man sie sich bei einem Stromkabel vorstellen könnte. Die Signalübertragung zwischen den Nervenzellen erfolgt durch chemische Botenstoffe (sog. Transmitter). Ob diese beim Empfänger andocken können oder ob die entsprechenden Kontaktstellen 'verschlossen' sind, entscheidet darüber, daß Reize weitergeleitet oder unterdrückt werden. Die unterschiedlichen Mechanismen, die dazu dienen, unerwünschte, überschüssige oder störende Erregungen auszuschalten (sogenannte hemmende Prozesse), sind für eine funktionierende Integration unerläßlich.

In den Umschaltstationen der taktilen Reizleitung werden schwächere Signale von leichteren Berührungen zugunsten der stärkeren herausgefiltert (gehemmt). Es entsteht ein scharf begrenztes Bild von den berührten Hautarealen. Berührungsreize können lokalisiert und beurteilt werden. Es gelingt, Formen zu er'fassen'. Ein starker Druck mit dem Fingernagel läßt das Jucken eines Mückenstichs verblassen. Zu leichte Reize können andererseits nur schwer lokalisiert werden.

Umgekehrt ist die Hirnrinde in der Lage – 'von oben herab'- Umschaltstationen zu blockieren: Wir schützen uns vor Hautreizen, die uns belästigen würden. Wir würden 'verrückt', wenn wir ständig die Kleidung auf unserer Haut spürten. (vgl. den Abschnitt über taktile Defensivität) In der 'Hitze des Gefechts' spüren wir Hautverletzungen nicht.

Vestibuläre Wahrnehmung:

Vestibuläre Reize üben auf viele Menschen eine große Anziehungskraft aus, andere sind da eher zurückhaltend. Motorradfahrer, Skifahrer, Surfer und Drachenflieger bilden das eine 'Extrem' gegenüber denen, die lieber auf der Hütte bleiben, die Achterbahn meiden und die Bundesbahn bevorzugen. Vestibuläre Reize rufen das gewisse Kribbeln in der Magengegend

---

[70] Fachbegriff: inhibitorisch

[71] Dies sind v.a. die Rezeptoren, die auf Druck ansprechen, die Meissner-Tastkörperchen in der Lederhaut

hervor und sind deshalb Inhalt vieler Attraktionen auf Jahrmärkten. Die Toleranz gegenüber starken vestibulären Reizen läßt jedoch mit dem Älterwerden nach. Die 'jungen Hüpfer' kommen ins 'gesetzte Alter'.

Die Verarbeitung vestibulärer Reize bietet ein Beispiel für die umfangreichen Verschaltungen im ZNS und die weitreichende Bedeutung der Grundwahrnehmungssysteme.

Im Innenohr befindet sich neben dem Gehör das Gleichgewichtsorgan (Vestibulärorgan). Es gibt über zwei Wahrnehmungsqualitäten Auskunft:

1. Die sogenannten Maculaorgane geben Auskunft über die Stellung (Kippung) des Kopfes im Raum und über lineare Beschleunigungen, wie sie z.B. beim Anfahren und Bremsen im Auto auftreten.

2. Die sogenannten Bogengänge melden die im täglichen Leben vorkommenden kurzzeitigen Drehungen um die drei Achsen des Raumes.

Die Verschaltungen zeigen die Komplexität Sensorischer Integration und verdeutlichen die grundlegende und weitreichende Bedeutung eines funktionierenden Gleichgewichtssinns:

- Im Stammhirn befinden sich für jede Seite vier Vestibulariskerne. Sie sind mit Rezeptoren der Halsgelenke und -muskeln (Propriozeption) verbunden und nehmen eine erste Auswertung über die **Stellung von Kopf und Körper** vor: Ist nur der Kopf geneigt oder der ganze Körper?

- Die vestibulären Kerne empfangen zusätzlich Informationen von Muskeln und Gelenken (Propriozeption) und dem Gesichtssinn und schaffen damit die Grundlage für die **automatische Aufrechterhaltung der Körperstellung**.

Von dort gibt es Verbindungen

- zu den Kernen, die die Augenmuskelbewegung steuern. Damit wird die Voraussetzung geschaffen für **gerichtetes Sehen** und die Auge-Hand-Koordination.

- zur formatio reticularis, die u.a. die **Aktivierung** des gesamten ZNS steuert: Leichtes Schaukeln schläfert ein, heftiges Schaukeln macht wach.

- zu efferenten (vom Gehirn wegleitenden) Bahnen, die die Muskulatur beeinflussen und zum Kleinhirn, das u.a. zuständig ist für die Aufrechterhaltung des Gleichgewichts und die **Steuerung der Motorik**

- zum Hypothalamus (steuert u.a. das vegetative Nervensystem), der für die unangenehmen Begleiterscheinungen übermäßiger vestibulärer Reize wie Übelkeit und **Seekrankheit** zuständig ist.

- über den Thalamus zur Hirnrinde, die der bewußten Verarbeitung vestibulärer Reize dient.

Propriozeption, Tiefensensibiltät:

Im Wachzustand ist unser ZNS jederzeit über die Stellung der Gliedmaßen zueinander orientiert. Wir können uns dies bewußt machen, überlassen die Kontrolle jedoch den unbewußten, niederen Zentren, um den Kopf für andere Dinge frei zu haben. Wir nehmen die Bewegungen unserer Gelenke wahr und wissen über den Widerstand, gegen den wir eine Bewegung ausführen, und damit über den notwendigen Kraftaufwand, ziemlich genau Bescheid. Und manchmal täuschen wir uns auch – dann muß die bewußte Steuerung wieder her.

Die entsprechenden Rezeptoren befinden sich in den Gelenken, Muskeln und Sehnen. Da sie keine Reize von außhalb des Körpers empfangen, spricht man von Proprio-zeption (= Eigen-Wahrnehmung).

Die Wahrnehmungsqualitäten dieser Eigenwahrnehmung sind

- Stellungssinn
  Der Stellungssinn orientiert uns (ohne visuelle Kontrolle!) über die Winkelstellung der Gelenke.[72]

- Bewegungssinn
  Wenn wir ohne visuelle Kontrolle die Gelenkstellung verändern, nehmen wir Richtung und Geschwindigkeit der Bewegung wahr.

- Kraftsinn
  Der Kraftsinn ermöglicht, das Ausmaß der notwendigen Muskelkraft abzuschätzen und zu regulieren. Gelingt dies nicht, kommt es im Zusammenspiel der beteiligten Muskelgruppen zu überschießenden oder zu geringen Bewegungsamplituden.

Für die Wahrnehmung des eigenen Körpers ist das gleichzeitige Arbeiten dieser Sinne und die Integration der Informationen unabdingbare Voraussetzung. Die Aktivität der Eigenwahrnehmung ermöglicht, unser inneres Bild oder Schema der räumlichen Ausdehnung des Körpers auf dem Laufenden zu halten. Sie ist Voraussetzung für eine Handlungskontrolle von

---

[72] So gibt es im Thalamus Neurone, deren elektrische Impulsfrequenzen Gelenkwinkel genau widerspiegeln.

Bewegungen.[73] Eigenwahrnehmung und Gleichgewichtssinn arbeiten mit dem Gesichtssinn zusammen, um uns über die Stellung des Körpers im Raum zu informieren.

Das Bewußtsein über die räumliche Ausdehnung des Körpers ist erstaunlich fest verankert und teilweise unabhängig von aktuellen Wahrnehmungen. Davon zeugt, daß nach der Amputation eines Körperteils die Mehrzahl der Patienten für lange Zeit, oft für das ganze Leben, das fehlende Körperteil noch empfinden.

4.3.1.3 Integration verschiedener Strukturen des Zentralnervensystems

Wahrnehmung, Kognition und Lernen werden in der Zusammenarbeit unterschiedlicher, weit auseinanderliegender Strukturen des ZNS ausgeführt. Diese Fähigkeit des Gehirns ist die Voraussetzung zur Bildung funktioneller Systeme (etwa das des Buchstabens 'D'). Elementare sensomotorische Prozesse sind ihre Grundlage. (vgl. AYRES 1979, 70f)

Jeder Hirnhälfte ist die gegenüberliegende Seite des Körpers und des Gesichtsfeldes zugeordnet. So gut wie alle Signale von der Peripherie werden auf die **gegenüberliegende** Seite des Gehirns projiziert. D.h. optische Reize der rechten Seite des Gesichtsfeldes, Geräusche von rechts, Empfindungen auf der rechten Körperoberfläche usw. werden in der linken Hirnhälfte verarbeitet und umgekehrt. Schäden einer Hirnhälfte führen zu Wahrnehmungs- und Steuerungsproblemen auf der gegenüberliegenden Körperseite.

Überschreitet ein Wahrnehmungsgegenstand die Körpermittellinie, werden komplexe Umschaltungen notwendig. Beidhändiges Arbeiten erfordert ein funktionierendes Zusammenspiel beider Hirnhälften. Wir sprechen hier von einer '**horizontalen**' Integration.

Hinzu kommt, daß die beiden Hälften der Hirnrinde unterschiedliche Aufgaben wahrnehmen (vgl. u.a. JANTZEN 1990, 120; POPPER / ECCLES 1989, 421 ff):

- Die linke, meist die *dominante* Hälfte arbeitet eher verbal-logisch, differenzierend und auf das Detail bezogen. Sie ist für die Verarbeitung sprachlicher, symbolhafter Informationen und für Denken im verbal-abstrakten Raum zuständig. Informationen werden im verbalen Gedächtnis gespeichert.

---

[73] Ein wichtiger, noch wenig geklärter Aspekt zentralnervöser Integration ist, daß die zentralen motorischen Systeme über die von ihnen ausgehenden Aktivitäten einen 'Durchschlag' (Efferenzkopie) an die für die Wahrnehmung der Tiefensensibilität zuständigen Strukturen schicken. Diese wissen so schon **im voraus** über die zu erwartenden Muskelaktivitäten und die dadurch ausgelösten Wahrnehmungen Bescheid.

Es handelt sich hierbei um Dinge wie Buchstaben erkennen können, Einzelheiten benennen, zerlegen (Analyse), reden, hören, rechnen, Regeln erkennen. Dieser Hirnhälfte wird die Vernunft zugeschrieben.

- Die rechte Hemisphäre ist überlegen in der Verarbeitung nichtsprachlicher, v.a. visueller Reize. Ihr gelingt das ganzheitliche Verstehen von Humor und Ironie. Speicherungsleistungen sind u.a. Formengedächtnis und Repräsentanz des Körperschemas.

Es handelt sich hierbei um Dinge wie ganze Wörter erkennen, Teile zusammenfügen (Synthese), bildlich vorstellen, sehen, räumliche Vorstellung, Regeln anwenden. Dieser Hirnhälfte werden Gefühle zugeschrieben.

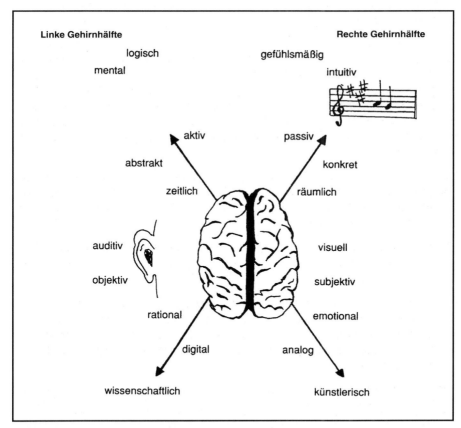

Abbildung 42: (aus MANN *1981, 30)*

Mit den Möglichkeiten *einer* Hälfte lassen sich Situationen in ihrer Ganz-heitlichkeit nur unvollständig erfassen: Der reine Wortsinn gibt über das Gemeinte noch keine vollständige Auskunft; erst durch die emotionale Be-wertung erhält die Situation einen individuellen Sinn. Immer nur 'vernünftig' handelnde Menschen sind unausstehlich. Einseitige Stärken führen jedoch leicht zur Bevorzugung der dieser Seite zugeordneten Fähigkeiten und ihres Wahrnehmungsfeldes und zu einer Vernachlässigung der (vermeint-lich) schwächeren Fähigkeiten der anderen Seite.

Neben, beziehungsweise 'unter' der Gliederung in zwei Hälften besteht das Gehirn aus unterschiedlichen, stammesgeschichtlich älteren und neueren Teilen, den 'höheren' und den 'niederen' (älteren) Zentren. Es läßt sich, ausgehend von den ältesten Teilen, unterteilen in

- Stammhirn (u.a. mit formatio reticularis und Vestibulariskernen)
- Zwischenhirn (u.a. mit Thalamus, Limbisches System)
- Kleinhirn
- Cortex (Hirnrinde), unterteilt in zwei Hemisphären mit unterschiedlichen Aufgaben, wie oben dargestellt.

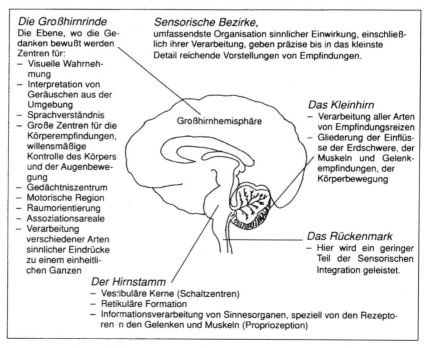

Die Großhirnrinde
Die Ebene, wo die Ge-danken bewußt werden
Zentren für:
- Visuelle Wahrneh-mung
- Interpretation von Geräuschen aus der Umgebung
- Sprachverständnis
- Große Zentren für die Körperempfindungen, willensmäßige Kontrolle des Körpers und der Augenbewe-gung
- Gedächtniszentrum
- Motorische Region
- Raumorientierung
- Assoziationsareale
- Verarbeitung verschiedener Arten sinnlicher Eindrücke zu einem einheitli-chen Ganzen

Sensorische Bezirke,
umfassendste Organisation sinnlicher Einwirkung, einschließ-lich ihrer Verarbeitung, geben präzise bis in das kleinste Detail reichende Vorstellungen von Empfindungen.

Großhirnhemisphäre

Das Kleinhirn
- Verarbeitung aller Arten von Empfindungsreizen
- Gliederung der Einflüs-se der Erdschwere, der Muskeln und Gelenk-empfindungen, der Körperbewegung

Das Rückenmark
- Hier wird ein geringer Teil der Sensorischen Integration geleistet.

Der Hirnstamm
- Vestibuläre Kerne (Schaltzentren)
- Retikuläre Formation
- Informationsverarbeitung von Sinnesorganen, speziell von den Rezepto-ren in den Gelenken und Muskeln (Propriozeption)

Abbildung 43: (aus BRÜGGEBORS *1992, 26)*

Informationen, die über das Rückenmark hereinkommen, verlaufen über sensorische Nevenbahnen durch das Stammhirn über Zwischenhirn und Kleinhirn zum Cortex (Großhirnrinde). „Überall wird geschaltet, umgeschaltet, selektiert, gesperrt, geprüft, gehemmt, weitergeleitet, gebahnt, integriert und die Infos gehen dann als Antwort des Gehirns über die efferente Bahn wieder als motorische Reaktion zurück zur Peripherie." (BRÜGGEBORS 1992, 15) Wir sprechen hier von **'vertikaler'** Integration.

Grundlage jeder aktuellen Handlungsorientierung ist ein gewisser Aktivierungszustand des ZNS.[74] Eine Voraussetzung dafür ist ein individuell unterschiedliches Mindestmaß an Reizen, die über die formatio reticularis im Stammhirn die Wachheit des ganzen Systems steuern. Bietet die Umwelt zuwenig Reize oder braucht das System mehr Reize, als geboten werden, kann es aufhören zu arbeiten (einschlafen) oder sich auf eine ständige Suche nach zusätzlichen Reizen machen. Ein Erklärungsmodell für Hyperaktivität ist eine solche ständige Suche nach notwendigen Reizen.

Wenn andererseits alle Reize, die die unterschiedlichen Rezeptoren gleichzeitig erregen, ungefiltert die höheren Zentren des ZNS erreichten, wäre die Verarbeitungskapazität total überfordert.

Die Umwelt bietet eigentlich immer mehr Reize, als bewußt verarbeitet werden können. Die Aufmerksamkeit muß gezielt gerichtet werden. Jeder weiß, wie schwer es ist, sich in einer lauten Kneipe auf die Worte seines Gesprächspartners zu konzentrieren.

Das Überangebot an Informationen wird auf zwei Weisen reduziert:

1. Informationsreduktion durch Ausfiltern
Aufgabe der aktuellen Handlungsorientierung ist das Richten der Aufmerksamkeit auf die für die Handlung bedeutsamen Teilaspekte der Situation. Das ist nur möglich, wenn 'automatisch' überflüssige oder störende Informationen ausgefiltert werden. Auch wenn das Großhirn die Ausschaltung unerwünschter Information 'fordern' kann (Stichwort 'Konzentration'), ist es dazu immer auf die Funktion der niederen Zentren angewiesen. Irgendwann bin ich von einem Vortrag so ermüdet, daß ich mich nicht mehr konzentrieren kann, obwohl ich es eigentlich will. Meine Aufmerksamkeit beginnt abzuschweifen. Aber jeder hat auch seine Techniken, wie er sich wieder konzentrieren kann.

Beispiel: Der Tisch, an dem ich arbeite, ist mir ein Be-griff, den ich mir angeeignet habe. Wenn ich ihn mir genau anschaue (vom Fühlen und

---

[74] Vgl. auch Kap. 1.1.2 Handlungsorientierung unter der Lupe.

weiteren Wahrnehmungsqualitäten ganz zu schweigen) merke ich, wieviele Informationen den Begriff Tisch ausmachen – arbeiten kann ich dann allerdings nicht mehr.

2. Informationsreduktion durch Ordnung

Es ist Aufgabe der niederen Zentren, Informationen zu organisieren und zu Begriffen bzw. Plänen / Konzepten zu ordnen. Es handelt sich dabei um Wahrnehmungshandlungen, die den Aufbau von Be-griffen im Rahmen der elementaren Handlungsorientierung ermöglichen: Ich muß Dinge nicht immer von Neuem be-greifen; ich verlasse mich darauf, daß etwas, das wie eine Feder aussieht, federleicht ist. Dieses Verfahren entlastet mich, birgt jedoch hin und wieder auch die Möglichkeit von Täuschung und Überraschung.

4.3.1.4   Exkurs: Wahrnehmungs – Entwicklung

Ausgangspunkt der geistigen Entwicklung, die 'materielle Basis', ist das Nervensystem. Es ist als Grundlage zwar schon bei Geburt vorhanden, jedoch nur begrenzt funktionsfähig. Es entwickelt sich in der aktiven Auseinandersetzung mit der Welt.

Die komplexen Prozesse der Sensorischen Integration entwickeln sich im Rahmen von Wahrnehmungshandlungen. Diese Entwicklung verläuft in verschiedenen Stufen[75] und normalerweise parallel zur kognitiven Entwicklung. Das Wissen um diese Entwicklungsstufen

* verdeutlicht noch einmal die herausragende Stellung der drei Grundwahrnehmungssysteme in der kindlichen Entwicklung

* ermöglicht eine begründete Auswahl von Unterrichtsangeboten.

1. (Schwerkraft-)Versicherung

(bis zu einem Entwicklungsalter von ca. 3 Monaten)

* Die vom taktilen System aufgenommenen Reize ermöglichen Saugen und Wohlbefinden in der Mutter-Kind-Beziehung.

* Die Integration vestibulärer und propriozeptiver Reize ermöglicht koordinierte Augenbewegungen, Haltung, Gleichgewicht, Muskeltonus, Schwerkraftsicherheit.

---

[75] Darstellung in Anlehnung an AYRES 1984, BRAND et al 1988, BRÜGGEBORS 1992. Kapitel 7 'Bausteine zur Beurteilung der kognitiven Entwicklung' bietet den Vergleich mit der kognitiven Entwicklung in der Phase der Sensomotorischen Intelligenz.

- Diese Leistungen sind Grundlage jeder Handlungsorientierung und Voraussetzung von Handlungen im eigentlichen Sinne.
- Gleichzeitigkeit mit den PIAGET'schen Stufen Sensomotorischer Intelligenz (vgl. Kap 1.2):
  Stufe der *Betätigung und Übung der Reflexe*
  Stufe der *primären Zirkulärreaktionen*

2. Körperschema, Bewegungsplanung

(im Entwicklungsalter von ca. 3 – 12 Monaten)

- Die Reize der drei Grundsinne werden miteinander verknüpft.
- Körperwahrnehmung, Aufmerksamkeit, emotionale Stabilität, Koordination der Körperhälften, Aktivitätsniveau und ein Repertoire an Bewegungen ermöglichen Handlungskontrolle und Handlungsplanung.
- Gleichzeitigkeit mit den PIAGET'schen Stufen Sensomotorischer Intelligenz (vgl. Kap 1.2):
  Stufe der *sekundären Zirkulärreaktionen*
  Koordination der sekundären Zirkulärreaktionen

3. Sprache, zweckmäßiges Handeln

(im Entwicklungsalter von 1 bis 4 Jahren)

- Die Integration vestibulärer und akustischer Reize ermöglicht aktive und passive Sprache.
- Die Erweiterung der Grundsinne um die optischen Wahrnehmungen verfeinert die Auge-Hand-Koordination, visuelle Wahrnehmung, Bilder-Lesen, Ziele nicht 'aus den Augen verlieren'.
- Gleichzeitigkeit mit den PIAGET'schen Stufen Sensomotorischer Intelligenz (vgl. Kap 1.2):
  Ab der Stufe der *tertiäten Zirkulärreaktionen*

4. Vorbereitung auf schulisches Lernen

(im Entwicklungsalter ab 4 Jahren bis zum Schuleintritt)

- Integration aller Sinneskanäle,
- Abschluß der Hemisphärenspezialisierung,
- „Selbstachtung, Selbststkontrolle entwickeln sich in dem Bewußtsein, daß der Körper als ein zuverlässiges sensomotorisches Gebilde existiert ... „ (AYRES 1984, 35).

Um den üblichen Anforderungen der Grundschule zu genügen, sollte diese Stufe ganz durchlaufen sein.

4.3.2 Das ist uns wichtig – Anwendung, Einordnung und Bewertung

Aus den theoretischen Grundlagen ergibt sich:

- Das Großhirn ist ziemlich abhängig von den 'unteren' Ebenen. Es braucht Hilfen, um etwas verändern zu können. Der Wille oder verbale Aufforderungen allein richten oft wenig aus. Besser ist eine Entlastung von Schwierigkeiten z.B. das Gleichgewicht zu halten durch entsprechende Sitzmöglichkeiten.

- Selbstachtung, Selbstkontrolle und Selbstvertrauen entwickeln sich auch in dem Bewußtsein, daß der Körper als zuverlässiges sensomotorisches Instrument existiert.

- Letztlich muß das Gehirn sich selbst integrieren. Das kann es nur, wenn es arbeitet, d.h. aktiv wird. Die reine Darbietung von Reizen bietet wenig Integrationsmöglichkeiten.

- Man kann dem Gehirn keine Organisation aufzwingen. Im Gegenteil: Unter Streß arbeitet es eher schlechter. Unbewußte, 'primitive' Schutzmechanismen übernehmen die Vorherrschaft.
  Dagegen: Optimale Lernvoraussetzungen bestehen bei selbstgewählten Aufgaben, selbst hervorgerufenen Reizen (womit wir wieder beim schülerorientierten Unterricht wären).

- Was Spaß macht, kann als integrierend betrachtet werden.

Wir alle sind uns sicher, daß menschliches Verhalten durch Erfahrungen modifiziert wird. Unsere Beobachtungen bestätigen dies in vielen Fällen. In anderen Fällen werden diese Veränderungen nicht sichtbar. Letzlich müssen wir zugeben, daß wir nicht genau wissen, wie Strukturveränderungen des Nervensystems zustande kommen. Diese Unsicherheit nahm im 1990 ausgerufenen „Jahrzehnt des Gehirns" eher noch zu. Sicher ist, daß das Gehirn sich selbst organisieren muß und daß es versucht, auf seine individuelle Art im Gleichgewicht mit seiner Umwelt zu leben.

4.3.2.1 Wahrnehmungsstrukturen im Ungleichgewicht

1. Probleme allgemeiner Über- oder Unterversorgung mit Reizen

Auf den Menschen strömen ständig die Einflüsse der Umwelt ein, die er mit seinen Wahrnehmungs- und Verarbeitungsmöglichkeiten im Gleichgewicht halten muß. Mancher ist dabei Schwierigkeiten ausgesetzt, mit denen er versucht, fertig zu werden durch subjektiv sinnvolles, jedoch z.T.

von der 'Norm abweichendes' Verhalten. Diese subjektive Handlungsorientierung und das beobachtbare Verhalten *erscheint* dem Betrachter oft sinnlos, destruktiv und widersprüchlich.

Auf den Menschen strömen immer mehr Reize ein, als er verarbeiten kann. Er muß versuchen, eine gewisse Menge davon 'auszuschalten'. Ein gut funktionierendes Nervensystem bietet dazu eine Reihe von Möglichkeiten. Wir alle nutzen diese, wenn wir uns, bewußt oder unbewußt, konzentrieren. Gelegentlich gelingt uns das nicht so einfach. Dann kauen wir vielleicht an einem Bleistift oder beginnen laut zu lesen. Nichts anderes macht jemand, der mit der Hand vor den Augen wedelt, um nicht von der Masse visueller Eindrücke erschlagen zu werden oder vor sich hin 'brabbelt', um nichts mehr hören zu müssen.

„Wir erleben Kinder mit taktiler Abwehr, denen schon geringste Berührungen weh zu tun scheinen oder Kinder mit vestibulären und / oder propriozeptiven Überempfindlichkeiten, denen jede Bewegung schwerfällt. Dementsprechend weichen diese Kinder Stimulationen in diesen Bereichen aus und reagieren mit Rückzug oder Ausweichverhalten, Ablehnung oder Aggressivität." (DOERING 1990, 21) Sie zeigen Unsicherheit gegenüber Schwerkrafteinflüssen, sind ängstlich beim Treppensteigen und eher bewegungsarm (hypomotorisch). Sie haben keinen Spaß an sportlichen Aktivitäten.

Diese Menschen können nicht einfach 'desensibilisiert' werden. Einfacher ist es, wenn sie den körperlichen Kontakt mit einer Bezugsperson ertragen und so emotional unterstützt werden können.

Auf der anderen Seite führt ein 'Zuwenig' an Reizen oder sogar die Abwesenheit aller Wahrnehmungsmöglichkeiten zum Verkümmern und letztlich zum Absterben der Wahrnehmungsfähigkeiten – bei jedem von uns. Das ZNS arbeitet in dieser Hinsicht wie ein Muskel, der verkümmert, wenn er nicht benutzt wird. Die Unterversorgung mit Reizen, das Problem der sensorischen Deprivation, tritt bei unseren Schülern häufig auf. Körperliche Einschränkungen, eintöniger Alltag und Überbehütung isolieren von Wahrnehmungs- und damit auch von Lernmöglichkeiten. Hinzu kommt in einigen Fällen eine 'selbstgewählte' Isolation, die Passivität der Schüler mit sogenannten autistischen Zügen.

Ein unterversorgtes oder besonders reizhungriges ZNS ist bestrebt, sich seine Reize zu suchen. Problematisch wird es, „wenn diese Suche nicht mehr die nötige Variabilität hat, sondern stereotyp wird" (DOERING 1990, 20) „Da das Gehirn durch ungenügende Variationen in der Reizzufuhr immer wieder dieselben Reize erhält, tritt Gewöhnung (Habituation) ein, was wiederum zu Abschalten ... führt. Der Effekt ist wiederum das Signal der Unterversorgung, was vom Kind mit einer Intensivierung der gleichen Handlung beantwortet wird." (ebd.) Es gerät in einen Teufelskreis.

„Wir finden diese stereotype Suche nach Reizen in allen Wahrnehmungs- bereichen. Taktil kann es sich durch Kratzen, Reiben, Lecken an Gegen- ständen bis hin zu selbstverletzendem Verhalten äußern. Die Suche in der vestibulären Wahrnehmung beobachten wir bei Kindern, denen keine Schaukelbewegung zu hoch und das Drehen auf Schaukeln und Drehstüh- len nicht stark genug sein kann. ... Hyperaktive Kinder, die ständig in Bewegung sind, signalisieren damit häufig eine Unterversorgung im pro- priozeptiven Bereich." (DOERING 1990, 21) Für diese Schüler ist der 'reizar- me Raum' gerade **nicht** geeignet. Es ist nicht damit getan, ihnen einfach die Gegenstände wegzunehmen, mit denen sie sich ständig beschäftigen. Eine 'sozial erlaubte' Reizzufuhr – Pezziball statt Stuhl; Kritzeln, während der Lehrer redet – entspannt die Situation und ermöglicht Sensorische Integration.

2. Taktile Defensivität

Die vom taktilen System aufgenommenen Reize ermöglichen dem Säug- ling Saugen und Wohlbefinden in der Mutter-Kind-Beziehung. Bei einer Reihe von Kindern erzeugen Berührungen jedoch Mißempfindungen in seinem Nervensystem und bewirken ablehnende Gefühlsempfindungen und negatives Verhalten. (vgl. AYRES 1984, 152) Eine Verbesserung der Gleichgewichtsintegration wirkt positiv auf die taktile Integration. Da taktile und vestibuläre Reize sich gegenseitig beeinflussen, ist die Suche nach vestibulären Reizen eine Möglichkeit, die unangenehmen Reize zu hem- men: 'Unruhe', Hin- und Herrutschen, Umherlaufen 'helfen' dem Kind aus einer noch mißlicheren Lage: Das taktil defensive „Kind ist gewöhnlich überaktiv und leicht ablenkbar" (ebd.). Die Gestaltung der primären Mutter- Kind-Beziehung stellt unter diesen Voraussetzungen die Beteiligten vor schwerwiegende Probleme.

Berührungsempfindungen durch die Kleidung erreichen pausenlos des Nervensystem. Normalerweise werden diese Reize unterdrückt[76]. Bei tak- til defensiven Kindern arbeiten diese hemmenden Mechanismen nur unge- nügend. Die ständigen Reize machen sie 'ganz kribbelig'. Sie sind in einer verzwickten Lage: Einerseits benötigten sie vermehrte taktile Reize, um die hemmenden Systeme zu trainieren, andererseits bereiten sie ihnen größtes Unbehagen.

---

[76] vgl. den Abschnitt über das Grundwahrnehmungssystem der taktilen Wahrnehmung

156

Emotionale Probleme in der Interaktion mit ihren Bezugspersonen entstehen durch die Unruhe dieser Kinder, vor allem aber durch ihre Ablehnung engen, körperlichen Kontakts, der doch 'nur gut gemeint' ist. Hilfe durch Handführung lehnen sie strikt ab. Wenn sie gezwungen werden, mit anderen in einer Reihe zu stehen, ist die Schlägerei vorprogrammiert. Berührungsempfindungen, die sie selber an sich verursachen, werden jedoch nicht als unangenehm empfunden.

Die Gewöhnung an taktile Reize soll normalerweise an den Händen beginnen. Hier sind die hemmenden Funktionen durch die Häufigkeit taktiler Reize am besten ausgeprägt. „Durch gleichmäßigen festen und tiefen Druck erzeugte Empfindungen helfen.." (AYRES 1984, 157) Ihre Verarbeitung folgt dem einfachen hemmenden Mechanismus der Bevorzugung stärkerer taktiler Reize. Nicht vergessen werden sollte dabei immer, daß eigene Berührungen leichter zu verarbeiten sind.

4.3.2.2 Herstellung des Gleichgewichts – Therapie

Grundlage therapeutischer / pädagogischer Bemühungen ist die Vorstellung von der Plastizität des Nervensystems. „Die Plastizität des Nervensystems geht darauf zurück, daß die Neuronen (Nervenzellen) nicht so miteinander verbunden sind, als wären sie Stromkabel mit Steckverbindungen. Die Stellen, an denen die Zellen interagieren, sind Regionen eines empfindlichen dynamischen Gleichgewichts, die von einer Unzahl von Elementen moduliert werden, welche örtliche strukturelle Veränderungen auslösen."(MATURANA / VARELA 1987, 184)

Das zentrale Prinzip der sensorischen Integrationsbehandlung liegt in der Versorgung mit einem geplanten, entwicklungsgemäßen und kontrollierten Reizangebot. Es hilft dem Gehirn, sich zu organisieren und seine 'Fehler' aus sich heraus zu beheben. Das Hauptaugenmerk gilt den integrativen Prozessen der drei Grundsinne (Integration auf Hirnstamm-Niveau). Es werden vom Schüler keine komplizierten motorischen Pläne verlangt.

- Dem Kind werden Wahrnehmungen angeboten, die es zu Reaktionen und Aktivitäten reizen und befähigen.

- Dies sind hauptsächlich vestibuläre, taktile und propriozeptive Wahrnehmungen.

- Keine kognitiven Übungen. Verbale Hinweise dienen nur als Impulse oder Signal. Im Prinzip wissen die Kinder 'so', was sie tun 'müssen'.

Die beste 'Therapie' ist eine geeignete Lern – Umwelt. In der wechselseitigen Auseinandersetzung des Individuums mit dieser Umgebung findet Entwicklung statt. Sie ist 'reizvoll' und bietet Reize, die nicht überfordern und dennoch zur Anpassung herausfordern. Dieser Ansatz funktioniert nur, wenn es gelingt, das Kind auf seinem jeweiligen Stand abzuholen. „Wichtig ist dabei, daß nicht symptomorientiert bestimmte Übungen durchgeführt werden, sondern daß das Kind als Gesamtheit angesprochen wird und aktiv Erfahrungen machen kann." (DOERING 1990, 17)

In einem wechselseitigen, zirkulären Prozeß der Interaktion / Kommunikation mit der dinglichen und personalen Umwelt entwickeln sich Strukturen, die einerseits von den Reizen des umgebenden Milieus bestimmt sind, ihrerseits jedoch auch die Reizverarbeitung bestimmen. „In diesem Sinne werden wir ständig festzustellen haben, daß man das Phänomen des Erkennens nicht so auffassen kann, als gäbe es 'Tatsachen' und Objekte *da drauβen*, die man nur aufzugreifen und in den Kopf hineinzutun habe." (MATURANA / VARELA 1987, 31)

4.3.2.3 SI und Handlungsfähigkeit

Funktionierende Wahrnehmung und eine daraus resultierende Handlungsfähigkeit sind nicht das 'automatische' Ergebnis eines Stimulationsprozesses, sondern selbst aktives Handeln. Wir sprechen deshalb von Wahrnehmungs- **Handlungen**.

Wahrnehmungshandlungen

- sind immer ein aktiver Prozeß; Wahrnehmung und Bewegung sind untrennbar miteinander verknüpft[77];

- fördern und fordern eine eigene Handlungsorientierung (Wachheit/Aktivität, Aufmerksamkeit, Interesse, Idee und Vorwegnahme vermuteter Ergebnisse);

- werden ausgewertet und sind verbunden mit (emotionaler) Bewertung und Speicherung, Ergebnisse werden als grundlegende Erfahrungen in die allgemeine Handlungsorientierung integriert *(der heißen Herdplatte wende ich mich nicht wieder zu)*;

- werden vorbereitet ('geplant'), indem wir uns der vermuteten Reizquelle zuwenden und andere, störende Reize ausschalten.

Nur so betrachtet hat Wahrnehmen mit Lernen zu tun (und entspricht den theoretischen Grundlagen der Sensorischen Integrationsbehandlung). Ein

---

[77] So ist das scheinbar ruhige visuelle Fixieren eines Gegenstandes immer mit ständigen kleinen Bewegungen der Pupille verknüpft. Taktiles Erkennen eines ruhig auf unserer Hand liegenden Gegenstandes ist ohne tastende Bewegungen nicht möglich.

'passender' Input allein löst bei vielen Schülern dieses komplexe Zusammenspiel nicht automatisch aus. Konzepte, die nur auf 'Stimulation', 'Anregung', 'Wohlfühlen' beruhen, vernachlässigen entscheidende Aspekte und sind deshalb nur begrenzt tauglich.

Wahrnehmungshandlungen sind unter drei Gesichtspunkten Lernhandlungen:

1. Sie ermöglichen / verbessern die Wachheit und dann die Aufmerksamkeit des Zentralnervensystems. Bei sehr schwer behinderten Schülern und Koma-Patienten geht es darum, eigene Wahrnehmungshandlungen auf dieser Stufe 'anzustoßen'.

2. Sie erarbeiten im Rahmen entwicklungsorientierter Angebote auf einer elementaren Stufe die allgemeine Handlungsfähigkeit. Das Erarbeiten einer funktionierenden Wahrnehmung (Integration der drei Grundwahrnehmungsbereiche) ist Grundlage der weiteren, auch kognitiven Entwicklung. Wahrnehmungshandlungen ermöglichen auf dieser Stufe *den* Erkenntnisgewinn über den eigenen Körper und die nahe Umwelt.

3. Sie be-handeln darüber hinaus Wahrnehmungsprobleme und Teilleistungsstörungen. Wahrnehmungshandlungen ermöglichen die Verbesserung der Reizverarbeitung und -integration.

Die auf ganz früher Entwicklungsstufe (bis zu einem Entwicklungsalter von 3 Monaten) dominierende, d.h. im Rahmen dieser Stufe entwicklungsbestimmende Tätigkeit des Kleinkindes ist die **Wahrnehmungstätigkeit**[78]. Im Rahmen dieser Tätigkeit findet die Verknüpfung der Grundsinne Gleichgewichtssinn, Eigenwahrnehmung, Tastempfinden statt. Erst diese elementare Integration ermöglicht koordinierte Augenbewegungen, Haltung, Gleichgewicht, ausgeglichenen Muskeltonus, Schwerkraftsicherheit. Die Grundlagen des Körperschemas entstehen, Bewegungsplanung und Aufmerksamkeit werden möglich – alles **Voraussetzungen für eine Handlungsorientierung und (später) Handlungskontrolle / Handlungsplanung**. Das Individuum findet , wörtlich, seinen 'Ort' in der Welt.

Die graphische Darstellung (Abb. 44) bezieht sich auf die speziellen Fördermöglichkeiten einzelner Bausteine aus der Handlungsorientierung :

- Wachheit, Aufmerksamkeit und Wahrnehmungstätigkeit können bearbeitet werden. Auch wenn der aktuelle Schwerpunkt nur in einem Bereich liegt, wirkt sich das auf die anderen beiden aus.

---

[78] zum Konzept der Dominierenden Tätigkeit vgl. LEONTJEW 1980, 405 ff

- Die emotionale Bewertung der Aktivitäten / Angebote hinsichtlich der Befriedigung vorhandener Bedürfnisse ist Sache des Schülers. Möglicherweise ändern sich hierbei auch die Bedürfnisse. (z.B. mehr 'Lust auf Neues', weil es seinen Schrecken verliert)

- Im Prozeß basaler Kommunikation können Lehrer und Schüler sich darüber verständigen.

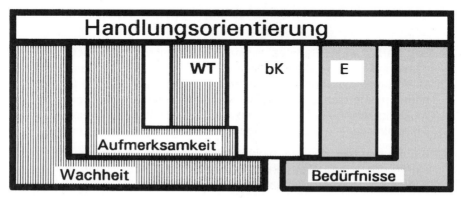

Abbildung 44

Das Zusammenspiel der niederen mit den höheren Zentren (vertikale Integration) ermöglicht erst Aktivierung / Wachheit, Aufmerksamkeit, Wahrnehmung als Handlungsgrundlage. Das unbewußte Bereitstellen gespeicherter Be-griffe, Erfahrungen und Bewertungen verhilft zu einer 'reibungslosen' und beständigen Handlungsorientierung. Ein auf sicherer Basis 'funktionierender' Körper wird Grundlage für eine Ausweitung des Aktionsradius, ein Erkunden der dinglichen Umwelt.

Das Zusammenspiel der verschiedenen Strukturen des Gehirns ermöglicht eine realitätsangemessene Handlungskontrolle und -planung. Eine funktionierende Sensorische Integration wird zum unverzichtbaren Instrument der Bewegungssteuerung und -kontrolle. Gleichzeitig verbessert sie sich durch diese Tätigkeit.

Die Integration der Grundsinne mit optischen Wahrnehmungen ermöglicht Hand-Auge-Koordination und entsprechende Bewegungskontrolle. Die Integration vestibulärer und akustischer Reize ermöglicht aktive und passive Sprache.

160

4.3.3 Leseempfehlungen

Ayres, J. : Bausteine der kindlichen Entwicklung , Heidelberg 1984.

Hier steht eigentlich alles drin, was man von J. Ayres wissen muß.

Brand, I. / Breitenbach, E. / Maisel, V.: Integrations-Störungen, Würzburg (4. Aufl.) 1988.

Ein Therapieansatz als Ergebnis langjähriger Arbeit mit lern- und entwicklungsgestörten Kindern, der sich aus der Praxis entwickelt hat, orientiert an J. Ayres. Übersicht über das ganze SI-Gebiet, von neuro- und entwicklungspsychologischen Grundlagen über Diagnostik bis hin zu einem Therapiekonzept.

Doering, W. u. W. (Hg.): Sensorische Integration, Dortmund 1990.

Anwendungsbereiche und Vergleich mit anderen Fördermethoden/Konzepten. Die Einführung, sensorische Integration – ein alltäglicher Vorgang, Seite 9 ff, gehört zum Besten, was es gibt.

Sacks, O.: Der Mann, der seine Frau mit einem Hut verwechselte, Reinbeck 1990.

Neurologisches Fachwissen wird in einfühlsamen Fall-Geschichten zugänglich gemacht.

Fischer, E.P.: Die Welt im Kopf, Konstanz 1985.

Der Klappentext sagt mit Recht: „Ein Sachbuch, das sich wie ein Essay liest, eine mit Pfiff geschriebene Einführung in die Hirnforschung."

Du sprichst ohne Worte
Du sprichst mit deinem Schauen
Du sprichst mit deinem Atem
Du sprichst mit deinem Ruhigwerden
Du sprichst mit deinem Einschlafen
Du sprichst ohne Worte
Stille fremde Sprachen....

(M. Schmitt)

4.4 Basale Kommunikation (W. Mall)

4.4.1 Theoretische Grundlagen

'Vater' der Basalen Kommunikation (BK) ist W. Mall, der seinen Ansatz in der praktischen Arbeit mit schwer geistig behinderten Menschen entwickelte. Er suchte nach Wegen, kommunikative Situationen mit Personen herzustellen, deren Kommunikationsmöglichkeiten extrem eingeschränkt sind.

Ziel der Basalen Kommunikation ist es, mit schwer geistig behinderten Menschen in Austausch zu treten, einen vorsprachlichen Kommunikationsweg zu finden. Dabei wird auf Vorbedingungen für das Zustandekommen einer Kommunikation verzichtet. Diese Aufgabe von Bedingungen und Voraussetzungen meint MALL, wenn er von „basal" spricht.

Ausgangspunkte der Basalen Kommunikation sind:

- Kommunikation wird verstanden als Austausch, als „jegliche *wechselseitige Anpassung* an einen anderen und *Einflußnahme* auf ihn" (MALL 1990, 31f). Dieses Verständnis entspricht der Auffassung PIAGETS, der von Assimilation und Akkomodation spricht.[79]

- MALL nimmt an, daß bei schwer geistig behinderten Menschen häufig „die Störung des kommunikativen Austausches mit der sozialen und dinglichen Umwelt geradezu ein Bestimmungsmoment ihrer Behinderung darstellt" (MALL 1985, 30).

- Die Ursache sieht MALL darin, daß die primäre Kommunikationssituation in der Mutter-Kind-Symbiose nicht oder nur ungenügend erlebt wurde.

- Die Folge ist die fehlende „Entwicklung von Ur-Vertrauen", die sich auf die „gesamte soziale, emotionale und intellektuelle Entwicklung" auswirkt (MALL 1985, 30).

- Daraus ergibt sich für MALL die Schlußfolgerung, Erfahrungen aus der Entwicklungsphase der Mutter-Kind-Symbiose nachzuholen, um eine weitere Entwicklung zu ermöglichen.
  Diesen frühen Austausch zwischen Mutter und Baby beschreibt MALL mit dem „Kreislauf der primären Kommunikation".[80]

Bei der Suche nach **Kommunikationswegen** geht MALL von der Feststellung WATZLAWICKS aus „Man kann nicht nicht kommunizieren" und setzt beim Mitteilungscharakter des Atems an, einer vitalen Lebensfunktion, die an einer „Nahtstelle zwischen 'bewußt' und 'unbewußt'" steht (MALL 1990, 62).
Der Atemrhythmus verrät viel über unsere innere Befindlichkeit :
„Wie atmen wir selbst? Wir atmen in ruhigen, langen Zügen, wenn wir schlafen...., es 'verschlägt uns den Atem', wenn wir erschrecken..., 'wir lassen die Luft raus', wenn die Spannung nachläßt...Im Atemrhythmus drückt sich nicht nur mein momentaner Zustand aus, sondern ebenfalls meine Grundstimmung, mein Lebensgefühl, meine Persönlichkeit." (MALL 1984, 5).
Wenn wir den Atem schwerst behinderter Menschen intensiv beobachten, spüren wir etwas vom Mitteilungscharakter ihres Atems: Sie atmen häufig sehr flach aus oder unregelmäßig, manchmal ist der Atemrhythmus sehr

---

[79] siehe Kapitel 1.2.

[80] siehe auch: PAPOUSEK, H. & PAPOUSEK, M.: Frühentwicklung des Sozialverhaltens und der Kommunikation, in: REMSCHMIDT, H. (Hrsg.) Neuropsychologie des Kindesalters, Heidelberg 1983, 182 – 189.

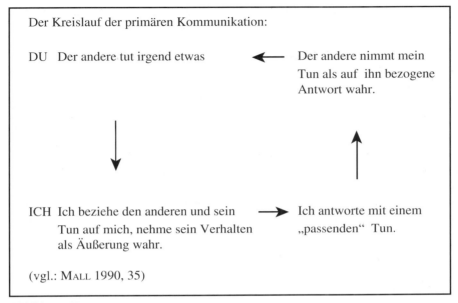

Der Kreislauf der primären Kommunikation:

DU   Der andere tut irgend etwas   ⟵   Der andere nimmt mein Tun als auf ihn bezogene Antwort wahr.

ICH Ich beziehe den anderen und sein Tun auf mich, nehme sein Verhalten als Äußerung wahr.   ⟶   Ich antworte mit einem „passenden" Tun.

(vgl.: MALL 1990, 35)

Abbildung 45

schnell und heftig. MALL sieht hinter solchen Atemweisen innere Gestimmt-heiten wie Anspannung, Angst, Gelöstheit oder Unwohlsein. Dies ist sein Ansatzpunkt, sein Zugangsweg der basalen Kommunikation:
„Basale Kommunikation nimmt den Ausdrucks- und Mitteilungscharakter des Atemverhaltens ernst und versucht, auf der Ebene des Atemrhythmus mit dem Partner in einen Austausch zu treten, zu spüren, wie ihm ist, ihm mitzuteilen, wie man zu ihm steht, zu erreichen, daß er sich besser fühlt." (MALL 1984, 5).

Bei der **Durchführung** sieht MALL den behinderten Partner zunächst in der passiven Rolle: Er läßt etwas mit sich geschehen. Der Therapeut über-nimmt den aktiven Teil: Er muß sich auf den Atemrhythmus des behinder-ten Partners konzentrieren, sich „einfühlen" und durch Anpassung seines Atemrhythmus' eine Gemeinsamkeit herstellen. Daraus soll sich ein har-monisches Mitschwingen und später ein Dialog der Partner entwickeln.
Ein Bild verdeutlicht das 'harmonische Mitschwingen': „ Wenn ich jeman-den auf der Schaukel in Schwung bringe, geht mein Impuls von mir weg. Ich warte, bis der andere zurückkommt, und gebe dann wieder den Impuls von mir weg. Ebenso gehe ich beim Atemrhythmus ins Ausatmen mit, lasse dem anderen Raum zurückzukommen, schaue auch für mich selbst,

daß ich zurückkomme, und gehe wieder ins Ausatmen mit." (MALL 1990, 63)

Räumlich empfiehlt MALL eine ruhige Umgebung, gedämpftes Licht und eine Sitzposition, in der wir hinter dem behinderten Partner sitzen und er mit seinem Rücken an unserem Brustkorb lehnt. Um den Atem des Partners besser zu spüren, ist es gut, unsere Hände auf seinen Bauch zu legen. Nach einer Einfühlungsphase geht es darum, das Ausatmen des behinderten Partners zu verdeutlichen, hörbar zu machen, z.B. durch Brummen oder andere Geräusche. Verdeutlichung und Pausen, in denen die Möglichkeit zur Reaktion gegeben ist, wechseln ab. Genauso können später Lautäußerungen und Bewegungen aufgegriffen werden.

In Falldarstellungen beschreibt MALL als **Erfolge** der basalen Kommunikation

- „größere Offenheit für sozialen Kontakt, zum Teil vermehrtes, aktives Suchen nach Zuwendung und Körperkontakt; größeres Interesse auch an der gegenständlichen Umwelt;

- größere Toleranz für schwierige Erfahrungen (räumliche oder personelle Veränderungen, Krankheit, klimatische Veränderungen usw.);

- entspannteres, gelösteres Verhalten mit einhergehender Verbesserung von Motorik, Gleichgewichtskontrolle usw." (MALL 1984, 14).

4.4.2 Das ist uns wichtig – Anwendung, Einordnung und Bewertung

Das Konzept der Basalen Kommunikation steht für uns am Anfang der Entwicklung einer elementaren Handlungsfähigkeit, weil es grundlegende Bedingungen und Einstellungen in der Arbeit mit schwer behinderten Schülern aufzeigt:

- Eine wichtige Voraussetzung ist das Herstellen einer gemeinsamen Plattform für Lehrer und Schüler, von der aus der gemeinsame Lernprozeß seinen Ausgangspunkt nehmen kann.

- Außerdem wird in diesem Ansatz aufgezeigt, wie erste Verknüpfungen zwischen Kommunikation und Wahrnehmung gelegt werden.

Basale Kommunikation ist der 'basalste' uns bekannte Ansatz, um bei schwer behinderten Schülern mit dem Aufbau einer elementaren Handlungsorientierung zu beginnen. Obwohl der Ansatz keine Bedingungen an Vorkenntnisse, Vorerfahrungen, vorhandene Aktivitäten stellt, fangen wir als Lehrer nicht 'bei Null' an. Wir begegnen dem Schüler bei einer Tätigkeit, die wir aufgreifen und variieren können. Tätigkeit und Begegnung – in diesem Fall Atmen und Zuwendung – beruhen auf grundlegenden Bedürfnissen des Schülers.

Indem wir dem Schüler eine Tätigkeit verdeutlichen, die ihm, zumindest ansatzweise, bekannt ist, besteht die Chance, daß der Schüler Aufmerksamkeit herstellt. Aufmerksamkeit ist Voraussetzung für eine eigene, zielgerichtete Handlung / Aktivität des Schülers.

Im Bereich der Wahrnehmung macht basale Kommunikation das Angebot, z.B. den vibratorischen Reiz des 'Ausbrummens' durch den Lehrer mit der eigenen Körpererfahrung der Ausatmung zu verknüpfen. Dabei geht es nicht um passives Auf-Sich-Einwirken-lassen, sondern um die aktive Verbindung von Wahrnehmung und Emotion und damit um sinnstiftende Verarbeitung. Erst durch die emotionale Koppelung wird ermöglicht:

- die Herstellung des Sinnzusammenhangs 'Brummen – Ausatmen' und

- ein aktives, kommunikatives Brummen des Schülers.

- Mit einer positiven emotionalen Bewertung und z.B. dem ausgedrückten Wunsch nach Wiederholung (die vom Lehrer sofort erfolgt) wird über eine elementare Handlungsorientierung hinaus ein erster Schritt in Richtung Handlungskontrolle und Kommunikation getan (z.B. 'Wenn ich laut atme, brummt mein Lehrer').

Basale Kommunikation sieht schon auf dieser Entwicklungsstufe den Schüler als mitgestaltendes Subjekt seiner Lernprozesse. Gerade hier wird deutlich, daß der Lehrer zwar ein Angebot machen kann, daß es jedoch Sache des Schülers ist, dieses Angebot aufzugreifen. Die Therapieform erfüllt somit unsere Forderung nach dialogischer Struktur und versetzt die Beteiligten abwechselnd in die Position des Beobachtenden oder des Agierenden, des 'Lehrenden' oder des 'Lernenden'.

Die Therapieform ist mit verschiedensten Elementen aus der Atemtherapie verknüpfbar, die ein Vertiefen und Bewußtmachen des Ausatmens intendieren. Sie ist variabel, weil alle Beteiligten immer wieder ihre Ideen, Bedürfnisse und Äußerungen mit einbringen dürfen/sollen. Kommen nach Herstellen der Aufmerksamkeit erste aktive 'Dialoge' zustande, kann dieser Ansatz ausgeweitet, weiterentwickelt und den nächsten Entwicklungsschritten angepaßt werden.

Basale Kommunikation kann als Förderunterricht gut in den Tagesablauf einer Klasse integriert werden. Wir empfehlen, sich für den Einstieg in die Förderung Zeit zu nehmen, zumindest bis ein Kreislauf der primären Kommunikation in Gang gekommen ist. Dazu sollte vor Beginn im Klassenteam die Möglichkeit von mindestens zwei Sitzungen von je 30 Minuten pro Woche abgesprochen werden.

Basale Kommunikation – graphische Darstellung der spezifischen Förderungsmöglichkeiten einzelner Bausteine aus der Handlungsorientierung:

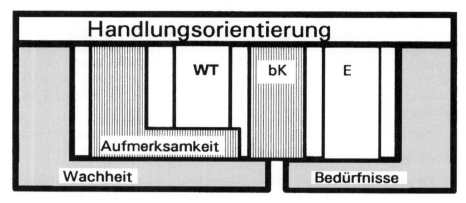

Abbildung 46

Ein Blick durch die 'Lupe' zeigt, wie beim Förderansatz der Basalen Kommunikation schrittweise Anteile der Handlungsorientierung vom Lehrer freigegeben und in die Verantwortung des Schülers gegeben werden:

- Graue Felder liegen in der Verantwortung des Schülers: Dies können möglicherweise am Anfang des Prozesses nur 'Wachheit' als Ausgangspunkt für Lernen und die (vorausgesetzten) vitalen Bedürfnisse Atmen und Zuwendung sein.

- Gestreifte Felder stehen im Zentrum des Lehr- und Lernprozesses: Indem an vitale Bedürfnisse angeknüpft wird, hat der Schüler die Chance, Aufmerksamkeit herzustellen. Basale Kommunikation beschreibt zunächst, daß Lernen in der Interaktion mit dem Lehrer geschieht. Im Kreislauf von Aktion und Reaktion verlängert sich die Aufmerksamkeitsspanne, gleichzeitig entwickelt der Schüler erste 'Antworten'.

- Weiße Felder liegen (noch) in der Verantwortung des Lehrers: Er setzt zunächst den Reiz (Wahrnehmung) und bewertet ihn als angenehm (Emotion).

Das Ziel 'Den Atem als Mittel zur Kommunikation erfahren und einsetzen' ist dann erreicht, wenn alle Felder grau unterlegt werden können: Der

166

Schüler kennt dann die Situation, gestaltet Interaktionszyklen aktiv mit, beginnt selbst zu brummen (Wahrnehmung), bewertet Abfolgen als angenehm oder unangenehm und teilt dies vielleicht mit. Im Hinblick auf das Ziel ist so eine elementare Handlungsorientierung entstanden.

4.4.3 Leseempfehlungen

MALL, W. (1990): Kommunikation mit schwer geistig behinderten Menschen – ein Werkheft – Heidelberg 1990.

Dieses Heft eignet sich besonders für Einsteiger, z.B. für Lehrer, die plötzlich mit schwer behinderten Schülern konfrontiert werden: Es beschreibt kurz, einfach und verständlich wichtige entwicklungspsychologische Grundlagen, versucht, die Lebenssituation schwer behinderter Kinder erfahrbar zu machen und beschreibt verschiedene Möglichkeiten, sich mit einem solchen Schüler auf eine gemeinsame 'Lernreise' zu begeben. Außerdem gibt's viele Vorschläge für Selbsterfahrung. Und das alles auf ca. 90 Seiten.

Unser Tip: empfehlenswert

> *Man erzählt, ein Hund und ein Pferd waren befreundet. Der Hund sparte dem Pferd die besten Knochen auf, und das Pferd legte dem Hund die duftigsten Heubündel vor, und so wollte jeder dem anderen das liebste tun, und so wurde keiner von beiden satt.*
>
> (Ernst BLOCH)

4.5 Körperzentrierte Interaktion (ROHMANN/HARTMANN)

4.5.1 Theoretische Grundlagen

Die Körperzentrierte Interaktion (KI) versteht sich als „übergeordnetes therapeutisches Modell, das Elemente unterschiedlicher Therapieformen zu einem Konzept verbindet" (ROHMANN 1990, 128).[81] Sie ist Teil eines multidimensionalen Theorie- und Therapiekonzepts zur Behandlung von Autoaggressionen, entwickelt im Zentrum für Autismusforschung und Entwicklungstherapie Viersen von HARTMANN/ROHMANN und Mitarbeitern.

KI wurde konzipiert zur Therapie von Kindern, Jugendlichen und Erwachsenen mit Autoaggressionen, unter besonderer Berücksichtigung von Menschen mit (meist schwerer) geistiger Behinderung. Auch bei Vorliegen einer verzögerten oder gestörten Schmerzwahrnehmung und Dominanzstö-

---

[81] Es werden z.B. Elemente der Basalen Kommunikation (MALL), der Musik-Körper-Therapie (FACION), der Integrativen Körpertherapie (BESEMS) mit neuen Teilen zu einem Konzept verbunden.

rungen[82] zwischen Patient und Bezugspersonen ist eine Behandlung mit KI angezeigt.

Als **Ziele** der KI werden genannt:

- Aufbau von Kommunikations- und Interaktionsfähigkeit vom Körper des Patienten ausgehend (übergeordnetes Ziel);

- Entwicklung von Selbstkontrolle (vor allem bei autoaggressivem Verhalten);

- Entwicklung einer vielgestaltigen und angemessenen Körperwahrnehmung;

- Anbahnung und qualitative Entwicklung von Kommunikation / Verständigungsmöglichkeiten;

- Aufbau von Alternativen zu autoaggressiven Verhaltensweisen;

- Veränderung der Dominanzbeziehung: Nicht mehr das Kind dominiert die Familie, sondern Bezugspersonen führen das Kind. (vgl. ROHMANN 1990, 128f).

Zentrale Punkte der KI sind:

- Die Aufmerksamkeit des Patienten ist immer wieder herzustellen: Prinzip ist es, „von der Stufe an mit dem Kind zu arbeiten, auf der es erreichbar bzw. mit anderen Worten, aufmerksam ist." (HARTMANN 1988a, 139)

- Interaktion: „Die Behandlung geschieht in der Interaktion, im Austausch, gewissermaßen im Gespräch zwischen dem gestörten Menschen und seinem therapeutischen Gegenüber".(a.a.O., 129)

- Der Körper: Aufgrund der schweren Behinderung des Kindes spielt bei einer gemeinsamen 'Sprache' von Klient und Therapeut „der Körper mit all seinen Wahrnehmungs- und Ausdrucksmöglichkeiten die wichtigste Rolle". (ROHMANN 1990, 130)

- Die Rolle des Therapeuten: Er dient dem Kind als Hilfs-Ich, d.h. „anstelle des Kindes nimmt der Therapeut die Entscheidung und Kontrolle wahr, die das Kind selbst (noch) nicht ausüben kann." (a.a.O., 130)

- Der Therapeut steht in einem ständigen diagnostischen Prozeß, weil sich Interaktionsmöglichkeiten des Kindes entwickeln.

---

[82] Dominanzstörungen liegen z.B. vor, wenn das Kind mit seinem Verhalten die Familie beherrscht oder der Bewohner die Wohngruppe.

- Bezugspersonen werden von Anfang an einbezogen: Sie lernen so, neue Zugangswege zum behinderten Kind / Patienten zu entdecken und zu entwickeln.

Bei der **Durchführung** wird zwischen einer therapeutischen Zugehensweise für Kinder und für Jugendliche / Erwachsene unterschieden. Die Gründe für diese Unterscheidung liegen in der wachsenden Körpergröße und Kraft, sowie der geschlechtlichen Entwicklung der Patienten. Die Autoren empfehlen zu Beginn der Therapie eine ruhige, reizarme Umgebung, deren Reizangebot im weiteren Verlauf erweitert werden kann. Bei den Übungen sollte eine harmonische Musik eingesetzt werden, die auf Kind und Therapeuten eine beruhigende Wirkung hat. Eine liegende Position ist bei Kindern gut möglich: Das Kind liegt auf einer Matratze, während der Therapeut über dem Kind kniet und es so gegebenenfalls gut fixieren kann. Diese Position ermöglicht außerdem Blickkontakt. Bei jugendlichen oder erwachsenen Patienten wird die sitzende Position vorgeschlagen, in der der Therapeut hinter dem Patienten sitzt und dieser mit seinem Rücken am Brustkorb des Therapeuten lehnt. Um die Reaktionen des Patienten besser zu sehen, empfehlen die Autoren in dieser Grundposition die Benutzung eines Spiegels.

Die Autoren verstehen ihre Übungen nicht als starre Vorschriften, sondern als eine aktuelle Sammlung therapeutischer Strategien, die auf den einzelnen Patienten individuell abgestimmt werden müssen. Sie lassen sich in vier Methodengruppen einteilen:

- Behandlungsschritte zur Erweiterung der Kommunikation von den elementaren Anfängen z.B. Atem (entspricht dem Konzept der Basalen Kommunikation) über Spiel bis hin zu Handlungsketten und Sprachanbahnung: Indem die Äußerungen des Kindes vom Therapeuten gespiegelt und variiert werden, sollen erste symmetrisch-interaktive Handlungssequenzen aufgebaut werden. Auf einer höheren Stufe werden Kommunikationskanäle wie Mimik, Gestik, Blickkontakt (ev. mit Spiegel), Laute und Sprache einbezogen.

- Übungen zum Aufbau inkompatibler Bewegungsabläufe: Es werden motorische Muster geübt, die „mit häufig schon stereotypen autoaggressiven Handlungen unvereinbar oder diesen entgegengesetzt sind" (ROHMANN 1988, 132). Übungen wie das Schlagen der Hände und Unterarme auf eine feste Unterlage (statt ins eigene Gesicht), Schlagen gegen einen aufgehängten Luftballon oder Werfen eines Balles bringen dem Patienten Handlungsalternativen zur Autoaggression und damit ein Stück mehr Selbststeuerung. Dieses Ziel haben auch Übungen, in denen harmonisierende Bewegungsabläufe (in Anlehnung an BESEMS[83]) geübt werden, die der Autoaggression entgegenlaufen.

Das Interaktive Boxen stellt eine weitere Möglichkeit dar, spielerisch Bewegungsabläufe zu üben, die weg vom eigenen Körper gehen. Außerdem lernt der Patient, Wut und Ärger auszudrücken, ohne dies auf seinen Körper zu beziehen.

- Übungen zur Nutzung natürlicher Reflexe zielen darauf ab, „die natürlichen motorischen Reflexe therapeutisch zu nutzen" (ROHMANN 1988, 136). Es wird davon ausgegangen, daß Reflexbewegungen (z.B. beim Kitzeln; Abstützreaktionen) und autoaggressive Bewegungen unvereinbar sind.

- Da viele autoaggressive Patienten sehr verspannt sind, wenn sie sich schlagen, werden zur muskulären Entspannung ebenfalls Übungen vorgeschlagen. Die Autoren bedienen sich hier verschiedener Elemente des Muskel-Entspannungs-Trainings nach JACOBSON und BESEMS.

Insgesamt beschreiben die Autoren eine Fülle therapeutischer Methoden, deren ausführliche Darstellung Rahmen und Intention dieses Buches sprengen würde. An dieser Stelle warnen wir ausdrücklich davor, eine Anti-Autoaggressionsbehandlung ohne Ausbildung oder entsprechende fachliche Anleitung auszuprobieren: Lehrer sind keine Therapeuten!

Erfolge: Bei nahezu allen Kindern/Jugendlichen sprechen die Autoren nach 3-6wöchiger Kompakttherapie von deutlichen Veränderungen im Kontakt- und vor allem stereotypen Verhalten. Erfolg bedeutet dabei immer auch mehr beobachtbare Aktivität und Selbststeuerung und die Nutzung neuer Kommunikationsmöglichkeiten.

4.5.2 Das ist uns wichtig – Anwendung, Einordnung und Bewertung

Obwohl zur Autoaggressionsbehandlung entwickelt, können viele Teile der KI sinnvoll in den Unterricht mit (schwer) geistig behinderten Schülern integriert werden. Das liegt natürlich auch daran, daß Autoaggressionen gerade ein Ausdrucksmittel schwer geistig behinderter Menschen sind. Folgende Überlegungen der Autoren haben wir in Unterrichtssituationen ausprobiert und erweitert:

- KI führt im Kommunikationsbereich den Ansatz der Basalen Kommunikation nach MALL 'nahtlos' weiter, indem der Atemrhythmus auf andere körperstimulierende Ebenen übertragen wird. Durch die Koppelung von Kommunikation und Wahrnehmungstätigkeit entwickelt der Schüler

---

[83] Im Gegensatz zu den gestalttherapeutisch orientierten Übungen nach BESEMS liegt die Betonung auf einem wechselseitigen Austausch und Selbststeuerungsprozessen.

kommunikativ-motorische Handlungspläne: „Sind erste Reaktionen beim Jugendlichen/Kind beobachtbar, können Atmungs- und Vibrationsrhythmen auf eine körperstimulierende Ebene (Streicheln und Selbststreicheln der Oberarme) übersetzt werden. Gestische Begleitung verschiedener Rhythmen wäre ein weiterer Schritt: Wir führen im Rhythmus der Vibration oder der Atmung die Arme des Patienten, wobei auf einen Wechsel von Armführung und Geführtwerden geachtet werden sollte." (ROHMANN 1988, 131)

Ein Beispiel aus dem Förderunterricht von Dirk:

Ziel:	*Dirk soll seinen Atem als Mittel zur Kommunikation erfahren und einsetzen.*
Lernort:	*Förderunterricht*
Methode:	*Nach dem Konzept der Körperzentrierten Interaktion*
Ausgangslage:	*Die Lehrerin sitzt hinter Dirk auf einer Rolle*
Stufungen:	*1. Atem „spiegeln", Atem verdeutlichen durch betontes Ausatmen und Brummen (vibratorischer Reiz) der Lehrerin.*
	2. Dialogisches Atmen: Lehrerin und Dirk wechseln sich in der Führung ab.
	3. Reize setzen im Atemrhythmus: Verbindung von Ausatmen mit Körperreizen
	– Taktiler Reiz: Atmet Dirk betont aus, werden Schultern oder Oberarme gedrückt.
	– Vestibulärer Reiz: Atmet Dirk betont aus, wird von einer Seite der Rolle auf die andere geschaukelt.
	4. Dialogisches Setzen von Reizen: Lehrerin und Dirk bestimmen im Wechsel, wann Reize gesetzt werden.
	5. Weitere Wahrnehmungskanäle und -erfahrungen einsetzen. Vielleicht Dirk zwischen 2 Möglichkeiten entscheiden lassen.

• Durch den, von den Autoren der KI geforderten, ständigen diagnostischen Prozeß werden planmäßig immer wieder neue Inhalte in den therapeutischen Prozeß aufgenommen. Auf den Unterricht übertragen, entstand die Idee der *Erweiterung einer gemeinsamen Lernplattform* als einem Bild für den Lehr-Lern-Prozeß mit schwer geistig behinderten Schülern: Durch die Verknüpfung von alten, bekannten Interaktionsstrukturen aus der Basalen Kommunikation mit neuen Wahrnehmungen (z.B. aus dem Bereich der Basalen Stimulation) kann die 'Lernplattform', auf der sich Schüler und Lehrer befinden, systematisch vergrößert werden. Die Vergrößerung der Lernplattform ist gleichbedeutend mit dem Lernzuwachs des Schülers, in der folgenden Graphik mit 1.-4. bezeichnet.

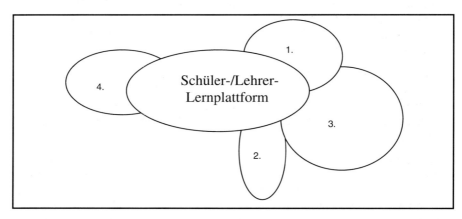

Abbildung 47

Die Verknüpfung von Altem und Neuem ist deshalb so wichtig, weil diese Kombination der Ausgangspunkt für die Entwicklung wichtiger Elemente der Handlungsorientierung ist:
Bedürfnisorientierung, emotionale Bewertung und Aufmerksamkeit:
Von einer gemeinsamen Lernplattform aus können die angemessene Reizstärke, ein optimaler Grad der Neuheit und Überraschung und das im Moment dominierende Bedürfnis für eine 'Plattformerweiterung' besser gefunden werden. Alle drei Faktoren begünstigen eine positive Bewertung (Emotion) des Schülers und damit verbunden eine erhöhte Aufmerksamkeit auf die neue, aber in Teilen doch vertraute Lernsituation.[84]

Wahrnehmungstätigkeit und Kommunikation:
Bei der Vergrößerung der Plattform pendelt der Lernprozeß zunächst zwischen den Bereichen Kommunikation und Wahrnehmung, bis eine

---

[84] Völlig bekannte Situationen sind uns langweilig, völlig neue Situationen gehen wir erst gar nicht an.

elementare Handlungsorientierung entwickelt ist. Der Schüler wird jeweils in Situationen versetzt, die er mit Hilfe bereits gelernter Strategien bewältigen kann.

Auch der Lehrer ist Lernender auf der Lernplattform: Er lernt immer besser, neue Wahrnehmungsinhalte, neue Materialien auf die 'Plattform' zu bringen, die den richtigen Schwierigkeitsgrad für den Schüler bieten. Die Schwierigkeit bei dieser Art zu lehren / lernen liegt für den Lehrer darin, daß er sich an keinerlei Bildungsplan oder 'Rezeptbuch' halten kann. Er ist darauf angewiesen, sein Fachwissen mit jedem Schüler neu kreativ zu kombinieren.

- Die Übungen zum Aufbau inkompatibler Bewegungsabläufe können im Unterricht bei Schülern mit stereotypen Bewegungsabläufen eingesetzt werden. Wichtig ist, daß diese Übungen die bekannten Kommunikationsstrukturen des Schülers aufgreifen und als Interaktionen begriffen werden.

Körperzentrierte Interaktion ist eine Therapieform, aus der viele Teile im Unterricht mit schwer geistig behinderten Schülern in einem Förderansatz umgesetzt werden können. Eine Kombination mit allen Förderansätzen ist möglich und sogar intendiert. Das Gleichgewicht der Beziehungen zwischen Lehrer und Schüler ist ausdrücklich gefordert. Eine Integration in den Unterricht ist organisatorisch im Förderunterricht und in der Wochenplanarbeit gut möglich.

Körperzentrierte Interaktion – graphische Darstellung der spezifischen Förderungsmöglichkeiten einzelner Bausteine aus der Handlungsorientierung:

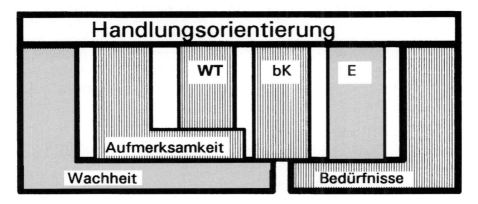

Abbildung 48

Der Blick durch die 'Lupe' zeigt, wie beim Förderansatz der Körperzentrierten Interaktion schrittweise Anteile der Handlungsorientierung vom Lehrer freigegeben und in die Verantwortung des Schülers gegeben werden:

- Die grauen Felder 'Wachheit', 'Bedürfnisse' und 'Emotion' liegen in der Verantwortung des Schülers: Er bewertet Wahrnehmungsreize im Hinblick auf seine derzeitigen Bedürfnisse als angenehm oder unangenehm (Emotion).

- Diese Bewertungen können sich im Verlauf der Arbeit ändern. KI legt den Schwerpunkt auf die Erweiterung der Bedürfnisse und Interessen (gestreiftes Feld) des Schülers. Um dies zu erreichen, stehen weitere gestreifte Felder im Zentrum des Lehr- und Lernprozesses: Aufmerksamkeit wird durch verschiedene Techniken immer wieder hergestellt. Nachdem der Schüler die Mechanismen der Basis-Kommunikation (basale Kommunikation) erkannt hat, werden erste Lautäußerungen aufgegriffen, durch die Techniken des Spiegelns und Variierens erweitert und mit Wahrnehmungsangeboten gekoppelt.

- Körperzentrierte Interaktion führt über die Entwicklung einer elementaren Handlungsorientierung hinaus, wenn eine eindeutige Bewertung von Angeboten durch den Schüler vorliegt (beginnende Handlungskontrolle) und erste motorische Anstrengungen erfolgreich unternommen werden, ein Reizangebot selbst aufzusuchen (beginnende Handlungsplanung). Ab diesem Punkt sind erste Angebote ohne die bisher notwendige Bezugsperson möglich. Wochenplanarbeit kann den Förderunterricht ergänzen.

4.5.3 Leseempfehlungen

- ROHMANN, U. & HARTMANN, H.: Autoaggressionen, Dortmund 1988.
  In Kapitel 8 werden die Körperzentrierte Interaktion und verwandte Methoden detailliert dargestellt. Wer sich für eine ausführliche Beschreibung der einzelnen Übungen interessiert, dem seien besonders die Seiten 117-144 empfohlen.

Jeder beurteilt dasjenige richtig, was er kennt,
und ist darin ein guter Richter.
(ARISTOTELES)

5. Therapie und Unterricht

Da einige der dargestellten Förderansätze aus dem therapeutischen Bereich kommen, halten wir es für notwendig, unseren Standpunkt zum viel diskutierten Thema 'Therapie und Pädagogik' darzulegen.

therapeia (gr.): Dienst, Pflege   paidagogiké téchne (gr.): Erziehungskunst

In der Umgangssprache heißt es: Wer einen Therapeuten benötigt, hat einen *'Defekt'* und muß behandelt werden. Oder anders gesagt: Wer einen 'Defekt' hat, muß sich einer therapeutischen Behandlung unterziehen.

Dahinter steckt nicht nur eine umgangssprachliche Formulierung, sondern eine Haltung: Zum einen gibt es Nicht-Normales, 'Defekte', die wieder in die Reihe gebracht werden müssen (und können). Zum anderen deutet die passive Form 'behandelt werden' an, daß diese 'Defekte' nur 'repariert' werden können, indem am defekten Individuum eine passive Behandlung durchgeführt wird. Auf deren Durchführung, Gelingen oder Mißlingen hat es selbst keinen Einfluß.

Für jeden Defekt gibt es einen Spezialisten: Für Sprachstörungen den Logopäden, für Verhaltensstörungen den Psychologen, für Bewegungsstörungen den Krankengymnasten usw.

Für Eltern behinderter Kinder ergibt sich das Muster: Kind abgeben – behandeln lassen – zuhause üben – .....Wer nicht genug übt, hält den Therapieplan nicht ein und ist Schuld, wenn der Defekt (die Behinderung) nicht gebessert wird. Nicht alle Therapiemöglichkeiten auszuschöpfen, wird als schuldhafte Unterlassung gewertet.

Für das Selbstbild des behandelten Kindes bedeutet dieses: Ich genüge meinen Eltern nicht, ich bin fehlerhaft, muß mich mehr anstrengen, werde nie gut genug sein. – Letztlich: Wofür ist das gut, wofür bin ich gut?

Aus dieser Haltung heraus sehen Lehrer in Therapeuten an der Schule Spezialisten, die dann gefragt sind, wenn Lehrer in der Arbeit mit dem Schüler an Grenzen stoßen. Mit der Frage 'Was stört an diesem Schüler, und wie kriegt man es am schnellsten weg?' fordern Lehrer (defektorientierte) Therapien an und halten sich aus Problemen heraus, indem sie den Sinnaspekt und Kommunikationsaspekt des aktuellen Schülerverhaltens vernachlässigen.

Und wenn es in der Schule nicht primär nicht um einen Defekt des Schülers, sondern um ein Problem des Lehrers geht? *Er* empfindet das Verhalten des Schülers als Störung, kann nicht damit umgehen. Oder: Er findet keinen Zugangsweg zum Schüler. Oder: Er spürt Entwicklungsblockaden und sieht keine Möglichkeiten, daran zu arbeiten. Oder: Er braucht fachlichen Rat, um dem schwer mehrfach behinderten Schüler ein adäquates Angebot in der Sporthalle zu machen. An diesen Beispielen wird deutlich: Nicht der behinderte Schüler und seine 'Störung' allein sind Ausgangspunkt der Therapie, sondern die Beziehungen des Schülers zu seinem Umfeld, z.B. zu Lehrern, Eltern und Mitschülern.

Unter dem Sinn- und Kommunikationsaspekt stellen sich folgende Fragen: Warum agiert der Schüler so, wie können wir ihn verstehen und, ausgehend von diesem Verständnis, das Verhalten auf beiden Seiten entwickeln? Die Antwort wird zunächst eine Hypothese sein. Die Beteiligten müssen sich auf den Weg machen, nach Lösungsmöglichkeiten suchen, sich auf einen Veränderungsprozeß einlassen.

5.1 Anforderungen an Therapien, die in ein Konzept handlungsorientierter Didaktik integriert werden können

Wir sprechen in diesem Kapitel besonders über Therapieformen, weil

* ein großer Teil der Förderkonzepte an Schulen für Geistigbehinderte aus dem Therapiebereich abgeleitet wurde und wird und

* die Forderung nach mehr Therapie für diese Schüler immer wieder gestellt wird.

Therapie an der Schule für Geistigbehinderte ist kein Selbstzweck, sondern ist auf das Ziel 'größtmögliche Handlungsfähigkeit des einzelnen Schülers' gerichtet.
„Der Aufbau der Wirklichkeit beim Kinde, seine Befähigung zum Handeln und Denken, ist ein ganzheitlicher Prozeß, in den sich Maßnahmen zur Förderung (zum Training) einzelner Funktionen integrieren müssen." (SPECK 1990, 165f)
Therapeutische Angebote an der Schule müssen aus ihrem Kontext heraus in ein Gesamtkonzept integrierbar sein. Sie müssen sich am Ziel 'größtmögliche Handlungsfähigkeit des einzelnen Schülers' messen lassen. Ausgangspunkt für die Entscheidung, ob und mit welchen Zielen eine Therapie durchgeführt wird oder nicht, muß der für jeden Schüler aufge-

stellte 'Individuelle Förderplan' sein, der sich aus der grundlegenden Lernausgangslage ergibt, die gleichsam der 'Rote Faden' der Arbeit ist.[85] Gibt es auf dieser Grundlage gemeinsam aufgestellte Ziele für die individuelle Förderung, dürfte die Entscheidung über Inhalte und Umfang therapeutischer Angebote theoretisch keine Schwierigkeiten mehr bereiten. Theoretisch − denn schon das *gemeinsame* (d.h. auch interdisziplinäre) Aufstellen von Zielen stößt in der Praxis auf Probleme. Die schulische Arbeit wird vielfach nicht koordiniert, Lehrer / Therapeuten als Einzelkämpfer sind frustriert, und wertvolle Schulzeit wird vergeudet. Therapeutische Maßnahmen müssen sich in das Gesamtkonzept der Förderung integrieren lassen. Auch der Streit mit Eltern über bestimmte Therapierichtungen an der Sonderschule für Geistigbehinderte könnte bei klaren Zielen der individuellen Entwicklungsförderung zumindest auf die Ebene sachlicher Auseinandersetzung geholt werden.

Therapie an der Schule sieht den Schüler als Subjekt seiner Lernprozesse (und nicht als zu trainierendes Objekt).
'Subjekt' bedeutet, daß die therapeutischen Methoden die Person achten und sich jederzeit ethisch anfragen lassen können. Das Ziel der Selbststeuerung sollte auch in therapeutischen Angeboten eine hohe Priorität haben. Es scheint schon fast ein Merkmal geistiger Behinderung zu sein, die Verantwortung für sich an andere abzugeben oder sie sich abnehmen zu lassen. Dies betrifft vor allem Situationen, in denen der Griff in die 'Therapiekiste' auch schon mal der eher hilflose Griff nach einem Rettungsanker ist. Das gilt in besonderem Maße für alle Therapien und Förderkonzepte, die mit einem 'Heilsversprechen' antreten.

Eine therapeutische Situation ist eine Lernsituation, in der auch der Schüler für sein Lernen verantwortlich ist. D.h. der Schüler muß ein Angebot bekommen, das ihn einlädt, aktiv mitzumachen, aufmerksam und emotional beteiligt zu sein. Die Wichtigkeit und Notwendigkeit von 'Training' wird damit nicht bezweifelt, aber man vergißt in der therapeutischen Situation zu leicht, daß gerade ein erfolgreiches Training ohne zustimmende Mitarbeit, besser eine verantwortliche Eigenaktivität des Trainierenden nicht möglich ist (oder sogar vergeudete Zeit / vergeudetes Geld ist?).

Therapeutische Konzepte dürfen nicht starr sein.
Therapeutische Konzepte müssen individuell anpaßbar sein, untereinander kombinierbar und einen interaktiven Austausch zwischen Lehrer / Therapeut und Schüler ermöglichen. Die Methoden dürfen keine starren, re-

---

[85] vgl.: Kapitel 6

zeptologischen Anleitungen sein. Im Interaktionsprozeß muß es möglich sein, verschiedene Techniken auszuwählen und zu variieren. Im Hinblick auf das ganzheitliche Konzept der Schule muß es möglich sein, einzelne Elemente / Teile aus der Therapie herauszulösen und in anderen Situationen (z.B. im 'normalen' Unterricht) einzusetzen.

Auch für therapeutische Situationen gilt: Alle sind Lehrende und Lernende zugleich.
Wird Therapie als ein Prozeß mit kommunikativen und komplementären Strukturen begriffen und durchgeführt, bleibt es nicht aus, daß alle an diesem Prozeß Beteiligten: Therapeuten, Eltern, Schüler und 'sogar' die Lehrer etwas lernen.

Vorsicht vor 'Nebenwirkungen'.
An dieser Stelle muß auch eine Warnung vor dem unreflektierten Einsatz therapeutischer Techniken ausgesprochen werden. So wie ein Medikament kann auch der Einsatz therapeutischer Methoden Folgen oder Nebenwirkungen haben, die wir vorher kennen und abwägen müssen. Dazu zwei Beispiele:

- Vorsicht bei Methoden, die schnelle Erfolge versprechen – die Begeisterung über das große Heilsversprechen kann manche Nebenwirkung unter den Tisch fallen lassen. Die 'Nebenwirkungen' bestehen zunächst im Hinblick auf das Ziel völliger Symptomfreiheit:
  Bei einer Autoaggressionsbehandlung ist der erste Erfolg oft mit einer Aggressionsphase verbunden, von der vorher nicht abzusehen ist, wie heftig sie ist und wie lange sie dauert. Die Frage ist, ob wir uns personell, räumlich und von der fachlichen Begleitung her in der Lage sehen, diesen Weg zu gehen?

- Bei ungenauer oder falscher Anwendung entstehen ungewollte 'Nebenwirkungen':
  Um die Aufmerksamkeit herzustellen, 'spiegelt'[86] der Lehrer alle Verhaltensweisen seines Schülers, auch Autoaggressionen. Er ist sich in diesem Moment der grundsätzlichen Botschaft des Spiegelns nicht bewußt: 'Was du da machst, finde ich interessant und o.k.' (Außerdem mißachtet er die therapeutische Regel: 'Autoaggressionen werden nicht gespiegelt'.)

Lehrer sind keine Therapeuten, auch wenn sie therapeutische Techniken und Methoden in ihre Förderansätze integrieren. Wer mit therapeutischen Methoden arbeitet, muß auch mit den entsprechenden Fachleuten intensiv zusammenarbeiten können und wollen.

---

[86] Erklärung des Begriffs siehe Kapitel Aufmerksamkeits-Interaktions-Therapie

5.2 Integration von Förderansätzen und Unterrichtsformen

Die Einteilung in Unterrichtsformen und Förderansätze zur Entwicklung von Handlungsfähigkeit könnte dazu verleiten, in ein Entweder-Oder-Denken zu verfallen:

Der Schüler ist ja in seiner Entwicklung noch nicht 'reif' für die 'richtigen' Unterrichtsformen. Es müssen erst einmal alle Voraussetzungen geschaffen werden, und die erreiche ich als Lehrer mit der intensiven und ausschließlichen Anwendung von Förderansätzen. Die logische Konsequenz wäre eine Zweiteilung der Schule für Geistigbehinderte (die es in der Realität leider auch gibt) in *Schul*klassen mit 'normalem' Unterricht und Gruppen mit Förderansätzen. Diese Zweiteilung scheint auch in den Köpfen mancher Integrationsbefürworter herumzuspuken und in den Gehirnen von Politikern, die im Zuge der Durchsetzung von Sparmaßnahmen daran denken, die Schulpflicht für schwerst mehrfach behinderte Kinder und Jugendliche wieder abzuschaffen. Es ist nicht Ziel dieses Buches, solchen Bestrebungen den Weg zu ebnen!

Im Hinblick auf das Ziel 'Handlungsfähigkeit' greifen Förderkonzepte und Unterrichtsformen in allen Klassen zu jeder Zeit ineinander. Dies haben wir auch bei der Darstellung der Unterrichtsformen immer wieder betont. Wie sieht nun dieses Ineinandergreifen konkret aus? Dazu zwei Beispiele: (Beispiel 1: Unterricht in einer heterogenen Werkstufenklasse (Übersicht S. 180).

- Das Unterrichtsvorhaben 'Arbeiten und Geld verdienen' wird von einigen Schülern als Projekt geplant und durchgeführt (Bernd, Michel, Stefan). Gundula macht in der ersten Stunde 'Freie Arbeit', in der 2. Stunde lernt sie, ebenso wie Andrea in der 1. Stunde, im Rahmen des Unterrichtsvorhabens nach dem Förderansatz der Aufmerksamkeits-Interaktions-Therapie. Mit Oliver wird Trinken nach FRÖHLICH[87] aufgebaut (BS). In den ersten beiden Stunden ist die Klasse mit zwei Lehrerinnen besetzt.

- Im Hauswirtschaftsunterricht wird die Unterrichtsform des Handlungs- und Schülerorientierten Unterrichts eingesetzt. Oliver lernt in der 4. Stunde mit der 2. Lehrerin nach dem Förderansatz der Basalen Stimulation: Er stellt den Zusammenhang zwischen Wahrnehmungstätigkeit und Bewegung her, indem er ein Massagekissen mit einem Bewegungsmelder bedient.

---

[87] siehe FRÖHLICH, A.: Basale Stimulation, Düsseldorf 1991(a).

Beispiel 1: Unterricht in einer heterogenen Werkstufenklasse

			Unterrichtsform/Förderansatz					
			Andrea	Bernd	Gundula	Michel	Oliver	Stefan
Mo	1	Unterrichtsvorhaben:	AIT	Projekt	(FA)	Projekt	KG	Projekt
	2	Arbeiten u. Geld verdienen	KG	Projekt	AIT	Projekt	BS	Projekt
	3	Frühstückspause	x	x	x	x	x	x
	4	Fachunterricht:	HSOU	HSOU	HSOU	HSOU	BS	HSOU
	5	Hauswirtschaft	HSOU	HSOU	HSOU	HSOU	Pflege	HSOU
	6	Mittagessen	x	x	x	x	x	x
	7	Hauswirtschaft/Pause	x	x	x	x	x	x
	8	Freie Arbeit	FA	FA	FA	KG	Pause	AIT
	9	Freie Arbeit	FA	KG	FA	FA	KI	FA

Zeichenerklärung:
AIT = Aufmerksamkeits-Interaktions-Therapie
BK = Basale Kommunikation
BS = Basale Stimulation
HSOU = Handlungs- und Schülerorientierter Unterricht
KG = Krankengymnastik
KI = Körperzentrierte Interaktion
SI = Sensorische Integration
UV = Unterrichtsvorhaben
[   ] = Unterricht außerhalb des Klassenverbandes

Abbildung 49

- Bei der Freien Arbeit entscheiden sich die Schüler zwischen mehreren Angeboten und dokumentieren ihre Entscheidung an einer Entscheidungstafel. Stefan lernt mit Hilfe von Techniken der Aufmerksamkeits-Interaktions-Therapie (AIT), seine Aufmerksamkeit durch verschiedene Techniken immer wieder herzustellen und/oder aufrechtzuerhalten. Ziel ist die Ausweitung seiner Interessen. Bei Oliver werden erste Lautäußerungen aufgegriffen, durch die Techniken des Spiegelns und Variierens erweitert und mit Wahrnehmungsangeboten gekoppelt (KI). Die Klasse ist von der 5. – 9. Stunde mit einer Lehrerin und einem Zivildienstleistenden besetzt.

Beispiel 2: Eine Klasse mit überwiegend schwerer behinderten Schülerinnen

			Unterrichtsform bzw Förderansatz				
			Andreas	Dirk	Oliver	Ulrike	Andrea S
Mo	1	Morgenkreis	x	KG	x	x	KG
	2	Therapie: Frische Brise	x	x	(KI)	KG	x
	3	Frühstück/Pflege	x	BS	x	x	Eßtherap
	4	Wochenplanarbeit	x	BK	x	AIT	x
	5	Wochenplanarbeit	x	BK	KG	AIT	x
	6						
	7						
	8	**Unterrichtsvorhaben:**	SI	KI	BS	AIT	HSOU
	9	"Advent - Zeit der Erwartung"	SI	KI	BS	AIT	HSOU

Abbildung 50

Beispiel 2: Eine Klasse mit überwiegend schwerer behinderten Schülerinnen

- Beim Morgenkreis stehen kommunikative und soziale Inhalte für die Schüler im Mittelpunkt.

- Hinter der 'Frischen Brise' verbergen sich verschiedene Techniken, die eine Erweiterung des Atemraums und Maßnahmen gegen Verschleimung zum Ziel haben. Die Atemtherapie findet unter Anleitung einer Krankengymnastin statt. Bei Oliver liegt der Schwerpunkt auf der interaktiven Ebene, d.h. die Übungen werden in den Förderansatz der Körperzentrierten Interaktion integriert. Diese Stunde ist sehr 'personalintensiv': Es steht für jeden Schüler eine Person (Lehrerin, Hilfskraft) zur Verfügung. Für Ulrike ist eine Teilnahme an der Frischen Brise nicht indiziert, deshalb steht für sie Krankengymnastik auf dem Stundenplan.

- Die Frühstückssituation wird für Andrea S. z.Zt. mit Eßtherapie (Verbesserung der Mundmotorik) verbunden. Dies wäre auch für andere Schüler sinnvoll, ist aber aus Zeit- und Personalgründen nicht möglich. Dirk und Oliver werden zu einem anderen Zeitpunkt im Schuljahr berücksichtigt. Pflege bedeutet für Dirk ein tägliches Angebot an Förderpflege nach dem Ansatz der Basalen Stimulation. Klassenbesetzung: Eine Lehrerin, zwei Hilfskräfte.

- Während der Wochenplanarbeit arbeiten die meisten Schüler selbständig: Andrea S., Oliver und Andreas entscheiden zwischen verschiedenen Angeboten. Für Dirk ist Wochenplanarbeit z.Zt. noch nicht möglich. Er arbeitet in dieser Zeit mit einer Lehrerin nach dem Konzept der Basalen Kommunikation (BK).
Ulrike hat Förderunterricht bei der zweiten Lehrerin: Mit Hilfe von Techniken der Aufmerksamkeits-Interaktions-Therapie (AIT) wird Aufmerksamkeit durch verschiedene Techniken immer wieder hergestellt und / oder aufrechterhalten. Ziel ist die Ausweitung von Ulrikes Interessen.

- Das Unterrichtsvorhaben 'Advent – Zeit der Erwartung' wird zusammen mit der Nachbarklasse durchgeführt. Im 'Lichtstudio' verbessert Andreas mit der Taschenlampe seine Auge-Hand-Koordination (SI), Ulrike lernt hier wieder, mit neuen interessanten Inhalten, nach dem Förderansatz der AIT (s.o.).
Im 'Wärmestudio' stellt Oliver einen Zusammenhang zwischen Wahrnehmungstätigkeit und Bewegung her: Er bewegt sich zu Schnee oder Wärmedecke (BS). Dirk lernt, daß er über seinen Atem die Rotlichtlampe beeinflussen kann (Einstieg in KI).
Im 'Backstudio' bäckt Andrea S. mit anderen Schülern Weihnachtsplätzchen (HSOU).

5.3 Leseempfehlungen

ROHMANN, U. & ELBING, U.: Festhaltetherapie und Körpertherapie, Dortmund 1990.

In diesem Buch sind weitere Kriterien zur Auswahl von Therapieformen übersichtlich dargestellt. Zwar beziehen sich die dort aufgestellten Bewertungskriterien auf Festhalte- und Körpertherapien, sie können aber zum größten Teil gut auch auf andere Therapieformen übertragen werden.

Teil III

6. Unterricht: Planung und Reflexion

Unterricht planen heißt, Entscheidungen vorzubereiten, zu treffen, zu verantworten und zu überprüfen. Dazu möchten wir Ihnen einige Raster vorstellen, die sich in unserer Arbeit bewährt haben. Raster sind (nur) Werkzeuge, die dazu dienen, die notwendigen Erkenntnisse zu sammeln und so zu ordnen, daß begründete Entscheidungen möglich werden. Sie sind jedoch ihrerseits geprägt von Entscheidungen, was wichtig ist. Die hier vorgestellten Raster beruhen auf den in diesem Buch dargestellten Grundlagen. Raster unterteilen die komplexe Wirklichkeit in einzelne Aspekte. Das vereinfacht die gedankliche Arbeit, ist jedoch auch mit den Nachteilen einer Vereinfachung behaftet: Komplexe und vielfältige Beziehungen und Beeinflussungen lassen sich nur schlecht darstellen. Mit dem Bewußtsein dieser Nachteile bieten sie jedoch eine Basis, es mit der komplexen Wirklichkeit aufzunehmen.

Im Kapitel 'Didaktische Konzeption' haben wir definiert: Handlungsorientierte Didaktik bietet ein aus der Handlungstheorie abgeleitetes, entwicklungsorientiertes Konzept zur Planung, Reflexion und Bewertung eines Unterrichts, dessen Ziel die Handlungsfähigkeit des Individuums ist.

Schulisches Lernen unterscheidet sich von anderen Gelegenheiten des Lernens (z.B. beim Spielen auf der Straße) dadurch, daß es sich um eine geplante Veranstaltung handelt. Entgegen dem weit verbreiteten Irrtum, daß offene, schülerorientierte Unterrichtsformen den Lehrer von seinen Planungsaufgaben entlasten, sind wir der Meinung, daß erst eine 'gute' Planung und Vorbereitung nutzbare Handlungsräume für die Schüler schafft.

Stehen Interessen, Bedürfnisse und die Lernerfordernisse und -möglichkeiten des einzelnen Schülers im dynamischen Gleichgewicht mit den Zielen des Lehrers, verlieren die Vorgaben des Bildungsplans oder der Rahmenrichtlinien ihre entscheidende Bedeutung. Der einzelne Lehrer ist dann jedoch gefordert, den Entwicklungsstand 'seiner' Schüler in den verschieden Bereichen darzustellen, die vorhandene Handlungsfähigkeit zum Ausgangspunkt seiner Überlegungen zu machen und mögliche Entwicklungsschritte aufzuzeigen. So kann er seine Entscheidungen legitimieren und verantworten.

Wir haben weiter festgestellt: Das Lernergebnis (die Leistung des Schülers) und die Qualität pädagogischen Handelns (die Leistung des Lehrers) hängen zusammen, sind jedoch nicht unbedingt gleichzusetzen. Die Leistung des Lehrers besteht darin, die pädagogischen Bedingungen geschaffen zu haben oder weiter zu schaffen, sein Wissen über die Lernausgangslage regelmäßig zu verifizieren und seine Entscheidungen immer wieder zu überprüfen.

Der Handlungskomplex 'Handeln des Lehrers – Planung und Reflexion von Unterricht' durchläuft, bezogen auf das Schuljahr, unterschiedliche Phasen mit spezifischen Schwerpunkten:

- Handlungsorientierung: Der Rote Faden
  Die Handlungsorientierung des Lehrers umfaßt sein Wissen, seine Interessen und Bedürfnisse, seine Fähigkeiten. Grundlage für die Planung eines Lernprozesses ist das Wissen des Lehrers über seine Schüler, ihre Interessen, Bedürfnisse, ihren Entwicklungsstand und Entwicklungsmöglichkeiten; im Rahmen einer langfristigen Perspektive entwickeln sich Ziele für das Schuljahr. So entsteht ein 'Roter Faden' für die Arbeit mit jedem Schüler.

- Handlungsplanung
  Unter Beachtung, manchmal auch nach der Veränderung vorgegebener Rahmenbedingungen, erfolgt die inhaltliche Planung des Schuljahres: Ein 'Jahresplan' (Stoffverteilungsplan) entsteht, der sich an den Roten Fäden orientiert. Die 'Tages- und Wochenstruktur' schafft den organisatorischen Rahmen. Die einzelnen 'Unterrichtsvorhaben' werden geplant, nachdem die auf das Thema bezogenen, 'speziellen' Schüler- und Lehrervoraussetzungen erhoben wurden. Individuelle 'Förderpläne' beschreiben die Förderansätze und das gemeinsame Handeln mit schwer behinderten Schülern.

- Handlungs'ausführung'
  Die Durchführung einzelner Unterrichtsvorhaben und Unterrichtsstunden, das Lehren an sich.

- Handlungskontrolle: Reflexion
  Die begleitende und abschließende Reflexion des unterrichtlichen Handelns während der einzelnen Unterrichtsvorhaben sowie die Reflexion in 'Zeugnis' und 'Jahresbericht' bilden die Grundlage für die zukünftige Handlungsorientierung des Lehrers.

Die folgende Übersicht stellt den Ablauf und die Beziehungen dar: (siehe Abb. 51 nächste Seite)

Immer wieder wird die Frage gestellt: „Natürlich mache ich mir viele Gedanken – muß ich etwa auch alles aufschreiben?" Wir sind der Meinung, man sollte Wichtiges aufschreiben und halten das im Zeitalter des PC für machbar. „Das Aufschreiben der eigenen Überlegungen ist und bleibt der Königsweg der geistigen Aneignung von Wirklichkeit" (MEYER 1981, 21), aber:

- gemeinsam und arbeitsteilig anfangen;

- nichts 'aus den Fingern saugen', keine Formalismen, Worthülsen und Textbausteine,
  sondern
  nützliche Aussagen für den eigenen Unterricht und diejenigen, die in der Klasse mitarbeiten oder sie einmal übernehmen werden; Ziele klar formulieren; die Grundlagen für Bericht und Zeugnis schaffen.

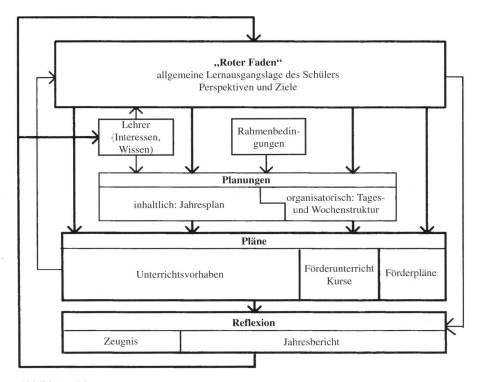

Abbildung 51

6.1 Der Rote Faden

Der Rote Faden faßt das Wissen des Lehrers über den Entwicklungsstand der Schüler zusammen. Er ist die Grundlage

- für die Vereinbarung der am Unterricht Beteiligten über Perspektiven und Ziele;

- für die Auswahl der Inhalte;

187

- für die Planung der Unterrichtsvorhaben, die Auswahl von Unterrichtsformen und Förderansätzen und Entscheidungen über Lehrziele;

- für die Reflexion, besonders für den Jahresbericht, der seinerseits dann zum neuen Roten Faden wird;

- für begründbare und unter den Beteiligten abgestimmte Formen des Umgangs mit störendem Verhalten.

Ist diese Grundlage einmal erstellt, zieht sie sich wie ein 'Roter Faden' durch alle Planungen und Aktivitäten des Schuljahres, bis sie im Jahresbericht aktualisiert wird und der Rote Faden im neuen Schuljahr 'weitergesponnen' werden kann.

Gliederung:

1.	derzeitige und zukünftige Lebensumstände (*)
2.	Handlungsfähigkeit
2.1	Handlungsorientierung – Bedürfnisse, Interessen, Fähigkeiten (*) wenn notwendig, im Einzelnen – 'unter der Lupe': 2.1.1 Wachheit, Aktivität 2.1.2 Aufmerksamkeit 2.1.3 Wahrnehmungstätigkeit 2.1.4 Bedürfnisse 2.1.5 Emotion, Affekte, Motive, psychische Strukturen 2.1.6 basale Kommunikation und Interaktion
2.2	Handlungskontrolle
2.3	Handlungsplanung
3.	Motorik (Handlungsausführung)
4.	Kognitive Entwicklung
5.	Soziale Entwicklung, Kommunikation (soweit nicht schon in 2.1.6)
6.	Wahrnehmung (soweit nicht schon in 2.1.3)
7.	Umgang mit Verhaltensauffälligkeiten (Absprachen) (*)
8.	Pflege und Selbstversorgung (*)
9.	Ziele (*)
9.1	Perspektiven, Entwicklungsschritte
9.2	Ziele im Schuljahr

Das Raster ist so ausgelegt, daß alle Schüler beschrieben werden können. Manche Punkte sind jedoch für einzelne Schüler nicht von Bedeutung, zu anderen kann beim derzeitigen Entwicklungsstand noch wenig gesagt werden.

Wer zu allen Punkten dieses Rasters Auskunft geben will, benötigt ein hohes Maß an theoretischem Wissen und muß die Schüler sehr gut kennen. Der Rote Faden braucht jedoch nicht auf Anhieb perfekt sein, er darf Lücken haben und Widersprüchlichkeiten enthalten. So macht er vielleicht neugierig, das Fachwissen und das Wissen über die Schüler zu vergrößern.

Die in der Übersicht mit (*) gekennzeichneten Teile stellen ein Minimum dar und sollten immer, d.h. auch dann, wenn ich nur wenig Zeit habe oder mir unter den anderen Punkten noch nichts vorstellen kann, bearbeitet werden:

- Die Lebensumstände (1.) des Schülers beeinflussen den Unterricht. Das zukünftige Leben des Schülers hat Einfluß auf die Auswahl von Inhalten und Zielen.

- Ohne ein Minimalwissen über Handlungsorientierung (2.1) ist kein handlungsorientierter Unterricht möglich, bei dem Interessen von Lehrern und Schülern in einem dynamischen Gleichgewicht stehen.

- Verhaltensauffälligkeiten (7.), bzw. Verhalten, das die Lehrer als störend empfinden, müssen im Team definiert werden. Nicht jeder setzt da die gleichen Maßstäbe an. Nachdem erste Vermutungen über den individuellen Sinn angestellt wurden, kann der gemeinsame Umgang mit diesen Verhaltensweisen vorläufig festgelegt werden.

- Die vitalen Grundbedürfnisse der Schüler und medizinische Notwendigkeiten machen oft eine qualifizierte Pflege (8.) notwendig, die vielfach Voraussetzung des Unterrichts ist, im Idealfall aber integrierter Bestandteil sein kann.

- Die Ziele (9.) der einzelnen Unterrichtsvorhaben sollten eine gemeinsame Perspektive, einen Roten Faden über das Schuljahr haben. Spezielle Förderbedürfnisse werden festgehalten.

Für meinen ersten Roten Faden nehme ich mir pro Schüler maximal zwei Stunden Zeit. In dieser Zeit versuche ich konzentriert, anhand der Gliederungspunkte zu Aussagen zu kommen. Punkte, zu denen mir nichts einfällt, lasse ich offen. Widersprüchliche Aussagen lasse ich als solche erst einmal stehen. Ist etwas 'ganz normal', hake ich diesen Punkt kurz ab. Arbeite ich in einem Team, wird der Rote Faden für jeden Schüler gemeinsam 'verabschiedet'.

6.1.1 Erläuterungen und Beispiele

zu 1. derzeitige und zukünftige Lebensumstände

Die Lebensumstände, die den Unterricht beeinflussen oder auf die vorbereitet werden soll.

(Der Übergang in die WfB steht an, der Schüler ist neu in der Klasse, familiäre Probleme oder auch eine anstrengende, zweistündige Busfahrt.)

zu 2.1 Handlungsorientierung – Bedürfnisse, Interessen, Fähigkeiten

Grundlage der Handlungsorientierung sind Bedürfnisse, Vorlieben, Interessen, Gefühle, Ängste, Einstellungen, Gewohnheiten, Erfahrungen, Kenntnisse, Normen, Werte, kognitive Strategien, Fähigkeiten und Fertigkeiten. Wie motivieren sie den Schüler, etwas zu tun oder es bleiben zu lassen? Was tut er von sich aus, wie sehen seine Handlungsziele aus? Was veranlaßt ihn, darüber hinaus etwas zu tun?

Daraus können sich später Ziele auf affektiver und kognitiver Ebene ergeben.

In vielen Fällen, insbesondere bei sehr schwer behinderten Schülern, läßt sich eine Handlungsorientierung als Grundlage einer Aktivität scheinbar nicht feststellen. Die oben genannten Punkte taugen kaum für eine Beschreibung. Trotzdem stellt sich bei genauer Beobachtung heraus, daß z.B. die Aufmerksamkeit ganz stark von den anwesenden Personen abhängt. Vorlieben und Abneigungen sind erkennbar und manchmal auch der Versuch, diese auszudrücken.

Beispiel aus dem Roten Faden von Andreas, einem schwer und mehrfach behinderten Schüler:

Sieht gerne, wie sich etwas bewegt (optische Effekte);
verfolgt mit den Augen Reaktionen, die er mit der Hand auslöst;
kann sich ohne Lehrer ausdauernd und lange mit Gegenständen beschäftigen;
er erzeugt gerne akustische Effekte;
bei guter Lagerung auf der rechten Seite gelingt es ihm, Gegenstände in den Mund zu nehmen;
kann zeigen (Laute, Mimik), was ihm gefällt / nicht gefällt;
freut sich über neue Angebote;
fordert Abwechslung in den Angeboten;
Andreas bewegt sich gerne im Wasser, besonders die Beine.

Die vorhandene, elementare, Handlungsorientierung und ihre Einschränkungen können mit den folgenden Untersuchungspunkten näher beschrieben werden:

2.1.1 Wachheit, Aktivität

Ist der Schüler überhaupt wach oder kann er 'wach gemacht werden'? In welchen Situationen ist er wach? Können diese Situationen verlängert und ein Ansatzpunkt für Förderung werden? Wie hoch oder niedrig ist der allgemeine Tonus? Wie kann durch eine Reduktion oder Erhöhung eine Aktivität möglich werden?

2.1.2 Aufmerksamkeit

Spüren oder sehen wir, daß der Schüler in manchen Situationen aufmerksam wird, sich der Welt zuwendet? In welchen Situationen? Wie können diese Situationen weiter ausgebaut werden, damit man von einer Aufnahmebereitschaft sprechen kann?

2.1.3 Wahrnehmungstätigkeit

Richtet sich die Aufmerksamkeit? Findet der Schüler Situationen oder Dinge interessant? In welchen Situationen ist der Schüler konzentriert bei der Sache? Wie sieht die Wahrnehmungstätigkeit des Schülers aus? Wie kann die Reizschwelle des Schülers beschrieben werden: In welchen Bereichen sind starke Reize notwendig, wo ist der Schüler schnell überreizt? Welche Wahrnehmungskanäle stehen dem Schüler zur Verfügung? Funktion und Verknüpfung der Wahrnehmungen aus den Bereichen Tastsinn, Gleichgewichtssinn und Körperwahrnehmung?

Aus den genannten drei Bereichen ergeben sich möglicherweise schon Hinweise auf Förderansätze und Ziele aus den Bereichen der Sensorischen Integrationsbehandlung oder der Basalen Stimulation.[88]

2.1.4 Bedürfnisse

Welche vitalen Grundbedürfnisse müssen während des Unterrichts befriedigt werden? Wie groß bzw. unerfüllt sind die Bedürfnisse nach Sicherheit, Zuwendung, Anerkennung, Selbstverwirklichung? Können wir beim Schüler eine basale Äußerung von Bedürfnissen erkennen und wie sieht diese Äußerung aus, z.B. individuelle Vorlieben (oder Abneigungen) für Lagerungen, Nahrungsmittel, Personen? Wo steht der Schüler im Spannungsfeld zwischen dem Bedürfnis nach Neuem und dem Bedürfnis nach Vertrautheit? Ist das Spannungsverhältnis ausgewogen?

---

[88] vgl. die entsprechenden Abschnitte im Kapitel über Förderansätze

2.1.5 Emotion, Affekte, Motive, psychische Strukturen

Welche Emotionen und Affekte entstehen bei einer 'Bewertung' von Umwelteinflüssen hinsichtlich Bedürfnisbefriedigung und Neuigkeitsgrad? Gibt es einfachste Vorlieben und 'Interessen'? Gibt es spontane Reaktionen auf Wahrgenommenes, z.B. 'Flucht', Erschrecken? Gibt es eine Speicherung und damit verbunden ein Wiedererkennen? Muß eine Situation immer ganz durchlaufen werden oder verkürzt sich die Zeit bis zum emotionalen Wiedererkennen? Wie ist die Grundeinstellung zum Leben? Hier liefert die Transaktionsanalyse einen interessanten Ansatzpunkt: Wo hält sich der Schüler im O.K.-Viereck auf? Wie wird er mit einer 'mißlichen' Situation fertig? (vgl. STEWART /JOINES 1994, 177 ff)

2.1.6 Basale Kommunikation und Interaktion

Wem gelingt es wie mit dem Schüler in Kommunikation zu treten? Wie können Schüler und Lehrer einander etwas 'rüberbringen'? Gibt es einen unterschiedlichen Stimmeinsatz bei Abwehr oder Wohlbefinden? (vgl. Bedürfnisse) Wie werden solche Gefühle geäußert? Lallmonologe? Sind einfache Lalldialoge möglich? Gibt es Äußerungen, die ja / nein bedeuten könnten? Sind Dialoge ohne Laute auf körperlicher Ebene möglich?

Aus diesen drei Bereichen ergeben sich möglicherweise Hinweise auf Förderansätze und Ziele aus den Bereichen der Basalen Kommunikation, der Körperzentrierten Interaktion und der Aufmerksamkeits-Interaktions-Therapie.[89]

Bei schwer und mehrfach behinderten Schülern kann diese genaue Betrachtung sehr umfangreich werden. Es ergeben sich Ziele für den Förderunterricht, Hinweise für die Wahl der Unterrichtsformen und Förderansätze sowie geeigneter Inhalte und Ziele.

zu 2.2 Handlungskontrolle

Bewertet und kontrolliert der Schüler selber? Wie, mehr emotional oder schon ergebnisorientiert? Muß die Kontrolle von außen (Mitschüler/Lehrer) kommen? Wie kann die Verbindung zu den Vorgaben (eigene Pläne und Ziele und die des Lehrers) aufrechterhalten oder wiederhergestellt werden? Interessiert es ihn überhaupt, was er gerade tut? Interessieren ihn seine Handlungsergebnisse? Haben Handlungsergebnisse Bedeutung für zukünftiges Handeln?

---

[89] vgl. die entsprechenden Abschnitte im Kapitel über Förderansätze

Die entsprechenden Handlungsteile können im Schüler ablaufen, aber auch (einfacher und daher meist besser) auf verschiedenen äußeren Ebenen.

Daraus können sich später Ziele v.a. auf kognitiver Ebene ergeben.

zu 2.3 Handlungsplanung

Von welchen Handlungen hat der Schüler Pläne? Wie gut sind sie? Wieviel Hilfe ist erforderlich? Wie schnell hat er eigene Pläne von neuen Handlungen? Welche Hilfen sind dazu notwendig? Kann der Schüler Situationen antizipieren? Setzt er sich Ziele, muß er sie noch gesetzt bekommen? Weiß er, worauf es in einer Situation 'ankommt'?

Die entsprechenden Handlungsteile können im Schüler ablaufen, aber auch (einfacher und daher meist besser) auf verschiedenen äußeren Ebenen.

Daraus können sich später Ziele v.a. auf kognitiver Ebene ergeben.

Beispiele für 'einfache' Pläne:

- *Hand auf- und zumachen*

- *etwas ergreifen / manchmal loslassen (keine Lust mehr / oder Gegenstand hat ein zu großes Gewicht)*

- *einen Gegenstand an einen Widerstand schlagen und Krach machen*

- *etwas auf einer Fläche hin- und herschieben*

- *etwas in den Mund stecken*

zu 3. Motorik (Handlungsausführung)

Welche Handlungen können über äußere Handlungsmöglichkeiten realisiert werden? Welche körperlichen Einschränkungen machen Probleme? Welche Ausgangslage erleichtert motorische Aktivität?

Daraus können sich später Ziele auf motorischer Ebene ergeben.

zu 4. Kognitive Entwicklung

Welche kognitiven Leistungen zeigt der Schüler? Zeigt der Schüler das, was er eigentlich schon können müßte? Wie kann er dabei unterstützt werden? Gibt es Stockungen der Entwicklung, stereotypes Anwenden einfacher kognitiver Konzepte, über die der Schüler eigentlich schon hinaus ist oder sein könnte? Was hindert möglicherweise die Weiterentwicklung? Gibt es Möglichkeiten, das Behalten / Gedächtnis zu unterstützen? Wie kann die Variation und Differenzierung kognitiver Konzepte unterstützt werden?

In manchen Fällen lohnt es sich, noch einmal die Handlungsorientierung unter die Lupe zu nehmen und einschränkende Faktoren zu suchen. Es können sich jedoch auch besondere Fähigkeiten zeigen, die in den heterogenen Klassen oft zu kurz kommen.

Es ergeben sich Hinweise zur inneren und äußeren Differenzierung.

Dieser Teil fällt erfahrungsgemäß vielen Kollegen schwer. Wir möchten Ihnen Mut machen, sich diesem Komplex im Team zu stellen. Bausteine zur Beurteilung der kognitiven Entwicklung (Entwicklung der Strukturelemente der Handlung in Beziehung zur stufenweisen Entwicklung kognitiver Konzepte nach PIAGET sowie zur Sprachentwicklung und Spielentwicklung) finden Sie im Kapitel 7. Ausagen zu diesem Bereich haben immer nur den Charakter von Vermutungen / Hypothesen, die sich in der Realität bewähren müssen. Auch hier gilt: Eine begründete Vermutung ist immer besser als gar kein Plan.

zu 5. Soziale Entwicklung, Kommunikation

Für diesen über die basale Kommunikation hinausgehenden, vor allen sprachlich ablaufenden Bereich bieten wir hier kein eigenes Konzept an[90]. Ausgehend von basalen Kommunikationsformen bis hin zu Gruppenprozessen in der Klasse steht hier der Aspekt der verbalen Kommunikation im Vordergrund. Wie sind die Unterschiede zwischen aktivem und passivem Wortschatz? Werden hauptsächlich Substantive benutzt? Gibt es ein Gleichgewicht der Interaktion oder scheint der Schüler überwiegend Empfänger zu sein? Können Emotionen und die eigene Meinung verbalisiert werden? Ist die Kommunikation überwiegend auf Erwachsene gerichtet? Gelingt Kommunikation auf schriftlicher Ebene?

Bei nichtsprechenden Schülern[91]: Welcher Kommunikationsmittel bedienen sie sich? Gibt es bestimmte Gesten? Welche Zeichen- und Symbolsysteme werden angewendet? Welche sind möglich?

zu 6. Wahrnehmung

Hierher gehören Aussagen zu Wahrnehmungsstörungen und Wahrnehmungsfähigkeiten, soweit sie noch nicht im Abschnitt über die Wahrnehmungstätigkeit beschrieben wurden. Welches sind bevorzugte Wahrneh-

---

[90] vgl. z.B. KALDE 1992

[91] eine gute Darstellung der Kommunikationsmöglichkeiten auch nichtsprechender Schüler bietet: KIRSTEN 1994, 111ff.

mungskanäle? Gibt es Probleme der akustischen und visuellen Wahrnehmung? Könnte motorische Unruhe auf der ständigen Suche nach Reizen beruhen? Wie groß darf das Reizangebot sein? Gibt es Teilleistungsstörungen, etwa Störungen des räumlichen Erkennens, der Figur-Grund-Wahrnehmung oder des Erkennens von räumlichen Beziehungen?

zu 7. Umgang mit Verhaltensauffälligkeiten (Absprachen)

In (möglicherweise stark verkürzter Form) geht es ganz pragmatisch darum, festzustellen

* welche Verhaltensweisen scheinen den Lehrern als Personen (subjektiv) unerträglich,

* welche Verhaltensweisen schaden objektiv dem Schüler,

* welche Verhaltensweisen schaden seiner personalen und dinglichen Umwelt?

Aus dem bisher Festgestellten ergeben sich möglicherweise schon Ansätze, welcher subjektive Sinn vom Schüler aus diesem Verhalten zugrunde liegt und welche für alle Beteiligten tragbaren Einflußmöglichkeiten bestehen.

ELBING (1996, 75ff.) weist in diesem Zusammenhang auf den wichtigen Punkt der „Zuwendungsökonomie" hin. Viele Schüler haben nach ihrer Lebensgeschichte eine spezifische Form von Zuwendung, die sie verarbeiten können, den persönlichen Zuwendungs – Cocktail. Sie verlangen vielfach nach negativer Zuwendung. Daß positive Zuwendung echt sein könnte, können sie nicht glauben. Trotz aller positiven Verstärkung und liebevoller Zuwendung fordern sie die negative Zuwendung, mit der sie etwas anfangen können, immer wieder ein. Sie legen die entsprechenden 'Verhaltensstörungen' an den Tag. Wichtig ist, darauf zu achten, daß diese Schüler planvoll über ein gewisses Maß situationsbedingter, negativer Zuwendung (Kritik) die für sie notwendige Zuwendungsform erfahren. In einem geplanten Prozeß können diese Schüler langsam an die Akzeptanz positiver Zuwendung herangeführt werden. Personalwechsel und Übergang in die WfB können Situationen darstellen, in denen erst einmal wieder das alte, lange 'bewährte' Zuwendungsmuster gesucht wird.

Es ergeben sich Entscheidungen, welche Dinge man zuerst angeht. Es wird festgelegt, wie verhaltenssteuernde Maßnahmen in den Unterricht einbezogen werden können und welche Alternativen dem Schüler angeboten werden.

zu 8. Pflege und Selbstversorgung

Die vitalen Grundbedürfnisse der Schüler und medizinische Notwendigkeiten machen oft eine qualifizierte Pflege notwendig, die vielfach Voraussetzung des Unterrichts ist, im Idealfall aber integrierter Bestandteil sein kann.

zu 9. Ziele

Dieser Schritt stellt schon den Übergang zur eigentlichen Planung dar. Er bereitet in gewisser Weise die Jahresplanung vor. Neben den allgemeinen Zielen, die eine langfristige Perspektive darstellen, werden Entscheidungen für das jeweilige Schuljahr getroffen. Die Prioritäten und Richtziele des Lehrers werden festgelegt.

6.2 Jahresplanung, Tages- und Wochenstruktur

Am Anfang des Schuljahres stehen die organisatorischen Rahmenbedingungen fest: Der Stundenplan, der bestimmte Rahmenbedingungen (Besetzung der Klasse, Zugang zu Fachräumen usw.) setzt, gesamtschulische Veranstaltungen sind terminiert. Der Lehrer hat ein Grundwissen über die Lernausgangslagen und Förderbedürfnisse der einzelnen Schüler und sicher schon Ideen, was 'man' machen könnte und welche Unterrichtsformen geeignet wären.

Diese, z.T. widersprüchlichen Aspekte, müssen in der Planung 'auf einen Nenner' gebracht werden. Arbeitet, wie es anzustreben ist, nicht jede Klasse mit ihren Lehrkräften hinter verschlossenen Türen, müssen Absprachen untereinander getroffen werden.

Hierfür gibt es keine Patentrezepte. An Schulen, die organisatorische Freiheiten bieten[92], und für Lehrer, die neue Unterrichtsformen ausprobieren möchten, könnten folgende Tips hilfreich sein:

Zur Planung der Tages- und Wochenstruktur
Entscheidungen über die Tages- und Wochenstruktur haben Einfluß auf den Jahresplan. Sie geben vor, wieviel Zeit für die einzelnen Unterrichtsvorhaben täglich zur Verfügung steht. Rechnent man alle 'Pflichtaufgaben' (vom Schwimmen über das Mittagessen bis zu den Betreuungszeiten) ab, ist das meist nur erstaunlich wenig.

---

[92] Eine Pädagogik, die Verantwortung teilt, muß dies auch den Lehrern zubilligen: Wir streben an, auch das Personal auf dem Stundenplan nicht fest zu verteilen, sondern mehreren Klassen zusammen einen Pool an Personal zur Verfügung zu stellen, den sie eigenverantwortlich und in Absprache der Beteiligten nach ihren Bedürfnissen aufteilen. (zur Arbeit in Teams vgl. STRAßMEIER, SPECK, HOMANN 1990)

196

Am Beginn stehen Überlegungen, wie die einzelnen 'Fächer' angeboten werden sollen:

- Im Sinne eines Fachunterrichts auf einzelne Stunden in der Woche verteilt oder

- epochal, z.B. in Form eines längeren Kochprojekts, eines Werkvorhabens oder einer Bewegungsbaustelle anstatt des Sportunterrichts oder

- 'vernetzt', das heißt eingebunden in Unterrichtsvorhaben.

- Manche 'Fächer' werden in diesem Schuljahr vielleicht auch gar nicht explizit vorkommen.

Danach werden die Zeiten für Projekte, Unterrichtsvorhaben und Freie Arbeit / Wochenplanarbeit im Stundenplan festgelegt und die Förderstunden eingeplant. Größere Vorhaben (auch mit anderen Klassen gemeinsam), etwa ein Werkstattpraktikum oder die Vorbereitung einer Schüleraufführung werden terminiert und der zeitliche Umfang bestimmt.

Zum Jahresplan (Stoffverteilungsplan)
Ein Jahresplan kann nicht schon in der ersten Unterrichtswoche vorliegen, wenn er sich nicht an einem vorgegebenen Curriculum orientieren kann. Dafür sind zu viele Absprachen mit Kollegen notwendig. Er sollte jedoch so schnell wie möglich gemacht werden und hat die höchste Priorität im ersten Unterrichtsmonat. Nach vier Wochen sollte er fertig sein. (So gut jeder es unter den gegebenen Umständen und nach seinen eigenen Fähigkeiten kann.)

Aus den unterschiedlichen Lernausgangslagen der einzelnen Schüler ergeben sich Überlegungen über 'geeignete' Themen und Unterrichtsformen. Auch Unterrichtsformen müssen vielfach erst erlernt werden! Offener Unterricht braucht offene Themen. Wie etwas genau ausgeht, läßt sich dann auf dieser Planungsstufe noch nicht vorhersagen.

6.3 Planung von Unterrichtsvorhaben

Konkrete Unterrichtsvorhaben basieren auf den individuellen Perspektiven und Zielen der Schüler bzw. der Lerngruppe. Mit dem Wissen über die konkrete, auf den Inhalt bezogene Lernausgangslage werden Entscheidungen getroffen

- über Auswahl und Anpassung von Unterrichtsformen und Förderansätzen,

- über Lehrziele und mögliche Inhalte,

197

- über Handlungssituationen, Handlungsmöglichkeiten und Formen des Lernens.

Sie bedingen sich gegenseitig, zumal auch Unterrichtsformen oft erst erlernt werden müssen.

Während in der Ausbildung der Schwerpunkt stark auf der Planung einzelner (Vorführ-) Stunden liegt, stellen wir für die Schulpraxis die Planung längerfristiger Unterrichtsprozesse in den Mittelpunkt. Mit SCHULZ (in GUDJONS / TESKE / WINKEL 1986, 43) sind wir der Meinung: „Im Zweifelsfalle ist ein einfacher Ablaufplan, der die Schüler zu Mitplanern oder wenigstens Mitwissern ihrer Lernarbeit macht, einem kunstvoll kanalisierenden Unterrichtsentwurf vorzuziehen: Eine Einschätzung der benötigten Zeit, eine Abfolge der speziellen Lehr-Lern-Ziele, mit einer Zuordnung bereitgestellter Hilfen und Selbstkontrollen, mit einer Skizzierung möglicher Varianten didaktischen Handelns – das genüge auch für die Prozeßplanung eines Entwurfs im Rahmen der Lehrerausbildung, *wenn die Umrißplanung der größeren Einheit, wenn die edukativen Perspektiven und Bedingungen, aus denen sie entwickelt wird, vorab erörtert worden sind* (Hervorhebung durch d. Sch-P/Tö.)".

Aus der Lehrerausbildung und der Literatur sind eine Reihe von Schemata bekannt, wie 'man' Unterricht plant. Sie sind jeweils eng verknüpft mit der zugrunde liegenden Didaktik. Sie sind meist bezogen auf die Planung einzelner Stunden. Unabhängig davon, ob auf die einzelne Stunde oder das ganze Unterrichtsvorhaben bezogen, haben Unterrichtsvorbereitungen nach MEYER (1981, 17) drei Funktionen:

1. Steuerungsfunktion

   Den Lehrer in die Lage versetzen, zielstrebig und konsequent zu handeln. Die einzelne Stunde sinnvoll in einen Gesamtzusammenhang integrieren.

2. Ausbildungsfunktion

   Die Unsicherheit gegenüber den Schülern und der neuen, noch nicht recht durchschaubaren Aufgabe abbauen.

3. Legitimationsfunktion

   Wie ist das, was ich den Schülern zumuten will, zu begründen und zu legitimieren?

Welche speziellen Planungen die verschiedenen Unterrichtsformen erfordern, haben wir in den entsprechenden Kapiteln dargelegt. Unabhängig von der gewählten Unterrichtsform erscheinen uns folgende Vorüberlegungen für die Planung eines Unterrichtsvorhabens notwendig[93]:

A. Bedingungsfeld
    1.   Organisatorischer Rahmen (zeitlich, personell, räumlich usw.)
    2.   Begründung und Analyse des Inhalts
    2.1 vom Schüler aus gesehen:
         Was bietet das Thema für meine Schüler (auf der Folie des Roten Fadens),
         welche Gegenwarts- und Zukunftsbedeutung hat der Inhalt für meine Schüler?
    2.2 Bezug zu Bildungsplan oder Rahmenrichtlinien
    2.3 Sachanalyse, Struktur des Inhalts (auch die Unterrichtsform kann Inhalt sein)
    3.   Lernausgangslage zum Thema
         (v.a. hinsichtlich der Handlungsorientierung und Handlungsausführung: Interessen, Vorkenntnisse, Fähigkeiten, vermutete Probleme)
B. Entscheidungsfeld
    4.   Überlegungen zu Unterrichtsformen und Methoden
    5.   (individuelle, möglichst operationalisierte) Lehrziele
    5.1 kognitiv
    5.2 motorisch
    5.3 affektiv
    6.   Lernschritte
         Einstieg, Interessenvermittlung, Handlungsorientierung und -planung
         Inhalte
         Medien
         Struktur der einzelnen Unterrichtseinheiten
    7.   Überlegungen zu Dokumentation, Lernzielkontrolle, Reflexion

---

6.4 Bericht, Zeugnis

Berichte und Zeugnisse gehören zu den ungeliebten Arbeiten am Schuljahresende. Man ist froh, daß das Schuljahr 'gelaufen' ist, ist erschöpft und hat vielfach den Eindruck, daß diese Werke kaum jemand interessieren.

---

[93] Die Planung der einzelnen Stunde ergibt sich aus diesem Gesamtzusammenhang zwar nicht automatisch aber doch ziemlich stringent.

Zu dieser Zeit will ich die Früchte meiner Arbeit ernten. Der Rote Faden und die Planungen der einzelnen Unterrichtsvorhaben sind die Grundlage der Arbeit. Je besser sie waren, desto weniger neue Gedanken muß ich mir erst einmal machen.

Der Bericht ist mein neuer Roter Faden, wenn ich sehr ökonomisch arbeite. Er ist mindestens die Grundlage dafür. Ziel: Ich oder mein Nachfolger erhalten eine Arbeitsgrundlage für das nächste Schuljahr.

6.5 Leseempfehlungen

MEYER, H.: Leitfaden zur Unterrichtsvorbereitung, Königstein/Ts. 4. Aufl. 1981.

> „Dieses Buch wendet sich an all jene, die freiwillig oder gezwungen eine ausführliche schriftliche Unterrichtsvorbereitung machen müssen" sehr empfehlenswert – auch unsere Einstiegsliteratur auf dem Weg zu Schüler- und Handlungsorientiertem Unterricht.

STRASSMEIER, W./ SPECK, O./ HOMANN, G.: Förderung von Kindern mit schweren geistigen Behinderungen, München 1990

> Ein sehr umfangreiches Buch, in dem die Aspekte der Zusammenarbeit in sogenannten Team-Großgruppen interessant sind und eine Perspektive für die organisatorische Weiterentwicklung der Schule für Geistigbehinderte zeigen. (Seite 411 ff)

7. Bausteine zur Beurteilung kognitiver Entwicklung

Die Theorie der geistigen Entwicklung von PIAGET gibt Aufschluß, welche kognitiven Konzepte der Handlungsfähigkeit zugrunde liegen und wie sie sich im Handeln entwickeln.

Wir haben uns entschlossen, den vielen Übersichten, die zu PIAGETS Theorie der kognitiven Entwicklung vorliegen, noch eine weitere hinzuzufügen, weil

- wir den Zusammenhang von kognitiver Entwicklung und Entwicklung der Handlungsfähigkeit mit Sprach- und Spielentwicklung nebeneinander darstellen wollen,

- über eine reine Zuordnung beobachtbarer Verhaltensweisen zu Entwicklungsstufen hinaus, das diese Stufen kennzeichnende Konzept des Umgangs mit der Welt darstellen wollen.

Der Schwerpunkt liegt dabei auf der Phase der Sensomotorischen Intelligenz.

Bei den Altersangaben, die den Stufen der Entwicklung zugeordnet werden, handelt es sich um grobe Richtwerte. Sie sind mit großer Vorsicht zu betrachten. Unter verschiedenen kulturellen und sozialen Bedingungen können sich Abweichungen ergeben. Keinesfalls sollten die Angaben einen Leistungsdruck bei Eltern erzeugen. Hilfreich sind diese Altersangaben, wenn es darum geht, das Verhältnis von kognitiven Fähigkeiten und Anforderungen an unsere Schüler abzuwägen. Lehrer, die die Entwicklung ihrer eigenen Kinder vor Augen haben, haben durch den Vergleich sicher viel Verständnis für entwicklungsbedingte Grenzen.

Das Denken in Entwicklungsstufen lohnt sich, weil

- die Anforderungen dieser Stufe angepaßt werden können, Über- und Unterforderung vermieden werden können;

- die nächste Stufe und damit die Zielrichtung bekannt ist;

- in gewissem Umfang auf Fähigkeiten geschlossen werden kann, die zu der Stufe ‚gehören', aber noch nicht beobachtet wurden.

Das Denken in Entwicklungsstufen ist problematisch, weil

- unsere Schüler kognitiv nur ein bestimmtes Entwicklungsalter erreicht haben mögen. Sie haben aber Lebenserfahrung entsprechend ihres Lebensalters und bleiben keine Kinder!

- die kognitive Entwicklung zwar wichtig ist, aber nur einen Teil der Persönlichkeit ausmacht. Die sozialen, musischen oder motorischen Fähigkeiten können wesentlich stärker ausgeprägt sein. Selbst die einzelnen Bereiche der Kognition entwickeln sich möglicherweise nicht synchron.

Alter[1]	Handlung[1]	Konzept / Beispiele[2]	PIAGET[3]	Sprache[4]	Spiel[5]
		I. Sensomotorische Intelligenz			
0 Mo		**Konzept: Ankommen und Zuwendung erleben; es lohnt sich, wach und aktiv in der Welt zu sein, aufmerksam zu sein** • Wahrnehmung: taktil, vestibulär, propriozeptiv (Schwerkraft -Sicherheit); die Assimilation überwiegt; • angeborener Saugplan: Reflexbestimmtes Suchverhalten, die ersten ‚Erfolge‘; Wiedererkennen der Brustwarze als Sauggegenstand: Die erste Gegenstandsbedeutung; • Zuwendung und Aufmerksamkeit in der Mutter-Kind-Beziehung; • differenzierter Stimmeinsatz bei Wohlbefinden bzw. Abwehr; (fördernde) Aktivitäten: Mund und Gesichtspartie streicheln; Basale Kommunikation; Umlagern, beim Saugen Anpassungen verlangen, kleine Schwierigkeiten einbauen:	1.1 **Betätigung und Übung der Reflexe**	1. Schreien unspezifisch; Äußerung v. Unwohlsein differenzierter Stimmeinsatz bei Abwehr / Wohlbefinden 2. Lallphase, körpernahes Handeln mit Lauten verbinden	

---

[1] vgl. Kapitel 1.2, die Darstellung zeigt, wie sich die Strukturelemente der Handlung parallel zur kognitiven Entwicklung entwickeln

[2] Das Konzept ist quasi die Überschrift des jeweiligen Entwicklungsabschnittes.

[3] die Stufen der Intelligenzentwicklung nach PIAGET

[4] in enger Anlehnung an KALDE, M.: Vom spielerischen zum sprachlichen Dialog mit behinderten Kindern, Dortmund 1992.

[5] in Anlehnung an eine persönliche Mitteilung von U. ELBING und POLZIN 1979.

203

Alter	Handlung	Konzept / Beispiele	PIAGET	Sprache	Spiel
2 Mo	(HK) HO (HP) / HA	**Konzept: Aus Zufällen werden erste Gewohnheiten, Erwerb durch körperbezogene Eigentätigkeit, Aufmerksamkeit** • Wahrnehmung: s.o.; • neue Sauggegenstände: erste Verallgemeinerung; • Angeborener Greifplan: Greifen um des Greifens willens, erste Greifakte: • Beginn der Koordination mit dem Sehen: Hand- Auge- Koordination, Hand und Gegenstand müssen gleichzeitig im Gesichtsfeld sein; • alles muß noch körpernah sein, der Raum darf nicht uferlos sein; • regelgerechtes Verhalten nur durch ,Dressur' (Lernen durch Verstärkung); (fördernde) Aktivitäten: Variantenreiche Sauggegenstände, auch der Daumen; Hände mit Honig einschmieren; Basale Kommunikation, Körperzentrierte Interaktion; Variationen, kleine Schwierigkeiten einbauen, Zeit haben, an Spontanhandlungen anknüpfen;	**I.2 primäre Zirkulär- reaktionen**	2.1 unwillkürlich produzierte Laute	1. Bewegungs- und Funktionslust

Alter	Handlung	Konzept / Beispiele	PIAGET	Sprache	Spiel
3 Mo		**Konzept: Verfahrensweisen, die dazu dienen, interessante Erscheinungen andauern zu lassen: Erfolg haben und beibehalten** • Wahrnehmung: Körperschema und ein Repertoire an Bewegungen, Aufrichtung; • Die Tätigkeit richtet sich zunehmend vom eigenen Körper auf die (nahe) Außenwelt: Nachahmung, Lösen elementarer Probleme, Eigenschaften der Dinge be'greifen', vergleichen; Größenkonstanz, Formenkonstanz beginnen; • Lernen durch Wiederholung: Den Anfangszustand immer wieder herstellen; • Koordination Sehen-Greifen: Ergreifen wahrgenommener Gegenstände, Ergreifen um zu betrachten; • Kontrolle durch tastende Versuche; • die Unterscheidung zwischen Mittel und Zweck (die interessanten Erscheinungen) bahnt sich an (Übergang zur nächsten Stufe); • ‚Gefahren': Stereotypien entstehen auf dieser Stufe, Fehler und ‚falsche' Schlüsse über Wirkungszusammenhänge werden durch mangelnde Aktivität nicht korrigiert, die Kinder erwarten scheinbar ‚Wunder'; (fördernde) Aktivitäten: Signale können mit dem Handlungsschema (z.B. Mahlzeit) verknüpft werden; schlägt auf die Klapper wegen des Geräusches; vom Lutschen, Greifen, Berühren zum Schwingen, Schütteln, ...; absichtsvoll nach Gegenständen der näheren Umgebung greifen; Alles, was scheppert, sich bewegt, glitzert, Geräusche macht...; die Zeit der Hängeobjekte	**1.3** **sekundäre** **Zirkulär-** **reaktionen**	2.2 Lallmonologe: bewußte, variierte Lauterzeugung 2.3 Lalldialoge: Aufgreifen v. Lauten der Umgebung 3. Bildung von Lautketten, körperfernes Handeln mit Lauten verbinden.	2. Freude um (zufälligen) Effekt

Alter	Handlung	Konzept / Beispiele	PIAGET	Sprache	Spiel
8 Mo		**Konzept: Vom Zufall zum Plan, Verknüpfung von Mittel und Zweck, Anwendung bekannter Schemata auf neue Situationen, Interessen, sich Bestätigung holen** • Wahrnehmung: Wie vorher; von Grobmotorik zu Feinmotorik; • Eigenschaften von Gegenständen durch Gebrauch verstehen, Erkennen von Merkmalen (Grundlage verbaler Bezeichnungen), beginnende Objektpermanenz; • Ziele, die nicht direkt zugänglich sind, durch dazwischen geschaltete Mittel verfolgen, Hindernisse beseitigen; • Analyse und Synthese; • sprachliche Kenntnis entwickelt sich aus gegenständlicher Kenntnis ‚Anbahnung von Worten im Spielgeschehen, Erfahrung, daß man mit Lautmustern etwas erreicht; • soziale Mittel werden ausgetestet; • zielorientierte und zweckdienliche Fortbewegung, Entdeckung des Raums; • Erfahrungen, Fähigkeiten und Kenntnisse (Erfolge) werden verfügbar; • Nachahmung ist frei verfügbar (Akkomodation); • ‚Gefahren‘: Verbote/Widerstand von Erwachsenen können gerade ein zu beseitigendes Hindernis werden, die richtige Mischung finden zwischen notwendigen Ritualen und Spielräumen; (fördernde) Aktivitäten: Krabbeln, Stehen und erste Schritte; Aus- und Einräumen, Interesse an Details; Überwinden von Hindernissen und Schwierigkeiten; Suche nach verschwundenen Gegenständen; es kommt von selbst darauf: Lätzchen = Essen kommt - Ereignisse, die von der eigenen Handlung unabhängig sind; durch unerwartete Effekte werden Planungen auf die Probe gestellt, es kommt zum Übergang auf die nächste Stufe;	I.4 **Koordination sekundärer Zirkulärreaktionen**	4. Bedeutungs-tragende Lautgebilde, Einwortsätze: autonome „Wort-muster,; Benennung v. Personen, Gegenstände	3a. den Effekt herbeiführen 3b. Konstruktion, um Effekte herbeizuführen

Alter	Handlung	Konzept / Beispiele	PIAGET	Sprache	Spiel
1 J		**Konzept: Entdecken neuer Mittel durch aktives Ausprobieren, Versuch und Irrtum als Problemlösungsstrategie: Im Zusammenspiel aller Strukturmerkmale der Handlung den Erfolg herbeiführen** • Wahrnehmung: Die Integration vestibulärer und akustischer Wahrnehmungen ermöglicht Sprache, die optische Wahrnehmung gewinnt an Bedeutung; • Von den Eigenschaften zur Funktion der Gegenstände, Gebrauchswertorientierung; suchen neuer Mittel durch Differenzierung und Variation bekannter Schemata, Probleme in der Handlung lösen, untersuchen, erforschen; • Überwindung eines Widerstandes wird ein Wert an sich; • Handlungsergebnisse dürfen nicht zu lange auf sich warten lassen; • Sprache ‚verstehen'; (fördernde) Aktivitäten: (zwei) aufeinandergesetzte Steine sind ein „Turm,; spontanes Kritzeln - Zeichnungen; Funktionsspielzeug; Umfüllen; es geht viel kaputt;	1.5 **tertiäre Zirkulär-reaktionen**		4a. Bauen Konstruktionen in die Höhe
18 Mo		**Konzept: Suchen neuer Mittel durch innere Kombination, geistige Experimente - erst ‚denken', dann handeln** • plötzliche Einsichts- und Erfindungsakte; • ‚Zeichen' bedeuten etwas, • Verinnerlichung ganzer Handlungen; • gute räumliche Orientierung; • ‚Gefahren': Kind scheint sehr ‚vernünftig', aber Belehrungen, Anweisungen, Verbote unterbrechen wieder den Kreis, noch kein Lernen aus Fehlern; • verbale Erwähnung nicht aktueller Ereignisse (fördernde) Aktivitäten: Konstruieren; Zeichnen, Malen, Formen, Öffnen, Schließen; handlungsbegleitendes Sprechen;	1.6 **geistige Kombination**	5. Zweiwortsätze	4b. Bauen Konstruktionen in die Breite

Alter	Handlung	Konzept / Beispiele	PIAGET	Sprache	Spiel
2 J		**Konzept:** **Rekonstruktion sensomotorischer Erfahrungen auf der Ebene der Vorstellung durch Sprache und innere Bilder** • Es entsteht eine innere Kopie der Außenwelt auch losgelöst von Situationen: Sprache und innere Bilder; einfache Bauwerke aus dem Gedächtnis nachbauen; • Es wird möglich, etwas durch etwas anderes darstellen: Unterscheidung Symbol - reales Objekt; Abbildungen benennen; • aus Analogien werden (noch nicht immer richtige) Schlußfolgerungen gezogen; eine Vorstellung über die Mächtigkeit von Mengen bei konkreten Dingen entwickelt sich; • Erfahrungen von Mittel, Zweck und räumlichen Beziehungen werden Grundlage grammatischer Ordnung; • sprachliche Aufzählungen; versteht Präpositionen (auf, vor, hinter); spricht von Dingen, die es nicht unmittelbar erlebt; spielt mit Wörtern (auch Schimpfworte); erprobt die Welt der Sprache Aktivitäten: Bilder benennen, von Wegen berichten; sprachliche Aufzählungen,,Mama, Papa, Opa gehen spazieren,,; Bilderbücher;	II.1 **vor-begriffliches Denken**	6. Mehrwortsätze; 7. Haupt-, Nebensatz-konstruktionen 7.1 Reihen	II. Symbolspiel; Rollenspiel
4 J		**Konzept:** **Sprache steuert Handlung** • Wahrnehmung: Integration aller Sinneskanäle, Hemisphärenspezialisierung wird abgeschlossen; • Wachsende Begrifflichkeit, Klassen von Dingen, Klassifizierungen; versteht „kalt, müde, hungrig,..; • Beginn induktiven und deduktiven Denkens; beginnende Abstraktion und Phantasie; • Denken in Bildern; die Anschauung ist immer noch eine in Gedanken ausgeführte Handlung; • Sprache steuert Handlungen, äußere Sprache für sich; • Schlußfolgerungen aus zurückliegenden Erfahrungen und der Wahrnehmung aktueller Erscheinungen; • noch keine Invarianz von Menge, Masse und Volumen; die Wahrnehmung ist noch auf einzelne Bereiche (Höhe oder Breite) bezogen.	II.2 **anschauliches Denken**	7.2 zeitl. Folgen, logische Schlüsse	III. Regelspiel mit und später ohne erkennbare Rollen

Alter	Handlung	Konzept / Beispiele	PIAGET	Sprache	Spiel
6 J		Konzept: **Der Übergang zu logischen Denkstrukturen** • Die geistige Handlung hängt nicht mehr von den realen Gegebenheiten der Außenwelt ab; • Invarianz von Menge, Fläche, Masse Volumen werden verfügbar; Umgang mit Zahlen, Serien, Klassen; • Operationen haben noch konkreten Charakter; Schlußfolgerungen müssen sich auf (zumindest vorstellbare) konkrete Handlungen beziehen; • Regeln sozialer Beziehungen werden erlernt ;	III. __konkret-__ __operatives__ __Denken__		
11 J		**Hypothesen, wissenschaftliches, mathematisches Denken** • Sachverhalte durch Formeln darstellen, abstraktes Denken, Wahrscheinlichkeiten erkennen; • lineares Denken; Übergang zu ganzheitlichem, vernetzten und systemischen Denken; • hypothetisch-deduktives Denken: Vertrauen auf Schlußfolgerungen aus Annahmen, die mit der Wirklichkeit in keiner unmittelbaren Beziehung mehr stehen	IV. __formal-__ __logisches__ __Denken__		

Literatur

Einführung

BILDUNGSPLAN der Schule für Geistigbehinderte, in: Kultus und Unterricht, Amtsblatt des Ministeriums für Kultus und Sport Baden-Württemberg, Lehrplanheft 5/1982.

DIE DEUTSCHEN BISCHÖFE: Bildung in Freiheit und Verantwortung, Bonn 1993, 12.

SAVATER, F.: Tu, was du willst, Frankfurt 1993.

SCHEUERL, H. (Hg.): Die Pädagogik der Moderne, München u. Zürich 1992.

SCHIESER, H. : Der Marchtaler Plan – philosophische und wissenschaftliche Grundlagen, in: Marchtaler Pädagogische Beiträge Heft 2/1994.

SCHURAD, H.: Bildungsanspruch des geistigbehinderten Menschen, Essen 1995.

SINGER, P.: Praktische Ethik, Stuttgart 1984.

SPECK, O.: Menschen mit geistiger Behinderung und ihre Erziehung, München, Basel 1990 (6. neubearb. Aufl.).

STEWART, I. / JOINES,V.: Die Transaktionsanalyse, Freiburg, Basel, Wien 1994 (4. Aufl.).

1. Handlung als Verbindung zwischen Mensch und Welt

AEBLI, H.: 12 Grundformen des Lehrens und Lernens, Stuttgart 1983.

BREHM, W.: Handeln und Lernen im Sportunterricht, Bad Homburg 1981.

BRIGGS, J./ PEAT, D.: Die Entdeckung des Chaos, München 1993.

CARDINAUX, H.: Zur Diagnostik der Mehrfachbehinderung, Neckar-Verlag, Villingen-Schwenningen o.J.

FRÖHLICH,A.: Basale Stimulation, Düsseldorf 1991.

GUDJONS, H.: Handelnder Unterricht, in: MANN, I.: Schlechte Schüler gibt es nicht, München 1981 (3. Aufl.).

GUDJONS, H.: Handlungsorientiert lehren und lernen, Bad Heilbrunn 1992 (3. Aufl.).

JANTZEN W.: Allgemeine Behindertenpädagogik, Band 2, Weinheim, Basel 1990.

JETTER, K.: Leben und Arbeiten mit behinderten und gefährdeten Säuglingen und Kleinkindern, Stadthagen 1984.

KIPHARD, E.: Mototherapie-Teil 1, Dortmund 1983.

KIPHARD, E.: Mototherapie-Teil 2, Dortmund 1986 (2. Aufl.).

LEONTJEW, A.N.: Probleme der Entwicklung des Psychischen, Königstein 1980 (3. Aufl.).

LOMPSCHER, J. (Leiter des Autorenkollektivs): Persönlichkeitsentwicklung in der Lerntätigkeit, Berlin 1985.

MANN, I.: Schlechte Schüler gibt es nicht, München 1981 (3.Aufl.).

MANN, I.: Lernen können ja alle Leute, Weinheim und Basel 1992.

MATURANA, H./ VARELA, F.: Der Baum der Erkenntnis, Bern 1987 (2.Aufl.).

PIAGET, J.: Das Erwachen der Intelligenz beim Kinde, Stuttgart 1969.

PIAGET, J./ INHELDER, B.: Die Psychologie des Kindes, Olten 1972.

PIAGET, J.: Meine Theorie der geistigen Entwicklung, Frankfurt/M. 1983.

POPP, W.: Pädagogische Interaktion, in: LENZEN, D. (Hg): Enzyklopädie Erziehungswissenschaft, Bd. 7, Stuttgart 1985.

RADICK, W.: Kognitive Entwicklung und zerebrale Dysfunktion, Dortmund 1987.

RIEDEL, F.: Die Transaktionsanalyse im Anwendungsbereich „Geistigbehindertenpädagogik" – eine special-field-Definition,
Teil 1 in: Praxis-Info „G", 2/93, S. 43 ff
Teil 2, a.a. O. 3/93, S.51 ff

ROHMANN, J.A.: Entwicklung und Handlung, Weinheim, Basel 1982.

SPECK,O.: Menschen mit geistiger Behinderung und ihre Erziehung, München, Basel 1990 (6. neubearb. Aufl.).

SPECK, O.: Chaos und Autonomie in der Erziehung, München 1991.

VOLPERT, W.: Handlungsstrukturanalyse, Köln 1983.

WATZLAWICK, P. u.a.: Menschliche Kommunikation. Bern u. Stuttgart 1974.

WATZLAWICK, P.: Münchhausen's Zopf, München u. Zürich 1992.

WOHLFARTH, R.: Prüfung der Sensomotorischen Intelligenz, in: Frühförderung interdisziplinär, 6,1987, 73ff.

2. Didaktische Konzeption

BECKER, G.E.: Planung von Unterricht. Handlungsorientierte Didaktik Teil I, Weinheim, Basel 1991 (4.Aufl.).

BERNFELD, S.: Sisiphos oder die Grenzen der Erziehung, Frankfurt 1981 (4. Aufl.).

FREIRE, P.: Pädagogik der Unterdrückten, Hamburg 1973.

FROMM, E.: Das Menschenbild bei Marx, Frankfurt 1988.

GUDJONS, H./ TESKE, R./ WINKEL, R. (Hg.): Didaktische Theorien, Hamburg 1986.

HEIMANN, P./ OTTO, G. / SCHULZ, W.: Unterricht. Analyse und Planung, Hannover 1979 (10. Aufl.).

HEURSEN, G.: Zur Notwendigkeit autonomer Lehrplanarbeit an den Schulen, in: Pädagogik 3/94.

KULTUSMINISTERKONFERENZ: Empfehlungen zur sonderpädagogischen Förderung in den Schulen in der Bundesrepublik Deutschland, 1994.

MEYER, H.: Leitfaden zur Unterrichtsvorbereitung, Königstein/TS. 4. Aufl. 1981.

STEWART, I. / JOINES,V.: Die Transaktionsanalyse, Freiburg, Basel, Wien 1994 (4. Aufl.).

3. Unterrichtsformen

BACH, H.: Neuere Entwicklungen auf dem Gebiet der pädagogischen Förderung kognitiv schwer beeinträchtigter („geistig behinderter") Menschen, in: Behindertenpädagogik, 34. Jg., Heft 2/1995, 178-183.

GUDJONS, H.: Handlungsorientiert lehren und lernen, Bad Heilbrunn 1992 (3. Aufl.).

WALLRABENSTEIN, W.: Offene Schule – offener Unterricht, Reinbek 1991 (2. Aufl.).

3.1 Handlungs- und schülerorientierter Unterricht

ANOCHIN, P.: Beiträge zur allgemeinen Theorie des funktionellen Systems, Jena 1978.

COMENIUS: Große Didaktik, hg. v. FLIEDNER, A., Düsseldorf 1960 (2. Aufl.).

GALPERIN, P./ LEONTJEW, A.: Probleme der Lerntheorie, Berlin 1974 (4. Aufl.).

GALPERIN, P.: Die Psychologie des Denkens und die Lehre von der etappenweisen Ausbildung geistiger Handlungen, in: BUDILOWA, E.A. u.a.: Untersuchungen des Denkens in der sowjetischen Psychologie, Berlin (DDR) 1973.

GUDJONS, H.: Handlungsorientiert lehren und lernen, Bad Heilbrunn 1992 (3. Aufl.).

JAKOBS, H.-J.: Förderungskonzepte und psychische Problematik bei schwerstmehrfachbehinderten Kindern und Jugendlichen, Heidelberg 1991.

KONFERENZ DER KULTUSMINISTER (Hg.): Empfehlungen für den Unterricht in der Schule für Geistigbehinderte (Sonderschule), Neuwied 1982.

KULTUSMINISTERKONFERENZ: Empfehlungen zur sonderpädagogischen Förderung in den Schulen in der Bundesrepublik Deutschland, 1994.

LEONTJEW, A./ KUSSMANN, T.: Bewußtsein und Handlung, Bern,Stuttgart,Wien 1971.

LOMPSCHER, J. (Hrsg.): Theoretische und experimentelle Untersuchungen zur Entwicklung geistiger Fähigkeiten, Berlin 1975 (2. Aufl.).

LOMPSCHER, J. u.a.: Persönlichkeitsentwicklung in der Lerntätigkeit, Berlin 1985.

MANN, I.: Schlechte Schüler gibt es nicht, München, Wien, Baltimore 1981 (3. Aufl.).

MANN, I.: Lernen können ja alle Leute – Lesen-, Rechnen-, Schreibenlernen mit der Tätigkeitstheorie, Weinheim, Basel 1992 (2. Aufl.).

MEYER, H.: Leitfaden zur Unterrichtsvorbereitung, Königstein/TS. 1981(4. Aufl.).

MEYER, H.: Unterrichts-Methoden, Band I (Theorieband) und Band II (Praxisband), Frankfurt/Main 1987.

MIESSLER, M. / BAUER, I.: Wir lernen denken, Würzburg 1978.

ODENBACH, K.: Die deutsche Arbeitsschule, Braunschweig 1963.

ROLFF, H.G. / ZIMMERMANN, P.: Kindheit im Wandel, Weinheim 1985.

3.2 Freie Arbeit

DER KULTUSMINISTER BW (HRSG.): Bildungsplan für die Schule für Lernbehinderte, Bd. 1 u. 2, Villingen-Schwenningen 1990.

BASTIAN, J.: Freie Arbeit und Projektunterricht, in: Pädagogik 10/93, S. 6-9.

BIEWER, G.: Montessori-Pädagogik in der Schule für Geistigbehinderte, in: Geistige Behinderung 2/1994, S. 1ff.

FREINET, C.: Pädagogische Texte, Reinbek 1980.

FREINET, E.: Erziehung ohne Zwang, Stuttgart 1981.

GERVÉ, F.: Freiarbeit, Lichtenau 1991.

GUDJONS, H.: Handlungsorientiert lehren und lernen, Bad Heilbrunn 1992 (3. Aufl.).

HEIDYANN, S.: Geistigbehinderte lernen Möglichkeiten freier Arbeit im Bereich Umgang mit Mengen, Zahlen und Größen kennen, Dortmund 1993.

HOLTSTIEGE, H.: Maria Montessoris Neue Pädagogik: Prinzip Freiheit – Freie Arbeit, Freiburg 1987a.

HOLTSTIEGE, H.: Montessori-Pädagogik, in: Enzyklopädie Erziehungswissenschaft, Bd 7, Stuttgart 1987b, S. 425ff.

KNÖRZER, W. / GRASS, K.: Was versteht man unter Freier Arbeit? in: Den Anfang der Schulzeit pädagogisch gestalten, Weinheim 1992.

WALLRABENSTEIN, W.: Offene Schule – offener Unterricht, Reinbek 1991 (2. Aufl.).

3.3 Projektunterricht

FREY, K.: Die Projektmethode, Weinheim, Basel 1991 (4. Aufl.).

GUDJONS, H.: Handlungsorientiert lehren und lernen, Bad Heilbrunn 1992 (3. neubearb. Aufl.).

Koch, J.: Projektwochen konkreter, Lichtenau-Scherzheim 1990 (5. Auflage).

Kost, F.: Projektunterricht und „Kritische Didaktik", in: Moser, H. (Hg.): Probleme der Unterrichtsmethodik, Kronberg, 1977.

Klippert, H.: Projektwochen, Weinheim 1985.

Lernen Konkret, Heft 2, Mai 1991: Projektwochen

Meyer, H.: Leitfaden zur Unterrichtsvorbereitung, Königstein/TS. 1981 (4. Aufl.).

Miessler, M./ Bauer, I.: Wir lernen denken, Würzburg 1978.

Miedzinski, K.: Die Bewegungsbaustelle, Dortmund 1987 (2. Aufl.).

Pädagogik, Heft 7-8, Juli-August 1993, Thema II: Streit um den Projektbegriff

Wulf, C. (Hg.): Wörterbuch der Erziehung, München 1974 (3. Aufl.).

4. Förderansätze

4.1 Einleitung

Leontjew, A.: Probleme der Entwicklung des Psychischen, Königstein/Ts. 1980 (3. Aufl.).

Lefrancois, G.: Psychologie des Lernens, Berlin, Heidelberg, New York, Tokyo 1986 (2. Aufl.).

Pfeffer, W.: Förderung schwer geistig Behinderter – Eine Grundlegung, Würzburg 1988.

4.2 Aufmerksamkeits-Interaktions-Therapie

Elbing, U.: Nichts passiert aus heiterem Himmel, Dortmund, 1996.

Hartmann, H. u.a.: Neue Entwicklungen innerhalb der AIT, unveröffentlichtes Skript o.J.

Hartmann, H., u.a.: Die Aufmerksamkeits-Interaktions-Therapie, in: Arens, C., Dzikowski, S. (Hrsg.): Autismus heute, Bd. 1, Dortmund 1988.

Rohmann, U., Hartmann, H.: Autoaggression, Dortmund 1988.

Rohmann, U., Kalde, M.: AIT, unveröffentlichtes Manuskript, 1990.

4.3 Basale Stimulation

Bienstein, C., Fröhlich, A.: Basale Stimulation in der Pflege, Düsseldorf 1991.

Fröhlich, A.: Basale Stimulation, Düsseldorf 1991(a).

Fröhlich, A.: Basale Stimulation für Menschen mit schwerster Mehrfachbehinderung, in: Fikar, H., Fikar, S. u.a. (Hrsg.): Körperarbeit mit Behinderten, Stuttgart 1991(b).

4.4 Sensorische Integrationsbehandlung

AFFOLTER, F.: Wahrnehmung Wirklichkeit und Sprache, Villingen-Schwenningen 1987.

AYRES, J. : Lernstörungen, Heidelberg 1979.

AYRES, J.: Bausteine der kindlichen Entwicklung, Berlin, Heidelberg 1984.

BRAND, I./ BREITENBACH, E./ MAISEL, V.: Integrations-Störungen, Würzburg 1988 (4. Aufl.).

BRÜGGEBORS, G.: Einführung in die holistische Sensorische Integration (HSI) Teil I, Dortmund 1992.

BRÜGGEBORS, G.: Einführung in die Holistische Sensorische Integration (HSI) Teil 2, Dortmund 1994.

DOERING, W.u.W. (Hg.): Sensorische Integration, Dortmund 1990.

FISCHER, E.P.: Die Welt im Kopf, Konstanz 1985.

FLEHMIG, I.: Normale Entwicklung des Säuglings und ihre Abweichungen, Stuttgart, New York 1987.

JANTZEN W.: Allgemeine Behindertenpädagogik, Band 2, Weinheim, Basel 1990.

LEONTJEW, A.N.: Probleme der Entwicklung des Psychischen, Königstein 1980 (3. Aufl.).

LURIJA, A.R.: Das Gehirn in Aktion, Reinbek 1992.

LURIJA, A.R.: Romantische Wissenschaft- Forschung im Grenzbereich von Seele und Gehirn, Reinbek 1993.

MATURANA, H./ VARELA, F.: Der Baum der Erkenntnis, Bern 1987 (2. Aufl.).

POPPER, K.R./ ECCLES, J.C.: Das Ich und sein Gehirn, München/Zürich 1989.

SACKS, O.: Der Mann, der seine Frau mit einem Hut verwechselte, Reinbek 1990.

SCHMIDT, R.F. (Hg.): Grundriß der Neurophysiologie, Heidelberg/Berlin/New York 1987 (6. Aufl.).

SCHMIDT, R.F. (Hg.): Grundriß der Sinnesphysiologie, Heidelberg/Berlin/New York 1985 (5. Aufl.).

WAIS, M.: Neuropsychologische Diagnostik für Ergotherapeuten, Dortmund 1990.

4.5 Basale Kommunikation

MALL, W.: Basale Kommunikation – ein Weg zum anderen, in: Geistige Behinderung , 23. Jg/1984, S. 1-16.

MALL, W.: Die Wiederaufnahme der primären Kommunikationssituation als Basis zur Förderung schwer geistigbehinderter Menschen, in: Zeitschrift f. Heilpädagogik, 36. Jg./1985, Beiheft 12, S. 24-32.

Mall, W.: Kommunikation mit schwer geistig behinderten Menschen – ein Werkheft, Heidelberg 1990.

Papousek, H./ Papousek, M.: Frühentwicklung des Sozialverhaltens und der Kommunikation, in: Remschmidt, H. (Hrsg.) Neuropsychologie des Kindesalters, Heidelberg 1983.

4.6 Körperzentrierte Interaktion

Besems, T./ van Vugt, G.: Gestalttherapie mit geistig behinderten Menschen in: Geistige Behinderung, Marburg, Hefte 1988/4 und 1989/1.

Hartmann, H./ Rohmann, U. u.a.: Das mehrdimensionale Therapie-Modell des Zentrums für Autismusforschung und Entwicklungstherapie in Viersen, in: Arens, C., Dzikowski, S.(Hrsg.): Autismus heute, Bd. 1, Dortmund 1988.

Jacobson, E.: Progressive Relaxation, Chicago 1974.

Rohmann, U./ Hartmann, H.: Autoaggression, Dortmund 1988.

Rohmann, U./ Elbing, U.: Festhaltetherapie und Körpertherapie, Dortmund 1990.

5. Therapie und Unterricht

Rohmann, U./ Elbing, U.: Festhaltetherapie und Körpertherapie, Dortmund 1990.

6. Unterricht: Planung und Reflexion

Becker, G.E.: Planung von Unterricht, Weinheim u. Basel 1991 (4. Auflage).

Gudjons, H./ Teske, R./ Winkel, R. (Hg.): Didaktische Theorien, Hamburg 1986.

Kalde, M.: Vom spielerischen zum sprachlichen Dialog mit behinderten Kindern, Dortmund 1991.

Kirsten, U.: Praxis Unterstützte Kommunikation, Düsseldorf 1994.

Meyer, H.: Leitfaden zur Unterrichtsvorbereitung, Königstein/TS. 1981 (4. Aufl.).

Sassenroth, M.: Schriftspracherwerb, Bern u. Stuttgart 1991.

Stewart, I. / Joines,V.: Die Transaktionsanalyse, Freiburg, Basel, Wien 1994 (4. Aufl.).

Strassmeier, W./ Speck, O./ Homann, G.: Förderung von Kindern mit schweren geistigen Behinderungen, München 1990.

7. Bausteine zur Beurteilung kognitiver Entwicklung

Cardinaux, H.: Zur Diagnostik der Mehrfachbehinderung, Neckar-Verlag, Villingen–Schwenningen o.J.

Jantzen, W.: Allgemeine Behindertenpädagogik, Band 1, Weinheim u. Basel 1987.

Jantzen W.: Allgemeine Behindertenpädagogik, Band 2, Weinheim, Basel 1990.

Jetter, K.: Leben und Arbeiten mit behinderten und gefährdeten Säuglingen und Kleinkindern, Stadthagen 1984.

Kalde, M.: Vom spielerischen zum sprachlichen Dialog mit behinderten Kindern, Dortmund 1991.

Piaget, J.: Das Erwachen der Intelligenz beim Kinde, Stuttgart 1969.

Piaget, J./ Inhelder, B.: Die Psychologie des Kindes, Olten 1972.

Piaget, J.: Meine Theorie der geistigen Entwicklung, Frankfurt/M. 1983.

Polzin, M.: Kinderspieltheorien und Spiel- und Bewegungserziehung, München 1979.

Rohmann, J.A.: Entwicklung und Handlung, Weinheim, Basel 1982.

Wohlfarth, R.: Prüfung der Sensomotorischen Intelligenz, in: Frühförderung interdisziplinär, 6,1987, 73ff.

Raum für Notizen:

Raum für Notizen:

Raum für Notizen:

Raum für Notizen:

◆ **Lehrgang A: Umgang mit Mengen, Zahlen und Größen**

Heft A1: Susanne Dank
Geistigbehinderte lernen die Uhr im Tagesablauf kennen
3. Aufl. 1997, 76 S., Format DIN A 4, geh
ISBN 3-8080-0207-7   Bestell-Nr. 3602, DM 18,80

Heft A3: Ursula Waskönig / Christiane Hardtung
Geistigbehinderte benutzen Hohlmaße
1994, 72 S. (davon 39 Kopiervorlagen), Format DIN A 4, geh,
ISBN 3-8080-0305-7   Bestell-Nr. 3620, DM 24,80

Heft A5: Susanne Dank
Geistigbehinderte lernen den Umgang mit dem Längenmaß
2. Aufl. 1995, 84 S., Format DIN A 4, geh
ISBN 3-8080-0262-X   Bestell-Nr. 3609, DM 18,80

Heft A7: Sabine Heidjann
Geistigbehinderte lernen Möglichkeiten Freier Arbeit im Bereich UMZG kennen
2. Aufl. 1995, 68 S., Format DIN A4, geh
ISBN 3-8080-0280-8   Bestell-Nr. 3611, DM 19,80

Heft A8.1-A8.2: Franziska Reich
Anbahnung des Zahlbegriffs bei Geistigbehinderten:
Heft A8.1: Theoretische Einführung
2. Aufl. 1997, 40 S., Format DIN A4, geh
ISBN 3-8080-0288-3   Bestell-Nr. 3613, DM 19,80

Heft A8.2: Geistigbehinderte lernen Voraussetzungen zum Zählen
2. Aufl. 1996, 44 S., Format DIN A4, geh
ISBN 3-8080-0289-1   Bestell-Nr. 3614, DM 19,80

Heft A8.3: Geistigbehinderte lernen zählen
2. Aufl. 1997, 48 S., Format DIN A4, geh
ISBN 3-8080-0290-5   Bestell-Nr. 3615, DM 19,80

◆ **Lehrgang B: Sprache**

Heft B1: Susanne Dank
Geistigbehinderte lernen ihren Namen lesen und schreiben
4. Aufl. 1998, 40 S., Format DIN A 4, geh,
ISBN 3-8080-0298-0   Bestell-Nr. 3601, DM 17,80

Heft B2: Anneliese Berres-Weber
Geistigbehinderte lesen ihren Stundenplan
1995, 190 S., davon 116 S. Kopiervorlagen, Format DIN A4, im Ordner
ISBN 3-8080-0302-2   Bestell-Nr. 3622, DM 78,00

◆ **Lehrgang H: Schwerpunkte der Förderung**

Heft H1: Ute Schimpke
Ganzheitlicher Anfangsunterricht
„Wir werden ein Abenteuerzirkus – Wir bauen eine Insel – Wir bauen einen Spielplatz"
1995, 44 S., Format DIN A 4, geh
ISBN 3-8080-0322-7   Bestell-Nr. 3623, DM 19,80

Heft H2: Monika Köhnen
Freiarbeit macht Spaß
1997, 56 S., Format DIN A 4, geh
ISBN 3-8080-0385-5   Bestell-Nr. 3630, DM 19,80

Heft H3: Monika Köhnen
Ganzheitliche Sprachförderung im Zirkus Riesengroß
1998, 112 S., 16x23cm, br (neues Format!)
ISBN 3-8080-0406-1   Bestell-Nr. 3631, DM 19,80

◆ **Lehrgang G: Sport**

Heft G1: Rudolf Lause
Geistigbehinderte erlernen das Schwimmen
2. Aufl. 1994, 52 S., Format DIN A 4, geh
ISBN 3-8080-0273-5   Bestell-Nr. 3610, DM 19,80

Heft G2: Rudolf Lause
Geistigbehinderte erleben das Wasser
2. Aufl. 1997, 40 S., Format DIN A 4, geh
ISBN 3-8080-0306-5   Bestell-Nr. 3621, DM 18,80

Heft G3: Rudolf Lause
Geistigbehinderte Schüler spielen ausgewählte Ballspiele
2. Aufl. 1998, 56 S., Format DIN A 4, geh
ISBN 3-8080-0327-8   Bestell-Nr. 3624, DM 19,80

◆ **Lehrgang D: Lebenspraktisches Training**

Heft D1: Susanne Dank
Geistigbehinderte pflegen ihren Körper
Fitneß-Training / Hygiene / Herstellung von Kosmetika
3., unveränd. Aufl. 1995, 79 S., Format DIN A 4, geh,
ISBN 3-8080-0303-0   Bestell-Nr. 3603, DM 19,80

Heft H2: Monika Köhnen
Freiarbeit macht Spaß
Hinführungsmöglichkeiten / Materialien / Anregungen für die Praxis
1997, 56 S., Format DIN A 4, geh
ISBN 3-8080-0385-5   Bestell-Nr. 3630, DM 19,80

◆ **Lehrgang E: Arbeitslehre**

Heft E1: Barbara Hasenbein
Geistigbehinderte nähen mit der Nähmaschine
1996, 112 S., viele Kopiervorlagen, Format DIN A4, br
ISBN 3-8080-0361-8   Bestell-Nr. 3626, DM 29,80

◆ **Lehrgang F: Wahrnehmungsförderung**

Heft F1-F5: Anneliese Berres-Weber
Geistigbehinderte üben kognitive Fähigkeiten und Fertigkeiten:
Heft F1: Einführung zu den Formen Kreis und Dreieck
2. verb. Aufl. 1995, 43 S., Format DIN A 4, geh
ISBN 3-8080-0286-7   Bestell-Nr. 3604, DM 17,80

Heft F2: Arbeitsmaterial zu Kreis und Dreieck
2., verb. Aufl. 1999, 140 Blatt, Format DIN A 4, Block
ISBN 3-8080-0287-5   Bestell-Nr. 3605, DM 24,80

Heft F3: Einführung z. d. Formen Quadrat u. Rechteck
1992, 64 S., Format DIN A 4, geh
ISBN 3-8080-0247-6   Bestell-Nr. 3606, DM 17,80

Heft F4: Arbeitsmaterial zum Quadrat
1992, 124 Blatt, Format DIN A 4, Block
ISBN 3-8080-0248-4   Bestell-Nr. 3607, DM 24,80

Heft F5: Arbeitsmaterial zum Rechteck
1992, 132 Blatt, Format DIN A4, Block
ISBN 3-8080-0249-2   Bestell-Nr. 3608, DM 24,80

(vml) **verlag modernes lernen - Dortmund**
Hohe Straße 39 · D-44139 Dortmund ☎ (0180) 534 01 30 • FAX (0180) 534 01 20

12/98

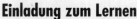

Freiarbeit mit Geistigbehinderten!

Geht das denn überhaupt?

Ein Erfahrungsbericht mit Materialsammlung,
Übungsbeispielen, Tips und Anregungen

von Mechthild Raeggel / Christa Sackmann

2. Aufl. 1998, 152 S., 16x23cm, br,
ISBN 3-8080-0382-0, Bestell-Nr. 3629, DM 39,80

Einladung zum Lernen

Geistig behinderte Schüler entwickeln
Handlungsfähigkeit in einem
offenen Unterrichtskonzept

von Dorothee Schulte-Peschel / Ralf Tödter

1996, 224 S., 16x23cm, br,
ISBN 3-8080-0368-5, Bestell-Nr. 3627, DM 39,80

*Übungsreihen
für Geistigbehinderte:*

Freiarbeit macht Spaß

Hinführungsmöglichkeiten / Materialien /
Anregungen für die Unterrichtspraxis

von Monika Köhnen
1997, 56 S., DIN A4, geh,
ISBN 3-8080-0385-5, Bestell-Nr. 3630, DM 19,80

Geistigbehinderte lernen
Möglichkeiten Freier Arbeit
im Bereich UMZG kennen

von Sabine Heidjann

2. Aufl. 1995, 68 S., DIN A4, geh,
ISBN 3-8080-0280-8, Bestell-Nr. 3611, DM 19,80

Portofreie Lieferung auch durch:

 verlag modernes lernen *borgmann publishing*

Hohe Straße 39 • D - 44139 Dortmund
☎ (0180) 534 01 30 • FAX (0180) 534 01 20